Ernst G. Wittmann
Carsten Seip

DER STIFTUNGS-KOMPASS

Ernst G. Wittmann
Carsten Seip

DER STIFTUNGS-KOMPASS

Alles, was Sie über Stiftungen wissen müssen

FBV

Bibliografische Information der Deutschen Nationalbibliothek
Die Deutsche Nationalbibliothek verzeichnet diese Publikation in der Deutschen Nationalbibliografie.
Detaillierte bibliografische Daten sind im Internet über http://dnb.d-nb.de abrufbar.

Für Fragen und Anregungen:
info@m-vg.de

Wichtiger Hinweis:
Ausschließlich zum Zweck der besseren Lesbarkeit wurde auf eine genderspezifische Schreibweise sowie eine Mehrfachbezeichnung verzichtet. Alle personenbezogenen Bezeichnungen sind somit geschlechtsneutral zu verstehen.

Originalausgabe, 1. Auflage 2024

Türkenstraße 89
80799 München
Tel.: 089 651285-0
Fax: 089 652096

Redaktion: Jordan Wegberg
Korrektorat: Anke Schenker
Umschlaggestaltung: Karina Braun
Umschlagabbildung: Shutterstock.com/Martin M303
Satz: ZeroSoft, Timisoara
Druck: GGP Media GmbH, Pößneck
Printed in Germany

ISBN Print 978-3-95972-463-0
ISBN E-Book (PDF) 978-3-96092-877-5
ISBN E-Book (EPUB, Mobi) 978-3-96092-878-2

Weitere Informationen zum Verlag finden Sie unter
www.finanzbuchverlag.de
Beachten Sie auch unsere weiteren Verlage unter www.m-vg.de

INHALT

VORWORT UND DANKSAGUNG

Stiften, spenden, sponsern – was ist das eigentlich? Die Stiftungswelt ist durchzogen von einer Vielzahl an Begrifflichkeiten, gleichzeitig bereichern alternative Stiftungsformen die heutige (Stiftungs-)Landschaft: Das führt zu Unklarheiten und zahlreichen Mythen. Zwei Beispiele unter vielen: »Nur die großen Stiftungen können etwas bewegen« oder: »Stiftungen sind nur etwas für Reiche.«

Dieses Buch gibt eine Einführung in die Stiftungswelt und dient als Kompass für die tägliche Stiftungsarbeit, sowohl für Interessierte als auch für alle Beteiligten, vom Stiftungsgründer bis hin zum potenziellen Spender. Es enthält viele Praxistipps und Gedankenanstöße für die tägliche Stiftungsarbeit.

Ideen des New Public Management und der allgemeinen Betriebswirtschaft, kombiniert mit klassischen Ansätzen der Stiftungsarbeit, dienen der Orientierung. Ausgewogene Ziele schaffen die Grundlage eines zielgerichteten Agierens – die Vision und Strategie. Mit einem Gesamtblick »um 360 Grad« können Stiftungstätigkeiten unterstützt werden.

Insbesondere vier Bereiche können Sie zu Beginn für sich selbst und für sämtliche Beteiligten einer Stiftung definieren:

1. den Stiftungszweck,
2. die Stiftungsstruktur mit Satzung und Geschäftsordnung,
3. den Umgang mit dem Stiftungsvermögen durch Controlling und Governance und
4. die Stiftungsarbeit mit moderner Infrastruktur und Marketing.

Für ein klares gemeinsames Verständnis hilft eine »Stiftungs-Balanced-Scorecard« (Teil B).

Wir haben die einzelnen Stiftungsbegriffe möglichst einfach erklärt und sämtliche Stiftungsaspekte in eine Reihenfolge gebracht. Es geht uns dabei nicht um eine wissenschaftliche, ideologische oder dogmatische Auseinandersetzung mit dem Thema Stiften, sondern um einen generalistischen ersten und vor allem einfachen Einstieg in das Stiftungswesen.

Fallbeispiele, Checklisten und Wissensboxen können wertvolle Hilfestellungen und Gedankenanstöße für die tägliche Stiftungsarbeit geben (Teil C).

Wir danken dem Verlag für die Möglichkeit, ein Buch zum Stiftungswissen zu entwickeln, das einen leichten Einstieg in das Thema Stiften ermöglichen soll.

Ein besonderer Dank geht an Christoph Karl, der uns – vor allem bei der Redaktion der Stiftungsprofile – tatkräftig unterstützt hat.

München, im Juni 2023
Ernst G. Wittmann und Carsten Seip

ABBILDUNGSVERZEICHNIS

TABELLENVERZEICHNIS

TEIL A

STIFTUNGSKOMPASS: WAS SIE WISSEN SOLLTEN, UM IM STIFTUNGSDICKICHT NAVIGIEREN ZU KÖNNEN

1 THESEN ZU STIFTUNGEN

1.1 DAS WISSEN ZU STIFTUNGEN IST GRÖSSENUNABHÄNGIG

Es kommt nicht auf den Geldbeutel an! Jeder Cent, jede Sekunde liefert einen wertvollen Beitrag zum Gemeinwesen: die Initialspende, die einer bestehenden Organisation den wichtigen Anstoß liefert, sich einer (gegebenenfalls neuen) Thematik zu widmen; der Augenblick, in dem eine Stiftungsidee entsteht. Wesentlich ist der Stiftungszweck, das Herz einer Stiftung, der mit einem kleinen Impuls ins Leben gerufen werden kann.

Die These: Der sich dann um eine Stiftung formende Rahmen – bestehend aus formalen Vorgaben zur Struktur (Recht, Governance), dem kleinen oder großen Stiftungsvermögen und den Geschäftsprozessen – ist nur Mittel zum Zweck.

Es ist somit nicht die Größenordnung entscheidend, in der eine Stiftung agiert:

- kleine Stiftung (bis 1 Millionen Euro Vermögen)
- mittlere Stiftung (bis 10 Millionen Euro Vermögen)
- große Stiftung (ab 10 Millionen Euro Vermögen)

1.2 EINE STIFTUNG SOLL SPASS BRINGEN: BEGEISTERUNG DURCH WIRKUNG

Bedeutender als die Größenverhältnisse ist der »Spaßfaktor« einer Stiftung – die Begeisterung durch Wirkung. Es sind schlussendlich immer Menschen, die den Stiftungszweck verwirklichen. Das ist unabhängig von der Ausgestaltung der zivilgesellschaftlichen Geschäftsprozesse.

Grundsätzlich gibt es zwei Formen, wie eine Stiftung agieren kann: selbstständig als sogenannte »operative Stiftung« oder durch einen Dritten als sogenannte »Förderstiftung«. In beiden Fällen stehen am Ende Engagierte für die Erfüllung des Stiftungszwecks ein.

Diese Personen zu finden, zu motivieren und zu bewahren ist die große Aufgabe einer Stiftung.

1.3 UNTERNEHMERISCHES DENKEN AUCH BEI STIFTUNGEN: PLANUNG, PLANUNG, PLANUNG

Wie werden Personen motiviert? Die Psychologie nennt zwei Möglichkeiten: extrinsische und intrinsische Motivation, das heißt Motivation von außen durch Geld oder Status oder von innen durch Spaß an der Arbeit oder die Übereinstimmung mit den eigenen Wert- und Idealvorstellungen.

Eine Stiftung sollte eine Planung bekommen, die jedem Mitwirkenden aufzeigt, an welchem Ziel gearbeitet wird, warum dieses Ziel wichtig ist und welchen Beitrag jeder Einzelne dazu leisten kann. Die Planung schafft ein klares, gemeinsames Verständnis und Motivation.

1.4 DIE ZIVILGESELLSCHAFTLICHE ERWARTUNG AN EINE STIFTUNG: TRANSPARENZ, TRANSPARENZ, TRANSPARENZ

Eine Stiftung kann dem Gemeinwesen dienen oder eigennützig organisiert sein. Beides ist möglich, zulässig und vollkommen wertungsfrei.

Dient die Stiftung dem Gemeinwesen, erhält sie ein großes Privileg: Steuerfreiheit. Für dieses Privileg erwartet die Zivilgesellschaft Transparenz.

Diese zeigt sich in besonderen regulatorischen Vorgaben. Die Zwecke, für die eine gemeinnützige Stiftung agieren kann, sind begrenzt, handelnde Personen müssen sich legitimieren (Transparenzregister), und die Rechnungslegung ist zur Steuergerechtigkeit besonders aufgebaut (Vier-Sphären-Theorie).

1.5 »STRUCTURE FOLLOWS STRATEGY«: DER ZWECK BESTIMMT DIE STRUKTUR

Es ist der Zweck, der einer Stiftung ihr Wesen gibt. Um dieses Zentrum baut sich eine Struktur, die sich dem Zweck anzupassen hat: »Structure follows strategy.«

Es gibt viele Fragestellungen, die zu Beginn oder in der laufenden Stiftungsarbeit zu klären sind. Dabei muss nur immer bedacht werden: Der Zweck – der die Motivation schafft – steht an erster Stelle, danach folgt die Struktur.

Nicht alle Themen zur Strukturierung einer Stiftung sind verpflichtend. Es ist vielmehr der kurze bewusste Gedanke zu einer speziellen Thematik entscheidend: Trifft das auf meine Stiftung zu? Habe ich das auch? Muss ich daran vielleicht denken? Oder: Ach, interessant, daran habe ich noch gar nicht gedacht. Im ersten Schritt ist nicht das fundierte Fachwissen entscheidend, sondern ein kurzer Einblick in eine spezielle Thematik des Stiftens genügt. Die Thematik, beispielsweise eine spezielle Stiftungsform, soll Ihnen gezeigt und kurz erklärt werden. Ihre Aufgabe ist es dann, sich kurz bewusst Gedanken zur Thematik zu machen – zum Beispiel über die Info- oder Frageboxen.

Bearbeiten Sie die Fragen und Themen ohne große Erwartungen an das Ergebnis. Hier ein Gedanke, da eine Notiz und dort eine Idee – daraus entsteht am Ende ein Gesamtbild.

1.6 STIFTER SIND GENERALISTEN: 360-GRAD-ÜBERBLICK BEWAHREN

Es sind vielfältige Themen aus mehreren Disziplinen, denen ein Stifter im Laufe der Zeit gegenübersteht: zu Beginn beispielsweise das Stiftungsrecht mit Fragen der Satzungsgestaltung und der Stiftungsaufsicht, später dann die steuerrechtliche tatsächliche Geschäftsführung der Stiftung mit Anerkennung der Gemeinnützigkeit beim zuständigen Finanzamt und so weiter.

Bei allen Tätigkeiten ist der Stifter nicht auf sich allein gestellt, sondern kann Dienstleister wie Rechtsanwälte, Wirtschaftsprüfer oder Steuerspezialisten zur Unterstützung und Beratung heranziehen.

Wichtig ist jedoch, einen Gesamtüberblick zu bewahren, Themen einzuordnen und als Generalist zu agieren.

2 ZUM AUFBAU DES BUCHES: IN VIER SCHRITTEN ZUR STIFTUNG

Das Buch soll eine Hilfestellung und Orientierung bieten, um aus dem Dickicht der Stiftungsthemen und -terminologien herauszufinden.

Zum einen erfolgt mithilfe einer Stiftungs-Balanced-Scorecard eine Zuordnung und Priorisierung möglicher Stiftungsthemen. Was sind die Kernaufgaben der Stiftung – ihr Zweck –, was ist ihr unveränderlicher Kern, und welches sind die sich hierauf aufbauenden Strukturen, die Mittel zum Zweck?

Zum anderen sollen die einzelnen Stiftungsthemen kurz angerissen und das Wesentliche als Schaubild, Checkliste, Fragenbox für das tägliche Arbeiten dargestellt werden. Eine Vollständigkeit kann nicht beansprucht werden, die Themen leben und verändern sich.

Die »Gedankenanstöße« sollen zum Nachdenken über die einzelnen Stiftungsfragen anregen, sodass eine Stiftung aus vielen Blickwinkeln betrachtet wird und Sie ein klares Verständnis davon gewinnen.

Zielsetzung des Buches ist es, im Sinne eines Frameworks einzelne Themenbereiche anzuschneiden, in aller Kürze zu erläutern und eine erste Hilfestellung für die Beantwortung etwaiger Fragen zu geben. Die Hintergründe sind hierbei nach einer Stiftungs-Balanced-Scorecard geordnet.

Die Theorie einer Balanced Scorecard geht jedoch noch weiter: Jedes Thema kann mit konkreten Zielen und Maßnahmen unterlegt werden. Die »Metrisierung« einer Stiftungs-Balanced-Scorecard ist aber der zweite Schritt, zunächst geht es um eine grundsätzliche Auseinandersetzung mit einzelnen Stiftungsaspekten.

Welche Schritte sind für eine Stiftung zu durchlaufen?

- Der Stiftungszweck
  - Verschaffen Sie sich einen ersten Überblick über die Stiftungslandschaft (Teil B, Kapitel 1.1). Sie werden erkennen, dass es nicht »die Stiftung« gibt, sondern eine Vielzahl an Ausgestaltungsmöglichkeiten, die alle eins gemein haben: die Verfolgung eines Zwecks. Definieren Sie Ihren Stiftungszweck.
  - Die erste mögliche Weichenstellung wird sein, ob Ihre Stiftung mit dem definierten Zweck einen Gemeinnützigkeitsstatus benötigt (Teil B, Kapitel 1.2). Sie erhalten Steuerfreiheit, sind aber auch zur Offenlegung (Gemeinnützigkeitsbuchführung) verpflichtet.
  - Zweite Weichenstellung: Welche Außenwirkung (Markenbildung, Kommunikation, Fundraising) wünschen Sie sich für Ihre Stiftung (Teil B, Kapitel 1.3), und wie können Sie sich laufend über Aktuelles zum Thema Stiftungen informieren (Verbände, Dienstleister/»One-Stop-Shop«)?

- Die Stiftungsstruktur
  - Sie wissen nun, welchen gemein- oder eigennützigen Zweck Sie verfolgen möchten und wie Sie gegebenenfalls mit welchen Beteiligten und Dienstleistern nach außen auftreten möchten. Nun kann die eigentliche Struktur – die Rechtsform der Stiftung – so passend wie möglich entwickelt werden. Verschaffen Sie sich einen Überblick über die Rechtsformen (Teil B, Kapitel 2.1) und deren Best-Practice-Lösungen (Stiftungsporträts).
  - Ist die weitgehend passende Stiftungsform gefunden (eine hundertprozentige Passgenauigkeit wird es in der Praxis vermutlich nicht geben), ist der nächste Schritt die Stiftungserrichtung (Teil B, Kapitel 2.2). Überlegen und formulieren Sie einen Stiftungsplan (vergleichbar einer Unternehmensstrategie), beispielsweise mit einem Framework zum Strategiebegriff, zur Stiftungs-SWOT oder zur Geschäftsordnung.

- Im Errichtungsprozess und in der laufenden Stiftungsarbeit werden Ihnen Themen aus Recht, Haftung und Regulatorik (Teil B, Kapitel 2.3) begegnen. Verschaffen Sie sich auch hier mithilfe von Checklisten ein erstes Verständnis.

▸ Das Stiftungsvermögen
  - Nun steht die Stiftung vor der Errichtung: Mit wie viel Stiftungsvermögen (Dotation) ist die Stiftung auszustatten? Um diese Frage zu beantworten, ist zunächst der Begriff des Stiftungsvermögens (Teil B, Kapitel 3.1) mit den jeweiligen Folgen zu verstehen.
  - Die Stiftung verwirklicht ihren Zweck mit dem Stiftungsvermögen und den Früchten des Vermögensmanagements. Welche Kriterien sind Ihnen im Vermögensmanagement (Teil B, Kapitel 3.2) wichtig? Kernelement ist hier eine Anlagerichtlinie mit Ertragserwartung und Risikobudget.
  - Wie kann ein Vermögensmanagement laufend geplant, kontrolliert, gesteuert und dokumentiert werden? Im Sinne eines (Unternehmens-)Controllings (Teil B, Kapitel 3.3) können Sie eine Überwachung Ihres Stiftungsvermögens etablieren.

▸ Die operative Stiftungsarbeit
  - Nun ist der letzte Schritt erreicht: Sie haben Ihre Stiftung hinsichtlich des Zwecks durchdacht, ihr eine Rechtsform gegeben und sie mit Vermögen ausgestattet. Wie möchten Sie nun die operative Zweckverwirklichung (Teil B, Kapitel 4.1) organisieren? Wie sieht beispielsweise ein Förderprozess (Ausschreibung, Auswahl, Umsetzung und Dokumentation) aus, und wie können Sie Stiftungspersonal vergüten?
  - Die Zweckverwirklichung ist – bei Steuerfreiheit – entsprechend offen und transparent über eine Gemeinnützigkeitsbuchführung im Rahmen der Rechnungslegung und Wirtschaftsplanung (Teil B, Kapitel 4.2) darzulegen. Verschaffen Sie sich einen ersten Überblick über die dort verwendeten Begriffe.

- Ihre Stiftung ist fertig und einmal grundsätzlich entlang der Stiftungs-Balanced-Scorecard in den Punkten Zielsetzung (Stiftungszweck), Entwicklung (Stiftungsform), Finanzen (Stiftungsvermögen) und Prozess (operative Stiftungsarbeit) durchdacht. Wie kann die Stiftung nun – als eine Spezialform (Exkurs) des Fundraisings – mit Erbschaften und Nachlässen (Teil B, Kapitel 4.3) weiterentwickelt und ergänzt werden? Auch hier gibt es eine Vielzahl an Begrifflichkeiten.

Ihre Stiftung ist einmal um 360 Grad durchdacht. Nun sind Sie gut gerüstet, Ihre Stiftung ins Leben zu rufen!

3 DIE STIFTUNGS-BALANCED-SCORECARD ALS ORIENTIERUNGSRAHMEN

Zu Beginn und im Laufe der Stiftungsarbeit stellen sich viele Fragen, die in einem Dickicht aus rechtlichen, steuerlichen, finanzbezogenen und operativen Fragen strukturiert werden müssen.

Aus den Wirtschaftswissenschaften ist die Balanced Scorecard als strategisches Management-Tool bekannt. In einem Unternehmensumfeld soll die Balanced Scorecard für ein zielgerichtetes Unternehmensmanagement über mehrere Perspektiven oder Dimensionen hinweg sorgen. Bezogen auf eine Stiftung kann eine Stiftungs-Balanced-Scorecard dabei helfen, das Vorhaben wie ein Unternehmen aus mehreren Perspektiven oder Dimensionen zu betrachten und zielgerichtet zu steuern.

Zunächst die klassische Balanced Scorecard und ihr Aufbau:

Abbildung 1: Balanced Scorecard (allgemein)

Entscheidend an der klassischen Balanced Scorecard ist, dass vier Perspektiven miteinander betrachtet werden: Kundenperspektive (= Stiftungszweck, Gemeinwohl), Entwicklungsperspektive (= Stiftungsstruktur), Finanzperspektive (= Stiftungsfinanzen) und Geschäftsprozesse (= Stiftungsrechnungslegung, Vermögensverwaltung).

Die Theorie hinter diesen vier Perspektiven ist,

- dass die Mitarbeiter ihr Handwerkszeug (Wissen, Ressourcen, IT) über die Aufbau- und Entwicklungsperspektive bekommen,
- um die notwendigen Geschäftsprozesse zu beherrschen,
- um den Kunden beziehungsweise den Markt zufriedenzustellen und
- um die finanziellen Ziele zu erreichen.

Die vier Perspektiven der Balanced Scorecard bauen somit aufeinander auf und bedingen einander: Erreichte Ziele im Lernen/Entwickeln führen zu guten Geschäftsprozessen, diese lassen eine gute Kunden- und Marktbindung entstehen, und insbesondere finanzbezogene Zielsetzungen für ein Unternehmen werden erreicht.

Als weitere Grundvoraussetzung wird jede der dargestellten Perspektiven mit der gesamtheitlichen Vision und Strategie (Schaubild Mitte) gespiegelt. Es soll ein Handeln um des Selbstzwecks willen verhindert und die Einheit zukunftsorientiert aufgestellt und weiterentwickelt werden.

Für die tägliche Arbeit entscheidend ist, dass jede Perspektive mit Maßnahmen und Kennzahlen verknüpft werden kann. Im Entwicklungsprozess einer Balanced Scorecard ist es somit nicht ausreichend, nur ein Ziel festzulegen, sondern es sollten auch der Weg beziehungsweise die Maßnahmen zur Zielerreichung bestimmt werden. Ziele, bei denen der Weg zur Erreichung noch nicht bekannt ist, können somit nicht festgelegt werden. Leere Zielhülsen werden vermieden.

Die Vorteile einer Balanced Scorecard sind:

- Eine strategische Zielsetzung (Vision) ist Grundvoraussetzung.
- Der Gesamtkomplex »Stiftung« wird in vier Perspektiven unterteilt:
  - Mitarbeiter

- Geschäftsprozesse
- Kunde und Markt
- Finanzen

▸ Zu jeder Perspektive können nun einzelne Maßnahmen hinterlegt werden.
▸ Jeder Maßnahme, beispielsweise einem Projekt, kann ein Ziel für die operative Umsetzung zugeordnet werden – idealerweise als Metrik.
▸ Eine Kennzahl hilft bei der Steuerung der Zielerreichung.

Ein Festhalten an den genannten vier Perspektiven ist nicht zwingend erforderlich. Die oben dargestellte Aufteilung in Kunden-, Entwicklungs-, Finanz- und Prozessperspektive ist unternehmensbezogen. Für eine Stiftung kann eine Balanced Scorecard beispielsweise wie folgt aufgebaut sein:

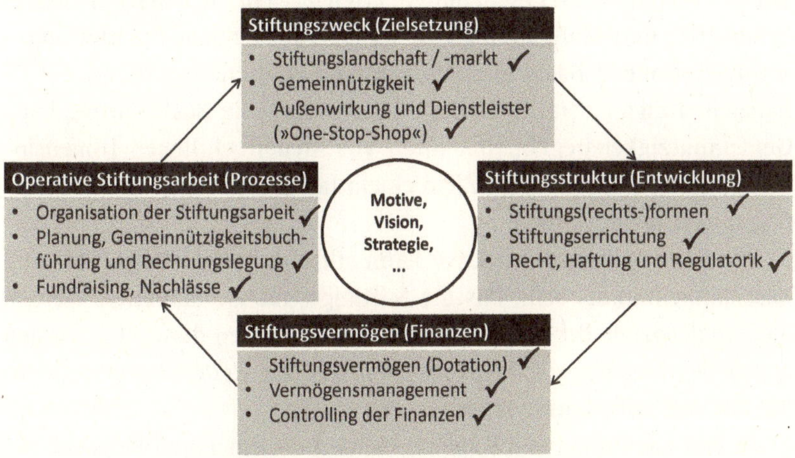

Abbildung 2: Stiftungs-Balanced-Scorecard

Grundsätzlich geht es bei der Festlegung einer gesamtheitlichen Stiftungsstrategie um die Betrachtung der vier nachfolgenden Perspektiven.

Vision, Mission, Leitbild = Stiftungszweck

Kunde einer Stiftung ist die Erfüllung des Stiftungszwecks, der Stiftungsdestinatär, eventuell die hilfebedürftige Person, eventuell das Forschungsprojekt und so weiter. Das heißt, Kunde (Destinatär = Leistungsempfänger) einer Stiftung ist die Zweckerfüllung selbst. Hierunter fallen alle Ziele und Maßnahmen, die der originären Zweckerfüllung dienen (neue Einrichtungen, Förderziele et cetera).

Wie im Unternehmensbereich bedarf es auch bei einer Stiftung zur Zweckerfüllung abgestimmter Geschäftsprozesse: Im Bereich der Stiftungsarbeit sind Mitarbeiter, Antragswege, Dokumentationen und so weiter auf die Zweckerfüllung auszurichten (gibt es ausreichend qualifiziertes Personal, welches Antragswesen kann der Zweckerfüllung dienlich sein et cetera).

Basis der Stiftungsarbeit ist in der Regel das Stiftungsvermögen (unternehmensbezogen die Finanzperspektive). Können die Förderziele mit den vorhandenen Finanzmitteln erreicht werden? Bedarf es zusätzlicher Ziele und Maßnahmen wie beispielsweise Spenden- und Sponsoring-Aktionen? Basis hierfür kann eine Wirtschaftsplanung mit finanziellen Zielen sein. Grundlage ist eine spezielle Buchführung nach Gemeinnützigkeitsregeln (mit ihren vier steuerrechtlichen Dimensionen). Ebenso können diese Ziele einem laufenden Wirkungs-Controlling unterworfen werden.

Die Entwicklungsperspektive kann stiftungsbezogen das Ziel- und Maßnahmenbündel sein, das die Stiftungsstrategie einbettet. Werden die Langfristziele der Stiftung erreicht? Wie passen diese Ziele zu den gegebenen Megatrends? Muss bereits heute eine weitere Förderlinie für die Zukunft aufgebaut werden?

In den nachfolgenden Kapiteln werden die einzelnen Perspektiven mit Beispielen und Best-Practice-Lösungen nach und nach aufgebaut – von der Gründung bis hin zur täglichen Stiftungstätigkeit.

TEIL B

STIFTUNGS-BALANCED-SCORECARD: WAS SIE BEI IHRER STIFTUNG DURCHDENKEN SOLLTEN

1 STIFTUNGSZWECK (ZIELSETZUNG)

1.1 STIFTUNGSLANDSCHAFT

1.1.1 Das Wesen einer Stiftung

»Stiftung: Ein Begriff mit vielen Ausprägungen«

Der Begriff Stiftung ist nicht eindeutig definiert. Viele Begriffe werden synonym verwendet: Spenden, Erben, Schenken, Zustiften.

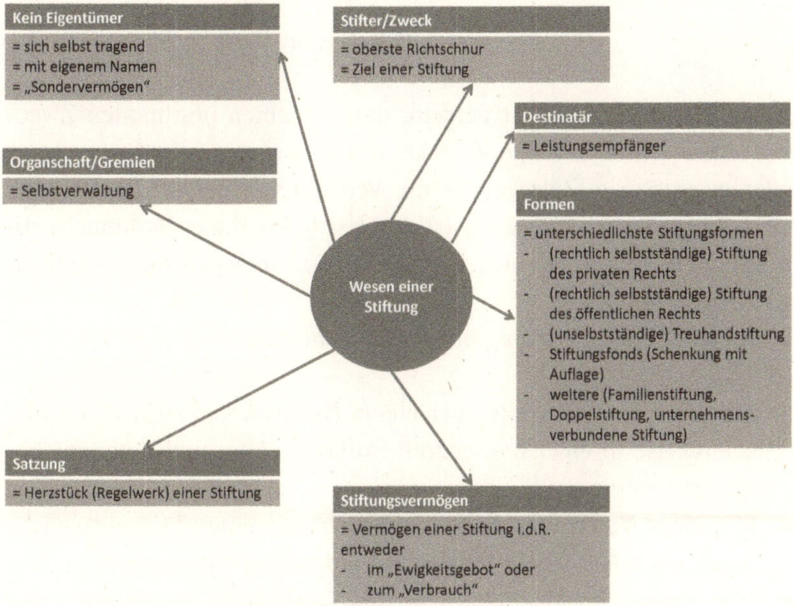

Abbildung 3: Das Wesen einer Stiftung

Was macht eine Stiftung aus?

- keine Eigentümer (sich selbst tragend)
- Verfolgung eines Zwecks
- Agieren nach einer Satzung (Herzstück einer Stiftung)
- keine Mitglieder (Selbstverwaltung)
- Stiftungskapital
- verschiedene Formen

Gedankenanstoß

Es gibt nicht *die* Stiftung! Jede Stiftung kann individuell aufgebaut werden. Was ist Ihnen besonders wichtig?

____

1.1.2 Der Zweck einer Stiftung

»Dem besonderen Zwecke gewidmet ...«

Allen Stiftungsformen ist gemein, dass sie einen bestimmten Zweck verfolgen: gemeinnützige Zwecke wie Wissenschaft und Forschung oder eigennützige Zwecke wie die Versorgung von Familienmitgliedern. Diese Zweckverfolgung ist zumeist (Ausnahme: Verbrauchsstiftung) auf ewig ausgerichtet. Durch eine Stiftung wird somit nachhaltig ein Ziel verfolgt.

Ausgestaltungsformen gibt es wiederum viele:

- Mit einer Einmalspende oder einem Nachlass kann ein Ziel – beispielsweise in einer besonderen Notlage – kurz und prägnant unterstützt werden.
- Mit einer Zustiftung wird die Bedeutung eines Stiftungszwecks durch ein höheres Stiftungskapital langfristig untermauert.
- Eine eigene Stiftung schafft für den besonderen Zweck eine neue Awareness.

Wie verfolgt eine Stiftung diesen Zweck? Hier werden zwei Grundformen unterschieden:

1. Förderstiftung: Förderstiftungen gewähren zumeist Unterstützungsleistungen (Zuschüsse, Drittmittel, Mittel et cetera) an eine Organisation, welche dann den Zweck verfolgt.
   - Beispiel: Der Förderverein einer Schule gibt Gelder an das Schulzentrum zur Anschaffung neuer Lehrmaterialien.
   - Kernelemente: Antragswesen, Beschlussfassung, Verwendungskontrolle
   - Beispiele: siehe Stiftungsprofile
2. Operative Stiftung: Die operative Stiftung verfolgt den Zweck zumeist selbst, mit eigenen Ressourcen, Personal und Mitteln.
   - Beispiel: Die Schulträgerstiftung hält selbst das Personal (Lehrer) für den Schulbetrieb vor.
   - Kernelemente: Projektmanagement, Mitarbeiterführung, Controlling
   - Beispiel: siehe Stiftungsprofile

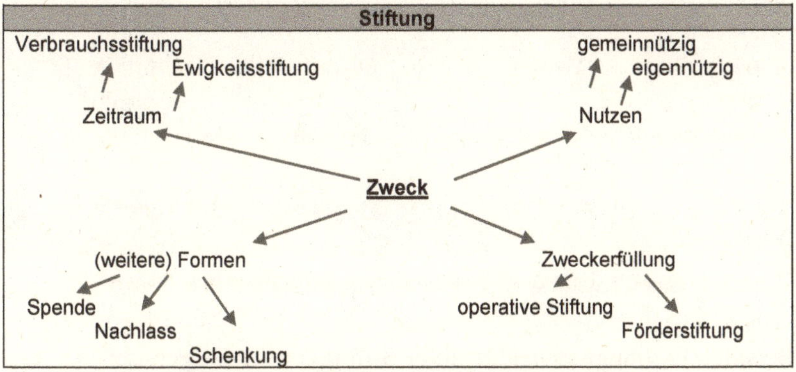

Abbildung 4: Der Stiftungszweck als Kern einer Stiftung

Gedankenanstoß

Welchen Zweck soll Ihre Stiftung verfolgen? Was ist der Kernbereich?

1.1.3 Die Stiftungslandschaft

»Der Zweck bestimmt die Mittel«

Wie der Begriff Stiftung nicht definiert werden kann, so ist auch die Stiftungslandschaft durch eine große Vielfalt geprägt. Auf Basis unterschiedlicher Kriterien können Stiftungen gegliedert und eingeteilt werden. Beispiele aus der Praxis:

Kriterium	Gliederungsstufen		
Große	klein	mittel	groß
Rechtsform	bürgerliches Recht	öffentliches Recht	
Rechtsfähigkeit	rechtsfähige Stiftung	nicht rechtsfähige Stiftung	
Steuersubjekt	eigenes Steuersubjekt	kein eigenes Steuersubjekt (bspw. Stiftungsfonds)	
besondere Zweckstiftungen	Bürgerstiftung	Kirchenstiftung	Familienstiftung
operative Ausgestaltung	Förderstiftung	operative Stiftung	
Stiftungskapital	Verbrauchsstiftung	Ewigkeitsstiftung	hybride Stiftung
Gemeinnützigkeit	gemeinnützige Stiftung	eigennützige Stiftung	
Stiftungsalternativen	Vereine	gGmbH	gAG

Tabelle 1: Stiftungslandschaft mit möglichen Kriterien einer Stiftung

Beispiel: Es gibt große rechtsfähige Stiftungen des bürgerlichen Rechts, die auf ewig ausgerichtet sind und als Förderstiftung gemeinnützigen Zwecken dienen, zum Beispiel die Deutsche Stiftung Denkmalschutz (https://www.denkmalschutz.de).

1.1.4 Die größten Stiftungen in Deutschland

»Die Big Player im Stiftungswesen Deutschlands«

Nach den Zahlen und Daten des Bundesverbands Deutscher Stiftungen e. V. sind die größten Stiftungen in Deutschland (nach Bilanzsumme):

Infobox: Die größten Stiftungen Deutschlands

Stiftungen des bürgerlichen Rechts

1. Robert-Bosch-Stiftung GmbH (https://www.bosch-stiftung.de)
2. VolkswagenStiftung (https://www.volkswagenstiftung.de)
3. Deutsche Bundesstiftung Umwelt (https://www.dbu.de)

Stiftungen des öffentlichen Rechts

1. Fonds zur Finanzierung der kerntechnischen Entsorgung (https://www.kenfo.de)
2. Bayerische Landesstiftung (https://www.landesstiftung.bayern.de)
3. St.-Korbinian-Stiftung der Erzdiözese München und Freising (https://www.st-korbinian-stiftung.de)

Politische Stiftungen

1. Friedrich-Ebert-Stiftung e. V. (https://www.fes.de)
2. Friedrich-Naumann-Stiftung für die Freiheit (https://www.freiheit.org)
3. Hanns-Seidel-Stiftung e. V. (https://www.hss.de)

Fällt Ihnen etwas auf? Die größte Stiftung des bürgerlichen Rechts – die Robert-Bosch-Stiftung – trägt den Zusatz GmbH (Gesellschaft mit beschränkter Haftung), die größte politische Stiftung – die Friedrich-Ebert-Stiftung – ist ein e. V. (eingetragener Verein). Es gibt somit nicht die Stiftung als Rechtsform!

Gedankenanstoß

Verschaffen Sie sich einen Überblick über die Stiftungslandschaft. Es gibt große, bekannte Stiftungen, aber auch viele kleine Stiftungen, die im Verborgenen agieren. Gibt es Aspekte aus diesen Stiftungen, die Sie übernehmen möchten?

1.1.5 Stiftungen im internationalen Kontext

»Die Big Player im Stiftungswesen international«

Stiftungen sind in fast allen Ländern aktiv. Hier ein knapper Überblick über die fünf größten internationalen Stiftungen:

Infobox: Die größten Stiftungen weltweit[1]

1. Bill & Melinda Gates Foundation (USA) (https://www.gatesfoundation.org)
- Vermögen: 40,3 Milliarden US-Dollar
- Gründer: Bill und Melinda Gates
- Ursprung des Vermögens: Microsoft

2. Wellcome Trust (Vereinigtes Königreich) (https://wellcome.org)
- Vermögen: 27,1 Milliarden US-Dollar
- Gründer: Henry Wellcome
- Ursprung des Vermögens: Burroughs Wellcome & Company

3. Howard Hughes Medical Institute (USA) (https://www.hhmi.org)
- Vermögen: 17,8 Milliarden US-Dollar
- Gründer: Howard Hughes
- Ursprung des Vermögens: Hughes Tool Company

4. Garfield Weston Foundation (Vereinigtes Königreich) (https://garfieldweston.org)
- Vermögen: 15,7 Milliarden US-Dollar
- Gründer: Garfield Weston
- Ursprung des Vermögens: George Weston Limited

5. Stichting INGKA Foundation (Niederlande) (https://www.ingkafoundation.org)
- Vermögen: 12,7 Milliarden US-Dollar
- Gründer: Ingvar Kamprad
- Ursprung des Vermögens: Ikea

Gedankenanstoß

Gibt es oder soll es einen internationalen Bezug bei Ihrer Stiftung geben?

1.1.6 Stiftungsentwicklung – ein historischer Blick

»Die Stiftungslandschaft wächst und wächst«

Von rund 10.000 auf über 20.000 Stiftungen in knapp 20 Jahren! Heute gibt es nach den Daten und Zahlen des Bundesverbands Deutscher Stiftungen e. V. über 25.000 rechtsfähige Stiftungen in Deutschland.

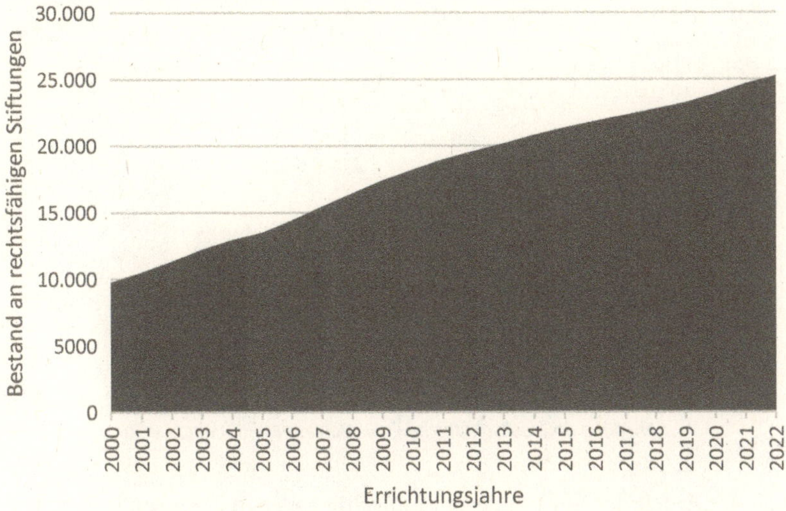

Abbildung 5: Bestand an rechtsfähigen Stiftungen (2000 bis 2022)

Gedankenanstoß

Es gibt weitaus mehr als 25.000 Stiftungen! Das sind nur die statistisch erfassten rechtsfähigen Stiftungen. Stiftungen gibt es in zahllosen anderen Erscheinungsformen: Treuhandstiftungen, Stiftungsfonds, Schenkungen mit Auflage et cetera. Schätzungen gehen von mehr als 150.000 zusätzlichen Treuhandstiftungen aus. Gibt es hierunter eine Stiftung, die bereits Ihren Vorstellungen nahe kommt und als Vorbild dienen könnte?

✎ ______________________________

1.1.7 Ein Blick in die Zukunft

»Die Stiftungslandschaft wird auch weiterhin wachsen«

Es wird ein Zweck verfolgt. Die Entwicklung der Zwecke spiegelt sich in der gesellschaftspolitischen Entwicklung wider, wie die Zahlen des Bundesverbands Deutscher Stiftungen zeigen:

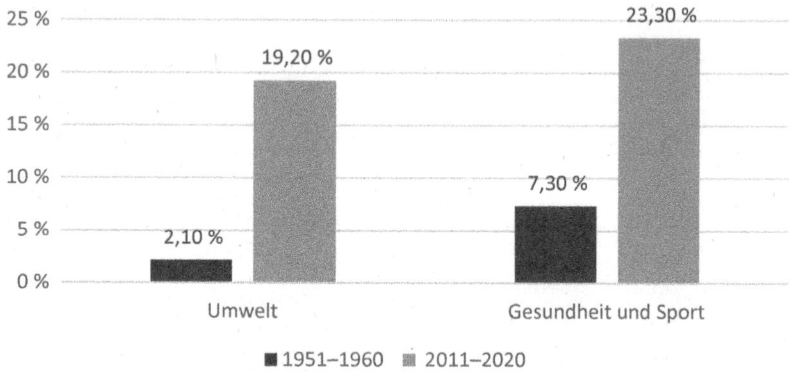

Abbildung 6: Gesellschaftliche Entwicklung der Stiftungszwecke

Lag der Anteil der Stiftungen mit umweltbezogenen Zwecken in den Jahren 1951 bis 1960 noch bei einem Anteil von 2,10 Prozent, stieg dieser Anteil bis ins Jahr 2020 auf 19,2 Prozent. Ähnliches gilt für den Themenbereich Gesundheit und Sport: Von 7,3 Prozent in der Dekade 1951 bis 1960 stieg der Anteil auf 23,3 Prozent in der Dekade von 2011 bis 2020.

Gedankenanstoß

Es ist der Zweck, der eine Stiftung ausmacht. Welchen Zweck wollen Sie verfolgen?

1.1.8 Wer sind die Beteiligten einer Stiftung?

Sind Sie allein gelassen mit Ihrer Stiftung? Nein, nur wenn Sie das wünschen.

An einer Stiftung können viele Personen und Institutionen beteiligt werden, welche die tägliche Stiftungsarbeit erleichtern. Ein einheitliches und vollumfängliches Glossar aller Beteiligten an einer Stiftung gibt es nicht; nachfolgend aber ein Versuch:

An erster Stelle steht der **Stifter.** Er formt die Stiftung nach seiner Fasson. Beispielsweise über eine Satzung oder eine Richtlinie wird das Wesen einer Stiftung ausformuliert: Welche Art von Stiftung liegt vor? Welchen Zweck soll die Stiftung haben? Welchen Geschäftsgang soll die Stiftung nehmen?

Ein **Stiftungsberater** kann dem Stifter zur Seite stehen, um die oben genannten Fragestellungen bestmöglich im Einklang mit den gesetzlichen Bestimmungen (Stiftungsrecht, Steuerrecht, Erbrecht et cetera) und den Anforderungen an die Stiftungspraxis (Corporate Governance et cetera) zu bringen.

Ist die Stiftung errichtet, kann ein **Stiftungsverwalter** den Stifter in der täglichen Stiftungsarbeit unterstützen. Die Aufgaben sind vielzählig: Das Stiftungsvermögen muss sicher und wirtschaftlich verwaltet werden, Jahresabschlüsse und Wirtschaftspläne müssen erstellt, Gremien einberufen und Gremienbeschlüsse umgesetzt werden.

Ein Stiftungsverwalter kann mehrere Stiftungen verwalten, aber eine Stiftung benötigt einen direkten Ansprechpartner – den **Stiftungsverantwortlichen.** Um die vielen in Form, Motivation, Inhalt und Zweck unterschiedlichen Stiftungen verwalten zu können, bedarf es je Stiftung einer Person, die sich um die Zweckverwirklichung kümmert und erster Ansprechpartner ist. Der Stiftungsverantwortliche schreibt beispielsweise die Leistungen der Stiftung aus, bewertet – gegebenenfalls in den Gremien – die eingegangenen Anträge und beschließt Förderzusagen.

Der Empfänger von Fördermitteln einer Stiftung wird als **Stiftungsdestinatär** bezeichnet. Der Stiftungsdestinatär verantwortet den bestmöglichen Einsatz der Stiftungsmittel, die Dokumentation und die Veröffentlichung der Forschungsergebnisse.

All dieser Personen und Institutionen kann sich ein Stifter bedienen. Es gibt jedoch noch weitere Dienstleister wie Fundraiser, Immobilienverwalter, Rechtsberater et cetera.

Ein weiterer Versuch, die Beteiligten an einer Stiftung zu ordnen, ist die Einteilung in Gruppen:

Stiftungsorgane: Die satzungsgemäßen Stiftungsorgane sind beispielsweise Stiftungsvorstand, -rat, -beirat und -geschäftsführung. Das Aufgabenspektrum richtet sich nach der jeweiligen Satzung oder Geschäftsordnung. Grundsätzlich wird eine Stiftung durch einen oder mehrere Vorstände nach innen und außen vertreten.

Direkt Beteiligte: Zu den direkt Beteiligten einer Stiftung zählt der Leistungsempfänger – Fachterminus: Destinatär. Destinatär einer Stiftung kann eine natürliche Person sein, beispielsweise der Empfänger einer Zuwendung (Stipendiat einer Stipendienstiftung, Wohnungsempfänger et cetera) oder eine juristische Person, die als Hilfsperson den Zweck verwirklicht. Zu dieser Gruppe können auch die staatlichen Finanz- und Aufsichtsbehörden gezählt werden.

Indirekt Beteiligte: Indirekt beteiligte Personengruppen sind Hilfspersonen der Stiftung wie beispielsweise Beratungsstellen und externe Dienstleister (Wirtschaftsprüfer).

Betroffene: Betroffene der Stiftung sind die Zivilgesellschaft im Allgemeinen mit ihren potenziellen zukünftigen Mittelempfängern und weitere Stiftungen mit ähnlichen Förderzwecken.

Fragestellungen in der Stiftungspraxis:

- Kennen Sie die beteiligten Interessengruppen Ihrer Stiftung (auch Stakeholder genannt)?
- Welche externen und internen Beteiligten benötigen Sie für die Stiftungsarbeit?
- Wer kann was erledigen? Beispiel: Kann die Buchhaltung der Stiftung intern durchgeführt werden, oder bedarf es eines externen Dienstleisters?
- Wie können die Beteiligten an die Stiftung gebunden werden? Kontakt und Beteiligung des Stifters, der Interessengruppen, von Medien et cetera?

1.2 GEMEINNÜTZIGKEIT

1.2.1 Steuerbegünstigte Zwecke

»Umgangssprachlich: die gemeinnützige Stiftung«

Eine steuerbegünstigte Stiftung wird umgangssprachlich mit einer gemeinnützigen Stiftung gleichgesetzt. Das Steuerrecht kennt jedoch drei Möglichkeiten der Steuerbegünstigung – jeweils ausgelegt am verfolgten Zweck:

- gemeinnützige Zwecke (§ 52 Abgabenordnung)
- mildtätige Zwecke (§ 53 Abgabenordnung)
- kirchliche Zwecke (§ 54 Abgabenordnung)

Praxistipp: Voraussetzungen für eine Steuerbegünstigung

- Ausschließlichkeit
- Selbstlosigkeit
- gemeinnützige, mildtätige oder kirchliche Zwecke
- tatsächliche Geschäftsführung und Satzung mit beispielsweise einer Gemeinnützigkeitsbuchführung
- keine Verfassungsfeindlichkeit

Werden die Voraussetzungen erfüllt, erhält die Stiftung einen Feststellungsbescheid und nach Prüfung der tatsächlichen Geschäftsführung (der sogenannten Gemeinnützigkeitsprüfung alle drei Jahre) einen Freistellungsbescheid.

Mit dem Freistellungsbescheid wird eine Steuervergünstigung in der Regel für die Gewerbe- und Körperschaftsteuer nachgewiesen.

Die Stiftung wird steuerbefreit.

Gedankenanstoß

Soll Ihre Stiftung gemeinnützig (steuerbefreit) oder eigennützig (steuerpflichtig) sein?

1.2.2 Gemeinnützige Zwecke (§ 52 AO)

»Eine Körperschaft verfolgt gemeinnützige Zwecke, wenn ihre Tätigkeit darauf gerichtet ist, die Allgemeinheit auf materiellem, geistigem oder sittlichem Gebiet selbstlos zu fördern« (§ 52 AO).

Für die Anerkennung der Gemeinnützigkeit sind insbesondere drei Voraussetzungen zu erfüllen:

1. Förderung der Allgemeinheit
2. Förderung auf materiellem, geistigem oder sittlichem Gebiet
3. selbstlose Förderung (Selbstlosigkeit)

Stiftungen können mehrere Zwecke gleichzeitig verfolgen, beispielsweise Bürgerstiftungen mit einer breiten Palette an Stiftungszwecken von der Jugend- und Altenhilfe bis zu Heimatpflege und Klimaschutz, jeweils regional verankert.

Praxistipp: Die steuerrechtlichen Katalogfälle der Gemeinnützigkeit (§ 52 AO)

- die Förderung von Wissenschaft und Forschung;
- die Förderung der Religion;
- die Förderung des öffentlichen Gesundheitswesens und der öffentlichen Gesundheitspflege, insbesondere die Verhütung und Bekämpfung von übertragbaren Krankheiten, auch durch Krankenhäuser im Sinne des § 67, und von Tierseuchen;
- die Förderung der Jugend- und Altenhilfe;
- die Förderung von Kunst und Kultur;
- die Förderung des Denkmalschutzes und der Denkmalpflege;
- die Förderung der Erziehung, Volks- und Berufsbildung einschließlich der Studentenhilfe;
- die Förderung des Naturschutzes und der Landschaftspflege ...;
- die Förderung des Wohlfahrtswesens, insbesondere der Zwecke der amtlich anerkannten Verbände der freien Wohlfahrtspflege (§ 23 der Umsatzsteuer-Durchführungsverordnung), ihrer Unterverbände und ihrer angeschlossenen Einrichtungen und Anstalten;

- die Förderung der Hilfe für politisch, rassistisch oder religiös Verfolgte, für Flüchtlinge, Vertriebene, Aussiedler, Spätaussiedler, Kriegsopfer, Kriegshinterbliebene, Kriegsbeschädigte und Kriegsgefangene, Zivilbeschädigte und Behinderte sowie Hilfe für Opfer von Straftaten; Förderung des Andenkens an Verfolgte, Kriegs- und Katastrophenopfer; Förderung des Suchdienstes für Vermisste, Förderung der Hilfe für Menschen, die aufgrund ihrer geschlechtlichen Identität oder ihrer geschlechtlichen Orientierung diskriminiert werden;
- die Förderung der Rettung aus Lebensgefahr;
- die Förderung des Feuer-, Arbeits-, Katastrophen- und Zivilschutzes sowie der Unfallverhütung;
- die Förderung internationaler Gesinnung, der Toleranz auf allen Gebieten der Kultur und des Völkerverständigungsgedankens;
- die Förderung des Tierschutzes; die Förderung der Entwicklungszusammenarbeit;
- die Förderung von Verbraucherberatung und Verbraucherschutz;
- die Förderung der Fürsorge für Strafgefangene und ehemalige Strafgefangene;
- die Förderung der Gleichberechtigung von Frauen und Männern;
- die Förderung des Schutzes von Ehe und Familie;
- die Förderung der Kriminalprävention;
- die Förderung des Sports (Schach gilt als Sport);
- die Förderung der Heimatpflege, Heimatkunde und der Ortsverschönerung;
- die Förderung der Tierzucht, der Pflanzenzucht, der Kleingärtnerei, des traditionellen Brauchtums einschließlich des Karnevals, der Fastnacht und des Faschings, der Soldaten- und Reservistenbetreuung, des Amateurfunkens, des Freifunks, des Modellflugs und des Hundesports;
- die allgemeine Förderung des demokratischen Staatswesens im Geltungsbereich dieses Gesetzes; hierzu gehören nicht Bestrebungen, die nur bestimmte Einzelinteressen staatsbürgerlicher Art verfolgen oder die auf den kommunalpolitischen Bereich beschränkt sind;
- die Förderung des bürgerschaftlichen Engagements zugunsten gemeinnütziger, mildtätiger und kirchlicher Zwecke;
- die Förderung der Unterhaltung und Pflege von Friedhöfen und die Förderung der Unterhaltung von Gedenkstätten für nichtbestattungspflichtige Kinder und Föten.

Es können auch neue Zwecke in den Katalog aufgenommen werden. Sofern der von der Körperschaft verfolgte Zweck nicht unter Satz 1 fällt, aber die Allgemeinheit auf materiellem, geistigem oder sittlichem Gebiet entsprechend selbstlos gefördert wird, kann dieser Zweck für gemeinnützig erklärt werden (§ 52 Abs. 2 AO).

Praxisbeispiele: Für gemeinnützig erklärte Zwecke

- Positiv – diese Zwecke sind nun gemeinnützig:
  - Turnierbridge
  - IPSC-Schießen
- Negativ – dieser Zweck wurde nicht als gemeinnützig anerkannt:
  - Grillsportverein

Gedankenanstoß

Gibt es einen oder mehrere Zwecke in der Liste der gemeinnützigen Zwecke, den oder die Sie verfolgen möchten? Was steckt hinter dem Katalogbegriff (beispielsweise Förderung von Wissenschaft und Forschung)?

Wie wollen Sie die Zwecke ganz konkret umsetzen? Sollen Preisgelder vergeben werden? Soll ein Mitarbeiter finanziert werden?

1.2.3 Mildtätige Zwecke (§ 53 AO)

»Personen selbstlos unterstützen«

Eine Körperschaft verfolgt mildtätige Zwecke, wenn ihre Tätigkeit darauf gerichtet ist, Personen selbstlos zu unterstützen, die infolge ihres körperlichen, geistigen oder seelischen Zustands auf die Hilfe anderer angewiesen sind oder deren Bezüge nicht höher sind als das Vierfache des Regelsatzes der Sozialhilfe im Sinne des § 28 des Zwölften Buches Sozialgesetzbuch ... (§ 53 AO)

Praxisbeispiele: Mildtätige Stiftungen

- Krankenpflege
- Altenheim
- Hilfe bei Katastrophen (Erdbeben, Überschwemmung, Krieg)
- Seelsorge mit Telefonseelsorge

Gedankenanstoß

Möchten Sie mildtätige Zwecke verfolgen? Grenzt vielleicht ein gemeinnütziger Zweck an einen mildtätigen Zweck (beispielsweise Jugend-, Studenten- und Altenhilfe)? Können die Kriterien für die Bezüge (Regelsätze der Sozialhilfe) eingehalten werden? Wie werden diese dokumentiert?

1.2.4 Kirchliche Zwecke (§ 54 AO)

»Eine Körperschaft verfolgt kirchliche Zwecke, wenn ihre Tätigkeit darauf gerichtet ist, eine Religionsgemeinschaft, die Körperschaft des öffentlichen Rechts ist, selbstlos zu fördern« (§ 54 Abs. 1 AO).

Zu diesen Zwecken gehören insbesondere (§ 54 Abs. 2 AO):

- die Errichtung, Ausschmückung und Unterhaltung von Gotteshäusern und kirchlichen Gemeindehäusern,
- die Abhaltung von Gottesdiensten,
- die Ausbildung von Geistlichen,
- die Erteilung von Religionsunterricht,
- die Beerdigung und die Pflege des Andenkens der Toten,
- die Verwaltung des Kirchenvermögens,
- die Besoldung der Geistlichen, Kirchenbeamten und Kirchendiener,
- die Alters- und Behindertenversorgung für die oben genannten Personen und die Versorgung ihrer Witwen und Waisen.

Praxisbeispiele: Kirchliche Stiftungen[2]

- Bischof-Klaus-Hemmerle-Stiftung zur Förderung pastoraler Dienste im Bistum Aachen
- Erzbischöfliche Stiftung Köln
- Evangelische Gemeindestiftung Lippe
- KD-BANK-STIFTUNG
- Stiftung Bibelgalerie Meersburg
- Stiftung Großer Gotteskasten zu Gardelegen
- Stiftung Kranke begleiten
- Stiftung Telefonseelsorge

Gedankenanstoß

Gibt es eine Verbindung zu kirchlichen Zwecken, beispielsweise über die Förderung der Friedhofs- und Gedenkstättenpflege?

1.2.5 Selbstlosigkeit (§ 55 AO)

»Fremd- und nicht eigennützig«

Eine Förderung oder Unterstützung geschieht selbstlos, wenn dadurch nicht in erster Linie eigenwirtschaftliche Zwecke - zum Beispiel gewerbliche Zwecke oder sonstige Erwerbszwecke - verfolgt werden.

Checkliste: Gesetzliche Voraussetzungen der Selbstlosigkeit (§ 55 Abs. 1 AO)
❑ **Mittelverwendung:** Mittel der Körperschaft dürfen nur für die satzungsmäßigen Zwecke verwendet werden. Die Mitglieder oder Gesellschafter (Mitglieder im Sinne dieser Vorschriften) dürfen keine Gewinnanteile und in ihrer Eigenschaft als Mitglieder auch keine sonstigen Zuwendungen aus Mitteln der Körperschaft erhalten. Die Körperschaft darf ihre Mittel weder für die unmittelbare noch für die mittelbare Unterstützung oder Förderung politischer Parteien verwenden.
❑ **Mitgliederförderung:** Die Mitglieder dürfen bei ihrem Ausscheiden oder bei Auflösung oder Aufhebung der Körperschaft nicht mehr als ihre eingezahlten Kapitalanteile und den gemeinen Wert ihrer geleisteten Sacheinlagen zurückerhalten.
❑ **Fremdförderung:** Die Körperschaft darf keine Person durch Ausgaben, die dem Zweck der Körperschaft fremd sind, oder durch unverhältnismäßig hohe Vergütungen begünstigen.
❑ **Anfallvermögen:** Bei Auflösung oder Aufhebung der Körperschaft oder bei Wegfall ihres bisherigen Zwecks darf das Vermögen der Körperschaft, soweit es die eingezahlten Kapitalanteile der Mitglieder und den gemeinen Wert der von den Mitgliedern geleisteten Sacheinlagen übersteigt, nur für steuerbegünstigte Zwecke verwendet werden (Grundsatz der Vermögensbindung). Diese Voraussetzung ist auch erfüllt, wenn das Vermögen einer anderen steuerbegünstigten Körperschaft oder einer juristischen Person des öffentlichen Rechts für steuerbegünstigte Zwecke übertragen werden soll.

- ❑ **Zeitnahe Mittelverwendung:** Die Körperschaft muss ihre Mittel vorbehaltlich der Rücklagenbildung nach § 62 AO grundsätzlich zeitnah für ihre steuerbegünstigten satzungsmäßigen Zwecke verwenden. Verwendung in diesem Sinne ist auch die Verwendung der Mittel für die Anschaffung oder Herstellung von Vermögensgegenständen, die satzungsmäßigen Zwecken dienen. Eine zeitnahe Mittelverwendung ist gegeben, wenn die Mittel spätestens in den auf den Zufluss folgenden zwei Kalender- oder Wirtschaftsjahren für die steuerbegünstigten satzungsmäßigen Zwecke verwendet werden. Dies gilt nicht für Körperschaften mit jährlichen Einnahmen von nicht mehr als 45.000 Euro.

Gedankenanstoß

Sie haben nun erste Überlegungen zum Stiftungszweck abgefasst. Wie soll der Zweck verwirklicht werden? Welche Maßnahmen werden ergriffen? Können die Bedingungen der Selbstlosigkeit eingehalten werden?

1.2.6 Unmittelbare Zweckerfüllung oder Förderstiftung?

»Zwecke selbst erfüllen?«

Eine Stiftung kann selbst den Zweck verwirklichen (unmittelbare Zweckerfüllung) oder als Förderstiftung Mittel an eine andere gemeinnützige Körperschaft weitergeben.

Checkliste: Gesetzliche Ausprägungen des Unmittelbarkeitsgrundsatzes (§ 57 AO)

- ❒ **Unmittelbare Zweckverwirklichung:** Eine Körperschaft verfolgt unmittelbar ihre steuerbegünstigten satzungsmäßigen Zwecke, wenn sie selbst diese Zwecke verwirklicht. Das kann auch durch Hilfspersonen geschehen, wenn nach den Umständen des Falls, insbesondere nach den rechtlichen und tatsächlichen Beziehungen, die zwischen der Körperschaft und der Hilfsperson bestehen, das Wirken der Hilfsperson wie eigenes Wirken der Körperschaft anzusehen ist.
- ❒ **Förderstiftung:** Eine Körperschaft verfolgt ihre steuerbegünstigten Zwecke auch dann unmittelbar, wenn sie satzungsgemäß durch planmäßiges Zusammenwirken mit mindestens einer weiteren Körperschaft, die im Übrigen die Voraussetzungen der §§ 51 bis 68 erfüllt, einen steuerbegünstigten Zweck verwirklicht.
- ❒ **Steuerbegünstigte Kapitalgesellschaft:** Eine Körperschaft verfolgt ihre steuerbegünstigten Zwecke auch dann unmittelbar im Sinne des Absatzes 1 Satz 1, wenn sie ausschließlich Anteile an steuerbegünstigten Kapitalgesellschaften hält und verwaltet.

Gedankenanstoß

Operative Stiftung oder Förderstiftung? Soll der Zweck selbst oder durch eine Hilfsperson verwirklicht werden?

1.2.7 Welche Aktivitäten sind steuerlich unschädlich? (§ 58 AO)

»Auf das Steuerrecht achten!«

Eine gemeinnützige Körperschaft muss ausschließlich »nur ihre steuerbegünstigten satzungsmäßigen Zwecke verfolg[en]« (§ 56 AO). Wird gegen diesen Grundsatz verstoßen, droht der Verlust der Gemeinnützigkeit.

Es gibt jedoch Aktivitäten, die steuerlich unschädlich sind, eine Gemeinnützigkeit also nicht gefährden:

Checkliste: Steuerrechtlich unschädliche Betätigungen (§ 58 AO)

- ❒ **Mittelweitergabe an eine andere Körperschaft:** Eine Körperschaft kann einer anderen Körperschaft oder einer juristischen Person des öffentlichen Rechts Mittel für die Verwirklichung steuerbegünstigter Zwecke zuwenden. Mittel sind sämtliche Vermögenswerte der Körperschaft. Die Zuwendung von Mitteln an eine beschränkt oder unbeschränkt steuerpflichtige Körperschaft des privaten Rechts setzt voraus, dass diese selbst steuerbegünstigt ist. Beabsichtigt die Körperschaft, als einzige Art der Zweckverwirklichung Mittel anderen Körperschaften oder juristischen Personen des öffentlichen Rechts zuzuwenden, ist die Mittelweitergabe als Art der Zweckverwirklichung in der Satzung zu benennen.

- ❒ **Vermögensausstattung einer anderen Körperschaft:** Eine Körperschaft kann ihre Überschüsse der Einnahmen über die Ausgaben aus der Vermögensverwaltung, ihre Gewinne aus den wirtschaftlichen Geschäftsbetrieben ganz oder teilweise und darüber hinaus höchstens 15 Prozent ihrer sonstigen nach § 55 Absatz 1 Nummer 5 zeitnah zu verwendenden Mittel einer anderen steuerbegünstigten Körperschaft oder einer juristischen Person des öffentlichen Rechts zur Vermögensausstattung zuwenden. Die aus den Vermögenserträgen zu verwirklichenden steuerbegünstigten Zwecke müssen den steuerbegünstigten satzungsmäßigen Zwecken der zuwendenden Körperschaft entsprechen. Die nach dieser Nummer zugewandten Mittel und deren Erträge dürfen nicht für weitere Mittelweitergaben im Sinne des ersten Satzes verwendet werden.

- ❒ **Arbeitskräfteweitergabe:** Eine Körperschaft kann ihre Arbeitskräfte anderen Personen, Unternehmen, Einrichtungen oder einer juristischen Person des öffentlichen Rechts für steuerbegünstigte Zwecke zur Verfügung stellen.

- **Ressourcenweitergabe:** Eine Körperschaft kann ihr gehörende Räume einer anderen, ebenfalls steuerbegünstigten Körperschaft oder einer juristischen Person des öffentlichen Rechts zur Nutzung zu steuerbegünstigten Zwecken überlassen.

- **Stifterauflagen/Stifterunterstützung:** Eine Stiftung kann einen Teil, jedoch höchstens ein Drittel ihres Einkommens dazu verwenden, um in angemessener Weise den Stifter und seine nächsten Angehörigen zu unterhalten, ihre Gräber zu pflegen und ihr Andenken zu ehren.

- **Gesellige Zusammenkünfte:** Eine Körperschaft kann gesellige Zusammenkünfte veranstalten, die im Vergleich zu ihrer steuerbegünstigten Tätigkeit von untergeordneter Bedeutung sind.

- **Sportförderung:** Ein Sportverein kann neben dem unbezahlten auch den bezahlten Sport fördern.

- **Wirtschaftsförderung einer Gemeinde:** Eine von einer Gebietskörperschaft errichtete Stiftung kann zur Erfüllung ihrer steuerbegünstigten Zwecke Zuschüsse an Wirtschaftsunternehmen vergeben.

- **Erwerb von Gesellschaftsrechten:** Eine Körperschaft kann Mittel zum Erwerb von Gesellschaftsrechten zur Erhaltung der prozentualen Beteiligung an Kapitalgesellschaften im Jahr des Zuflusses verwenden. Dieser Erwerb mindert die Höhe der freien Rücklage nach § 62 Abs. 1 Nr. 3 AO.

Gedankenanstoß

Können Sie alle beabsichtigten Tätigkeiten Ihrer Stiftung, auch diejenigen die nicht unmittelbar dem steuerbegünstigten Zweck dienen (beispielsweise der Versorgung naher Angehöriger), in die obige Tabelle der steuerrechtlich unschädlichen Betätigungen einordnen?

1.2.8 Wann verliere ich die Gemeinnützigkeit?

»Risiko: Verlust der Gemeinnützigkeit«

Die Gemeinnützigkeit wird aberkannt beziehungsweise für einen Veranlagungszeitraum nicht anerkannt, wenn gegen einen der oben genannten Grundsätze verstoßen wird. So beispielsweise:

Praxistipp: Verlust der Gemeinnützigkeit
Beispiel: Keine Gemeinnützigkeit eines im Verfassungsschutzbericht des Bundes ausdrücklich erwähnten (islamischen) Vereins Verstoß gegen § 51 Abs. 3 AO: »Eine Steuervergünstigung setzt zudem voraus, dass die Körperschaft nach ihrer Satzung und bei ihrer tatsächlichen Geschäftsführung keine Bestrebungen im Sinne des § 4 des Bundesverfassungsschutzgesetzes fördert und dem Gedanken der Völkerverständigung nicht zuwiderhandelt. Bei Körperschaften, die im Verfassungsschutzbericht des Bundes oder eines Landes als extremistische Organisation aufgeführt sind, ist widerlegbar davon auszugehen, dass die Voraussetzungen ... nicht erfüllt sind« (Attac-Urteil, Urteil des BFH vom 10. Januar 2019).

Gedankenanstoß

Der Verlust der Gemeinnützigkeit wäre ein Worst-Case-Szenario! Gibt es Aktivitäten und Vorhaben, bei denen der Rand- oder Graubereich einer Vorschrift betroffen ist? Bei denen Sie nicht ein klares »Ja, ist erfüllt« aussprechen können? Lassen Sie sich im Vorfeld beraten.

1.3 MARKENBILDUNG UND HILFE

1.3.1 Wirkungsmessung bei Stiftungen

»Jeder Einsatz zählt«

Wie kann die Wirkung einer Stiftung gemessen beziehungsweise wie können Förderprojekte gruppiert werden? Die originäre Betriebswirtschaft kennt ein Management-Tool zur Gliederung von Produkten: die Portfolio-Matrix. Verschiedene Produkte eines Unternehmens werden in einer Matrix nach dem relativen Marktanteil und dem Marktwachstum angeordnet, um daraus Normstrategien abzuleiten.

Relativer Marktanteil und Marktwachstum sind zwei Größen, die im Stiftungsbereich nur bedingt Anwendung finden. Sie können jedoch durch die Förderwirkung und das Fördervolumen ersetzt werden. Die Förderwirkung ist eine von der Stiftung selbst definierte, subjektiv angesetzte Größe über den Zielerreichungsgrad einer Förderlinie (0 Prozent bis 100 Prozent). Das Fördervolumen ist die relative Einordnung der jeweiligen für das Projekt eingesetzten Mittel.

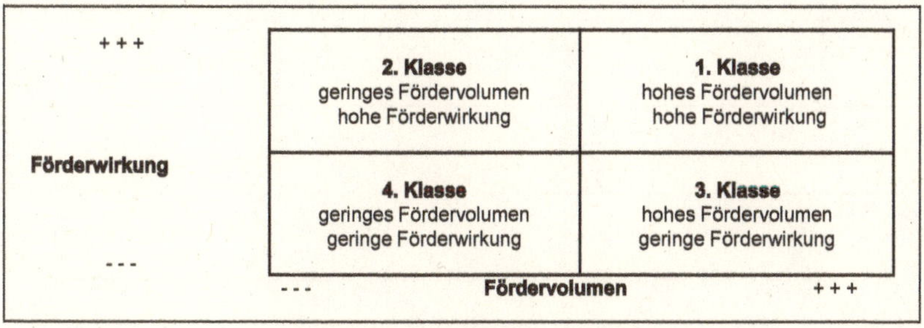

Abbildung 7: Stiftungs-Portfolio-Matrix

Im Zusammenspiel dieser beiden Stiftungsgrößen entstehen vier Felder:

1. Klasse (hohes Fördervolumen und hohe Förderwirkung): Das sind die Top-Förderlinien.

2. Klasse (geringes Fördervolumen bei hoher Förderwirkung): Diese Projekte zeigen eine hohe Wirkung mit (relativ) geringem Fördervolumen.
3. Klasse (hohes Fördervolumen bei geringer Förderwirkung): Das Fördervolumen dieser Projekte ist hoch, jedoch die Wirkung gering. Ein »gewolltes« Projekt – viel Fördervolumen, aber wenig Wirkung?
4. Klasse (geringes Fördervolumen und geringe Förderwirkung): Die Wirkung und das Volumen sind gering. Müssten diese Projekte strategisch weiterlaufen?

Gedankenanstoß

Welche Ziele haben Sie sich mit Ihrer Stiftung gesetzt? Wie können Sie diese Ziele messen? Gibt es eine Vision, ein Leitbild oder eine Mission?

1.3.2 Markenbildung bei Stiftungen: Stiftungssiegel

»Die zivilgesellschaftliche Erwartung für die Sonderstellung einer Stiftung: Transparenz, Transparenz, Transparenz ...«

Stiftungen werden schnell in eine Ecke gedrängt: Das ist doch nur ein Steuersparmodell für Reiche! Dieser Vorwurf kann in Einzelfällen zutreffen, für gewöhnlich tut er das jedoch nicht. Das ist der zivilgesellschaftlichen Erwartung an eine hohe Transparenz zu verdanken. Steuererleichterungen gehen einher mit erweiterten Anforderungen an eine aussagekräftige Rechnungslegung, der Abgabe von Tätigkeitsberichten und einer Angemessenheitsprüfung bei den Ausgaben.

Dass die Transparenzanforderungen eingehalten werden, kann über Stiftungssiegel nachgewiesen werden. Nachfolgende Infobox bietet einen Überblick über die sechs gängigsten Siegel in Deutschland:

Infobox: Ausgewählte Stiftungssiegel

- Qualitätssiegel für gute Treuhandstiftungen des Bundesverbands Deutscher Stiftungen
- Gütesiegel für Bürgerstiftungen des Bundesverbands Deutscher Stiftungen
- Wirkt-Siegel der PHINEO – damit Engagement wirkt
- DZI-Spendensiegel des Deutschen Zentralinstituts für soziale Fragen
- Spendenzertifikat des Deutschen Spendenrats
- Initiative transparente Zivilgesellschaft der Transparency International Deutschland

Gedankenanstoß

- Brauche ich für meine Stiftungsarbeit ein Stiftungssiegel?
- Welche Erwartungen haben meine Beteiligten? Hinweis: Teilweise werden Stiftungssiegel als Voraussetzung für den Erhalt von Zuwendungen größerer Förderstiftungen angesehen.
- Kann meine Stiftung die Anforderungen an das Stiftungssiegel erfüllen (eigene Vorabprüfung)?

1.3.3 Stiftungskommunikation

»Stiftungsdickicht auch in den Kommunikationsformen?«

Eine Stiftung kann auf mehreren Kommunikationswegen über sich und ihre Stiftungsarbeit berichten:

Checkliste: Kommunikationswege
❐ **Klassische Printmedien**, beispielsweise ein Stiftungsmagazin, Presseverteiler ❐ **Stiftungswebseite** ❐ **Social Media**, beispielsweise Linked-In, Twitter ❐ **Online-Spenden-Tools**, beispielsweise eines aus der Übersicht des Deutschen Fundraisingverbands (https://www.dfrv.de/uebersicht-online-spenden-tools/)

Checkliste: Aufgaben der Stiftungskommunikation
❐ Vertrauen schaffen und stärken ❐ Informationspflichten nachkommen (Transparenz schaffen) ❐ Meinungen positionieren und Rückhalt durch die Öffentlichkeit ❐ Verständnis für die Stiftungsarbeit und deren Notwendigkeit

Gedankenanstoß

- Wie viel Kommunikation wollen Sie in Ihrer Stiftung?
- Welche Kommunikationswege wollen Sie beschreiten?
- Wer ist für die Kommunikation verantwortlich?

1.3.4 Fundraising

Fundraising lässt sich in etwa mit Mittelbeschaffung oder Spendeneinwerbung übersetzen.

Das Fundraising ist die nach außen gerichtete Beschaffung von Stiftungsmitteln. Auch hier gibt es eine Vielzahl an möglichen Fragestellungen, die strukturiert werden können:

Checkliste: Kleines Fundraising-Konzept

- [ ] Braucht die Stiftung Fundraising?

Wenn ja:

- [ ] **Wer** wird angesprochen und wer spricht an?
  - Wer ist die Zielgruppe meiner Stiftung?
  - Wer sind die Unterstützer meiner Stiftung?
  - **siehe Stiftungskonzeption**
- [ ] **Was** wird eingeworben?
  - Extrem 1: zweckgebundene Fördermittel für ein konkretes Projekt
  - Extrem 2: freie Spenden für den allgemeinen Zweck
  - **siehe Stiftungs- und Spendenarten**
- [ ] **Wann** wird eingeworben?
  - Laufende oder projektbezogene Ansprache? Wann werden die Stiftungsmittel benötigt?
  - **siehe Wirtschaftsplanung**
- [ ] **Wie** findet die Ansprache statt?
  - Werbekampagne
  - über die Webseite
  - über ein Online-Spenden-Tool
  - **siehe Stiftungskommunikation**

Gedankenanstoß

Benötigen Sie ein kleines Fundraising-Konzept für Ihre Stiftung? Wenn ja, haben Sie bereits erste Antwortideen für die Checkliste »Kleines Fundraising-Konzept«?

1.3.5 Hilfe durch Stiftungsmagazine

»Lesen und von anderen lernen«

Stiftungsmagazine bieten einen Überblick über die aktuellen Themen aus der täglichen Stiftungspraxis.

Checkliste: Stiftungsmagazine (Auswahl)

- ❒ **Magazin *StiftungsWelt*** (www.stiftungen.org)
  Der Bundesverband Deutscher Stiftungen berichtet vierteljährlich zu Themen wie Grundlagenwissen, Neuigkeiten, Literatur- und Rechtshinweise aus der Stiftungslandschaft.
- ❒ **Magazin *DIE STIFTUNG*** (www.die-stiftung.de)
  Neben Themen rund um professionelle Führung und Steuerung von Stiftungen (Recht & Steuern, Strategie & Management, Fundraising und vieles mehr) kümmert sich *DIE STIFTUNG* inhaltlich auch intensiv um das Thema Vermögensanlage für Stiftungen.
- ❒ **Magazin *Stiftung & Sponsoring*** (www.stiftung-sponsoring.de)
  Das Fachmagazin für Non-Profit-Management und -Marketing wird herausgegeben vom Institut für Stiftungsberatung in Berlin.
- ❒ **Fachmagazin *Zeitschrift zum Stiftungswesen*** (www.bwv-verlag.de)
  Das Fachmagazin, herausgegeben von Prof. Dr. Olaf Werner et al., liefert Informationen zur Errichtung von Stiftungen und zur täglichen Praxis in allen rechtlichen, steuerlichen und wirtschaftlichen Fragen.
- ❒ ***SB StiftungsBrief*** (https://www.iww.de/sb)
  Der StiftungsBrief liefert konkrete Handlungsempfehlungen für steuerliche und rechtliche Problemstellungen und praktische Arbeitshilfen rund um die Stiftungsarbeit.

Gedankenanstoß

Haben Sie eine Möglichkeit gefunden, sich laufend über die Stiftungslandschaft zu informieren? Benötigen Sie hierfür gegebenenfalls ein Stiftungsmagazin?

✎ ______________________________

1.3.6 Hilfe durch Stiftungsverbände

»Kooperieren und informieren«

Stiftungsverbände stehen als Interessenvertretungen an der Seite von Stiftungen, beraten und geben Informationen für die Stiftungsarbeit.

Checkliste: Stiftungsverbände (Auswahl)

- ❐ **Bundesverband Deutscher Stiftungen** (https://www.stiftungen.org)
  Der Bundesverband Deutscher Stiftungen ist die Interessenvertretung der gemeinnützigen Stiftungen in Deutschland. Neben einem Angebot an Informations- und Beratungsdienstleistungen bietet die Organisation Weiterbildungsveranstaltungen und unterhält ein Netzwerk mit anderen stiftungsrelevanten Institutionen.

- ❐ **Stifterverband** (https://www.stifterverband.org)
  Der Stifterverband ist die Gemeinschaftsinitiative von Unternehmen und Stiftungen, die als einzige ganzheitlich in den Bereichen Bildung, Wissenschaft und Innovation berät, vernetzt und fördert.

- ❐ **Aktive Bürgerschaft e. V.** (https://www.aktive-buergerschaft.de)
  Der Verein Aktive Bürgerschaft informiert über Bürgerstiftungen und berät in allen Fragen rund um das Thema bürgerschaftliches Engagement. Weitere Beispiele: Bürgerstiftungen Engagement von Bürgern für Bürger, Initiative Bürgerstiftungen, Bundesarbeitsgemeinschaft der Freiwilligenagenturen, Der Wegweiser Bürgergesellschaft.

- ❐ **European Foundation Centre** (https://cof.org/organization/european-foundation-centre). Das European Foundation Centre (EFC) ist die Interessenvertretung europäischer Stiftungen gegenüber den Institutionen der EU. Darüber hinaus fördert und koordiniert es den länderübergreifenden Informationsaustausch zwischen Stiftungen.

- ❐ **Worldwide Initiatives for Grantmaker Support** (https://wingsweb.org)
  Der Verband Worldwide Initiatives for Grantmaker Support (WINGS) vereint weltweit mehr als hundert Organisationen, die sich philanthropisch engagieren und einander gegenseitig in ihren Bemühungen unterstützen.

Gedankenanstoß

Haben Sie eine Möglichkeit gefunden, sich laufend über die Stiftungslandschaft auszutauschen? Assoziieren Sie sich mit einem Stiftungsverband?

✎ ____

1.3.7 Hilfe durch Stiftungsdienstleister (»One-Stop-Shopping«)

»Unterstützung holen«

Stiftungsdienstleister bieten Unterstützung in der täglichen Stiftungsarbeit.

Checkliste: Stiftungsdienstleister (Auswahl)

- ❒ **Stifterverband für die Deutsche Wissenschaft** (https://www.stifterverband.org)
  Der Stifterverband fördert und vernetzt die Wissenschaft und die Wirtschaft. Mit dem Deutschen Stiftungszentrum bietet der Stifterverband Beratungs- und Managementdienstleistungen für Stiftungen an.
- ❒ **Haus des Stiftens** (https://www.hausdesstiftens.org
  Die »Haus des Stiftens gGmbH« ist ein Sozialunternehmen, und bietet Stiftungsdienstleistungen (Beratung etc.) für Stifter, Non-Profit-Organisationen und Unternehmen an. Zur Gruppe gehören u.a. auch die Angebote)
  - **Stifter für Stifter** (https://stifter-fuer-stifter.de),
  - **Stifter helfen** (https://www.stifter-helfen.de).
- ❒ **Deutsche Stiftungsagentur** (www.stiftungsagentur.de)
  Der Dienstleister errichtet, verwaltet und berät angehende Stifter und bestehende Stiftungen.
- ❒ **Stiftungsmarktplatz** (https://stiftungsmarktplatz.eu)
  Plattform Stiftungen und Stiftungsexperten zu verbinden und damit die Stiftungsarbeit zu professionalisieren.
- ❒ **Institut für Stiftungsberatung** (http://www.stiftungsberatung.de)
  Beratungseinrichtung für Stifter, Stiftungen und andere gemeinnützige Einrichtungen. Tätigkeitsfelder u.a. zu den Themen Stiftungserrichtung, Gemeinnützigkeitsrecht, Programmplanung und Projektmanagement, Stiftungsgremienarbeit.

Gedankenanstoß

Haben Sie eine Möglichkeit gefunden, sich in der täglichen Stiftungsarbeit unterstützen zu lassen?

____

____

____

1.3.8 Hilfe durch Aus- und Weiterbildungsmöglichkeiten im Stiftungsbereich

»Weiterbilden«

Hier finden Sie eine freie Auflistung von Aus- und Weiterbildungsangeboten im Stiftungsbereich mit ihrer jeweiligen Eigendarstellung.

Checkliste: Weiterbildungsmöglichkeiten (Auswahl)

- ❒ **Abbe-Institut für Stiftungswesen** (www.abbe-institut.de)
  Das Abbe-Institut ist im Jahre 2005 unter der Trägerschaft der Ernst-Abbe-Stiftung, die aus der Carl-Zeiss-Stiftung hervorgegangen ist, und der Friedrich-Schiller-Universität Jena gegründet worden.
  - Lehrgang »Zertifizierter Stiftungsberater (FSU Jena)«

- ❒ **Deutsche Stiftungsakademie** (www.stiftungsakademie.de)
  Die deutsche Stiftungsakademie gGmbH (DAS) ist eine gemeinsame Einrichtung des Bundesverbandes Deutscher Stiftungen und des Stifterverbandes für die Deutsche Wirtschaft.
  - Zertifizierungslehrgang Stiftungsberatung
  - Zertifizierungslehrgang Stiftungsmanagement

- ❒ **EBS Universität** (www.ebs.edu)
  Die EBS wurde als private Wirtschaftsuniversität im Jahre 1971 gegründet.
  - Stiftungsmanagement/Stiftungsberatung

❒ **Frankfurt School of Finance & Management** (http://www.frankfurt-school.de)
Die Frankfurt School ist eine private Hochschule, die sich auf Finanzen und Management in Forschung, Bildung und Beratung konzentriert.
- Zertifikatsstudiengang Stiftungsberater

❒ **Hochschule für Finanzwirtschaft & Management** (www.s-hochschule.de)
Die Hochschule für Finanzwirtschaft & Management (HFM) (ehemals Hochschule der Sparkassen-Finanzgruppe – University of Applied Sciences – Bonn) ist eine private, staatlich anerkannte Fachhochschule für berufs- und ausbildungsbegleitende Aus- und Weiterbildung.
- Lehrgang zur geprüften Stiftungsberaterin/zum geprüften Stiftungsberater

❒ **NWB Akademie** (www.nwb-akademie.de)
Als Teil des NWB Verlags bietet die NWB Akademie Angebote zur Aus- und Weiterbildung in den Bereichen Rechnungslegung und Steuern.
- NWB-Zertifikatslehrgang Stiftungsberater

Gedankenanstoß

Haben Sie eine Möglichkeit gefunden, sich über das Stiftungswesen auf dem Laufenden zu halten?

1.3.9 Hilfe durch Kooperationen

»Ein Traum, den man allein träumt, ist nur ein Traum. Ein Traum, den man zusammen träumt, wird Wirklichkeit.«

Stiftungen können beispielsweise in Kooperationen gemeinsam einen Zweck verwirklichen.

Checkliste: Kooperationen

- ☐ Mögliche Kooperationspartner?
  - Dachstiftungen
  - große Stiftungen
  - Verbände, Netzwerke
  - öffentliche Einrichtungen
- ☐ Gibt es ein gemeinsames Verständnis über ein Konzept? Jeder Kooperationspartner muss das Konzept zum Stiftungsprojekt verstehen und gemeinsam tragen.
- ☐ Welche Schwerpunkte bringen die jeweiligen Kooperationspartner ein? Beispiel: Jeder Partner hat gegebenenfalls einen regionalen Schwerpunkt, um ein Projektthema in der Fläche zu verteilen.
- ☐ Wie wird eine gemeinsame Öffentlichkeitsarbeit gestaltet? Dezentrale oder zentrale Öffentlichkeitsarbeit? Jeder Projektpartner für sich allein? Gemeinsames Logo? ...
- ☐ Wie wird die Kooperation organisiert? Kooperationsgremien (Kuratorium, Beiräte ...) sind gemeinsam zu besetzen.

Gedankenanstoß

Welche Kooperationspartner gibt es in Ihrem Stiftungsumfeld? Haben Sie mal eine Stiftungsveranstaltung besucht? Wollen Sie sich vernetzen? Mit wem können Sie in welchem Segment kooperieren?

✎ ______________________________

____

2 STIFTUNGSSTRUKTUR (ENTWICKLUNG)

2.1 STIFTUNGSFORMEN

2.1.1 Spende

»Die einfachste Form«

Spenden sind Geld- oder Sachzuwendungen, die freiwillig und unentgeltlich zur Förderung gemeinnütziger Zwecke erbracht werden, ohne irgendeine Gegenleistung vonseiten des Empfängers.

Im Gegensatz dazu ist eine Schenkung an jedermann möglich, auch an eine nicht gemeinnützige Organisation oder Privatperson.

Man kann mehrere Arten von Spenden differenzieren:

Checkliste: Spendenarten

- ❐ **Zweckungebundene Spenden:** Die Spenden werden ohne eine konkrete Zweckbindung frei für die steuerbegünstigte Tätigkeit einer Stiftung eingesetzt.
- ❐ **Zweckgebundene Spenden:** Die Spende wird für ein ganz konkretes Thema nach Wahl des Spenders (zum Beispiel für ein Förderprojekt oder ein besonderes Anliegen) verwendet.
- ❐ **Einmalspende:** Spenden verpflichten nicht zur Regelmäßigkeit. Eine Spende kann nur einmalig erfolgen.
- ❐ **Dauerspende:** Freiwillig kann auch für einen bestimmten Zeitraum oder auf Dauer eine regelmäßige Spende (zum Beispiel monatlich, jährlich) an eine Organisation gegeben werden.

- **Geldspende:** In der Regel besteht eine Spende aus einer Geldleistung (beispielsweise Überweisung von 500 Euro).
- **Sachspenden:** Es können jedoch auch Sachen gespendet werden, beispielsweise Bücher, Lebensmittel et cetera.
- **Kreditivspenden:** Besondere Feste wie Geburtstage, Jubiläen oder die Verabschiedung in den Ruhestand, aber auch Trauerfeiern sind ein weiterer Anlass, gemeinnützige Organisation zu unterstützen. Anstelle von Geschenken beziehungsweise »statt Blumen und Kränzen« kann ein ausgewähltes Projekt unterstützt werden.
- **Schenkung mit Auflage:** Eine Zuwendung an eine gemeinnützige Organisation, zum Beispiel in Form einer Spende, welche aber an eine bestimmte Auflage geknüpft ist (Rechtsgrundlage: §§ 525 bis 527 BGB). Eine Auflage könnte sein, dass ein besonderes Projekt oder eine Einrichtung mit der Zuwendung gefördert werden soll.

Checkliste: Spende vs. Sponsoring

Was ist keine Spende (Abgrenzungsfälle zum Sponsoring)?

- **Spenden:** freiwilliges Vermögensopfer
- **Sponsoring:** Leistungsaustausch – Geldleistung gegen Gegenleistung

Beispiel aus der Praxis: Ein Unternehmen gibt eine Zuwendung und wünscht die Auslegung von Flyern, das Aufstellen eines Standes et cetera im Rahmen eines Kongresses. Das ist keine Spende, sondern gegebenenfalls bereits ein Sponsoring.

Gedankenanstoß

Wollen Sie Spenden einwerben (Wirtschaftsplanung)? Wie wollen Sie Spender beteiligen? Wie wäre der Prozess einer Spende (woher bekommt der Spender die Kontodaten, wer stellt die Spendenquittungen aus, wer hält Kontakt zum Spender, wie wird die Spende verbucht)?

2.1.2 Zustiftung

»Bestehende Zwecke unterstützen«

Die Zustiftung ist die einfachste Form des Stiftens. Von Zustiften spricht man, wenn sich jemand für einen bestimmten Zweck engagieren und seine Vermögenswerte dem Stiftungsvermögen einer bereits bestehenden Stiftung dauerhaft zuführen möchte, jedoch den Gründungsaufwand einer eigenen Stiftung scheut. Durch die damit verbundene Erhöhung des Stiftungskapitals erzielt die Stiftung langfristig höhere Erträge, und somit ist eine nachhaltigere Verfolgung der Zwecke möglich.

Faktenblatt: Zustiftung

- Unterschied zur Spende?
  Eine Zustiftung muss auf Dauer erhalten bleiben. Sie darf nicht – wie bei einer Spende – für den laufenden Zweck eingesetzt werden. Nur die »Früchte einer Zustiftung« können für den Zweck eingesetzt werden (Mieten, Dividenden, Zinsen).

- Worin liegen die Vorteile einer Zustiftung?
  - erhöht langfristig die laufenden Erträge einer Stiftung für den Stiftungszweck
  - sichert nachhaltig die Verfolgung des Stiftungszwecks
  - gibt einen Anlass, die vorhandene Stiftungssatzung zu ändern (Zweckänderung, Zweckerweiterung)

Gedankenanstoß

Sind Zustiftungen zulässig in Ihrer Stiftung? Ist gegebenenfalls eine entsprechende Satzungspassage erforderlich beziehungsweise möchten Sie einer anderen Stiftung zustiften?

2.1.3 Nachlass: Erbschaft und Vermächtnis

»Wirken über Generationen hinweg«

Über Generationen hinweg kann durch eine Erbschaft oder ein Vermächtnis ein Zweck verwirklicht werden. Diese Stiftungsformen »von Todes wegen« werfen jedoch viele Fragen auf:

Faktenblatt: Erbschaft und Vermächtnis[3]

- **Warum ein Testament?**
  Mit einem Testament werden der letzte Wille sowie die Rechtsnachfolge der Erblasserin oder des Erblassers festgelegt. Das Vererben kann somit nach den persönlichen Wünschen individuell gestaltet sowie (stiftungs-)rechtlich adäquat aufgesetzt werden.
  Ohne Testament tritt immer die gesetzliche Erbfolge in Kraft. Falls also Personen oder Institutionen außerhalb dieser gesetzlichen Erbfolge im Nachlass berücksichtigt werden sollen, ist ein Testament notwendig.

- **Wie verfasse ich ein Testament?**
  Testamente können handschriftlich (privatschriftliches Testament) oder vor einem Notar (öffentliches Testament) aufgesetzt werden.
  Ein handschriftliches Testament muss vom Verfasser eigenhändig geschrieben und unterschrieben sein. Zusätzlich sollte es mit einer Orts- und Datumsangabe versehen werden. Die Verwahrung kann gegen eine geringe Gebühr beim Amtsgericht erfolgen.
  Die Beurkundung durch einen Notar hat den Vorteil, dass die Wünsche und Bedürfnisse des Erblassers beziehungsweise der Erblasserin rechtssicher umgesetzt und Formfehler so gut wie ausgeschlossen werden. Zudem wird das notarielle Testament beim Zentralen Testamentsregister der Bundesnotarkammer registriert und im Original beim Amtsgericht verwahrt.
  Durch die Verwahrung beim Amtsgericht wird sichergestellt, dass das Testament im Erbfall auch aufgefunden und vom Nachlassgericht eröffnet wird.

- **Was ist der Unterschied zwischen Erbe und Vermächtnis?**
  Der Erbe ist ein sogenannter Rechtsnachfolger des Erblassers beziehungsweise der Erblasserin und übernimmt – nach Annahme des Erbes – alle Rechte und Pflichten. Er wird damit auch Eigentümer aller materiellen Güter, was auch Verbindlichkeiten umfassen kann.

Das Vermächtnis umfasst einen oder mehrere Vermögenswerte des Erbes und kann einzelne Gegenstände, Konten, Depots, aber zum Beispiel auch Lebensversicherungen oder Immobilien enthalten. Der Vermächtnisnehmer beziehungsweise die Vermächtnisnehmerin wird nicht automatisch Eigentümer, sondern erwirbt einen rechtlichen Anspruch gegenüber dem Erben auf Übertragung des Vermächtnisses. Der Teil des Erbes, den ein Vermächtnis regelt, ist schuldenfrei.

- **Kann ich mein Testament ändern?**
  Ihr Testament können Sie jederzeit und so oft Sie wollen ganz oder in Teilen ändern. Allerdings ist es bei neuen Testamenten hilfreich, frühere Testamente ausdrücklich zu widerrufen und zu vernichten. Handschriftliche Änderungen in bestehenden Testamenten müssen jeweils mit Datum und Unterschrift versehen werden.
  Bei einem gemeinsamen Testament, zum Beispiel bei Ehegatten, können Änderungen nur vorgenommen werden, wenn alle Parteien zustimmen oder zugestimmt haben.

Gedankenanstoß

Wie wollen Sie mit Erbschaften und Nachlässen umgehen? Sind diese grundsätzlich gewünscht? Planen Sie eine entsprechende testamentarische Regelung zugunsten Ihrer Stiftung?

2.1.4 Rechtsfähige Stiftung des bürgerlichen Rechts/des öffentlichen Rechts

»Die Stiftung«

Bei sehr großen Vermögenswerten oder gar eigenen operativen Projekten empfiehlt sich eine rechtsfähige Stiftung. Eine rechtlich selbstständige Stiftung des privaten Rechts im Sinne des § 80 BGB wird durch staatliche Anerkennung eine rechtsfähige juristische Person und unterliegt der staatlichen Aufsicht.

Faktenblatt: Rechtsfähige Stiftung des bürgerlichen Rechts/des öffentlichen Rechts

- **Trägerschaft:**
  keine, sich selbst tragend
- **Mindestkapital bei Gründung:**
  zweckabhängig, in der Regel mehr als 1 Million Euro und/oder Immobilienvermögen
- **Vermögensbindung (Ewigkeitsgedanke):**
  Vermögenserhalt zwingend (Ausnahme Verbrauchsstiftung)
- **Zweckänderung möglich:**
  nur sehr eingeschränkt
- **Organe (gesetzliche Pflichtorgane):**
  Vorstand
- **Sonstiges & fakultative Organe:**
  eventuell Beirat, Kuratorium
- **Rechnungslegung:**
  Jahresbericht für Stiftungsbehörde und Finanzamt

Gedankenanstoß

Jetzt sind der Stiftungszweck und die Verwirklichung des Stiftungszwecks durchdacht. Welche Stiftungsform ist die richtige? Bedarf es der Rechtsfähigkeit? Wollen Sie Rechtsgeschäfte eingehen, die eine Selbstständigkeit und Eigenständigkeit erforderlich machen würde? Wenn ja, sollte an eine rechtsfähige Stiftung des bürgerlichen Rechts gedacht werden.

____

____

2.1.5 Stiftungsverein

»In der Gemeinschaft einen Zweck verfolgen«

Die Verwirklichung eines gemeinsamen Stifterwillens ist auch mithilfe eines eingetragenen Vereins (mindestens sieben Personen) möglich, für den im stiftungsrechtlichen Sinn eine entsprechende Vereinssatzung ausgestaltet wird. Rechtsfähig wird der so entstandene Stiftungsverein durch die Eintragung ins Vereinsregister.

Faktenblatt: Stiftungsverein

- **Trägerschaft:**
  Vereinsmitglieder, Mitgliedschaft nicht vererblich
- **Mindestkapital bei Gründung:**
  nein, gut geeignet zur laufenden Ansammlung von Stiftungsvermögen
- **Vermögensbindung (Ewigkeitsgedanke):**
  flexibel
- **Zweckänderung möglich:**
  formfreier Mehrheitsbeschluss der Mitglieder
- **Organe (gesetzliche Pflichtorgane):**
  Vorstand, Mitgliederversammlung

- **Sonstiges & fakultative Organe:**
  eventuell Beirat, Kuratorium
- **Rechnungslegung:**
  Rechnungslegungspflicht nur gegenüber Mitgliederversammlung und Finanzamt
- **Vorteile:**
  kein Mindestkapital, Registerverfahren ohne formales Anerkennungsbedürfnis
- **Nachteile:**
  begrenzter Einfluss des »Stifters«, Willensbildung über Mitgliederversammlung

Gedankenanstoß

Benötigen Sie zur Zweckverwirklichung ein Mitgliederwesen, also eine Gruppe von Aktiven, die den Zweck vorantreiben, Mitgliedsbeiträge entrichten und aktiv über die Mitgliederversammlung mitbestimmen können? Wenn ja, sollten Sie an einen Stiftungsverein denken.

2.1.6 Handelsrechtliche Stiftungen wie beispielsweise Stiftungs-AG, Stiftungs-GmbH

»Stiftung auf Zeit«

Bei den Stiftungskapitalgesellschaften wie der Stiftungs-GmbH und der Stiftungs-AG ist zur Errichtung keine staatliche Anerkennung nötig. Sie unterliegen rechtlich dem Gesellschaftsrecht, das auf die jeweilige Gesellschaftsform anwendbar ist. Eine solche Organisationsstruktur soll die dauerhafte Bindung des Vermögens an den Stiftungszweck sicherstellen und dadurch Entscheidungen über die Verwendung der Gesellschaftsmittel für den Stiftungszweck ermöglichen. Eine Auflösung der Stiftungskapitalgesellschaften ist beispielsweise im Vergleich zur rechtsfähigen Stiftung möglich.

Faktenblatt: Handelsrechtliche Stiftungen

- **Trägerschaft:**
  Gesellschafter, Anteile vererblich
- **Mindestkapital bei Gründung:**
  Stammkapital mindestens 25.000 Euro
- **Vermögensbindung (Ewigkeitsgedanke):**
  Kapitalerhaltungsvorschriften, Gesetz betreffend die Gesellschaften mit beschränkter Haftung (GmbHG)
- **Zweckänderung möglich:**
  Notarurkunde, Gesellschafterbeschluss mindestens 75 Prozent der Gesellschafter
- **Organe (gesetzliche Pflichtorgane):**
  Geschäftsführung, Gesellschafterversammlung
- **Sonstiges & fakultative Organe:**
  eventuell Beirat, Kuratorium
- **Rechnungslegung:**
  nach den Rechnungslegungsvorschriften

Gedankenanstoß

Liegen der Fokus des Stiftungszwecks oder deren Zweckverwirklichung nahe an einem Handelsgewerbe? Werden Zwecke – wie »Geschäftsbereiche« bei Unternehmen – eröffnet und wieder geschlossen? Soll es Prokuristen und Handlungsbevollmächtige geben? Wenn ja, denken Sie an eine handelsrechtliche Stiftung.

2.1.7 Treuhandstiftung (nichtrechtsfähige Stiftung)

»Stiftung unter einer Schirmherrschaft«

Sollen in Ergänzung zur Spende weitere Details der Stiftungsarbeit gestaltet werden (besondere Zwecke, Ausschreibungskriterien, Organe et cetera), bietet sich eine eigene Stiftung an. Mit der Satzung legen Sie den Namen, die Gremien und den individuellen Stiftungszweck fest.

Soll es eine reine Förderstiftung sein, ist in der Regel eine sogenannte Treuhandstiftung – im Vergleich zur rechtsfähigen Stiftung – ausreichend.

Hinweis: Es gibt kein offizielles Register über die Treuhandstiftungen in Deutschland. Schätzungen zufolge existieren hierzulande 100.000 bis 150.000 Treuhandstiftungen.

Faktenblatt: Treuhandstiftung

- **Trägerschaft:**
  rechtsfähiger Stiftungsträger erforderlich (zum Beispiel andere Stiftung)
- **Mindestkapital bei Gründung:**
  nein, gut geeignet auch für kleine Stiftungsvermögen mit der Möglichkeit, rechtlich selbstständig zu werden, ab 500.000 Euro
- **Vermögensbindung (Ewigkeitsgedanke):**
  soweit vom Stifter bestimmt (vertraglich vereinbart)
- **Zweckänderung möglich:**
  unproblematisch (Vertrag), falls Stifter zustimmt beziehungsweise neu regelt
- **Organe (gesetzliche Pflichtorgane):**
  keine
- **Sonstiges & fakultative Organe:**
  eventuell Beirat, Kuratorium
- **Rechnungslegung:**
  durch Treuhänder (Sondervermögen); eigene Steuerrechtsfähigkeit

Gedankenanstoß

Ist Ihnen der Ewigkeitsgedanke wichtig, Sie benötigen aber keine eigene Rechtsperson? Wenn ja, denken Sie an eine Treuhandstiftung.

2.1.8 Stiftungsfonds (Namens- und Zweckfonds)

»Stiftung light = Schenkung mit Auflage«

Ihr Engagement soll einen eigenen Namen tragen? Ein Stiftungsfonds (gesetzlich nicht geregelt) kann ohne große Formalitäten, jedoch mit vielen Gestaltungsmöglichkeiten errichtet werden. Ein Stiftungsfonds wird wie eine eigene Stiftung verwaltet. Man spricht auch von einer Schenkung mit Auflage. Die Auflage kann erfolgen in Form

- eines Namens (»der Stiftungsfonds trägt den Namen ...«),
- eines Zwecks (»der Stiftungsfonds hat den Zweck ... zu fördern«) oder
- der Verwaltung (»der Stiftungsfonds ist ordnungsgemäß, wie ..., zu verwalten«).

Faktenblatt: Stiftungsfonds

- **Trägerschaft:**
  rechtsfähiger Stiftungsträger erforderlich (zum Beispiel andere Stiftung und/oder Körperschaft des öffentlichen Rechts)
- **Mindestkapital bei Gründung:**
  in der Regel nein, gut geeignet auch für kleinere Stiftungsvermögen
- **Vermögensbindung (Ewigkeitsgedanke):**
  soweit vom Stifter bestimmt (vertraglich vereinbart)
- **Zweckänderung möglich:**
  unproblematisch (Vertrag), falls Stifter (Schenkung mit Auflage) neu regelt (Namensfonds möglich)
- **Organe (gesetzliche Pflichtorgane):**
  keine
- **Sonstiges & fakultative Organe:**
  Stiftungsfonds = standardisierte Schenkung mit Auflage (Name/Thema)
- **Rechnungslegung:**
  durch Treuhänder (Sondervermögen), in der Regel keine eigene Steuerrechtsfähigkeit (Grenze des Stiftungsfonds)

Gedankenanstoß

Sie möchten Vermögenswerte einem Zweck widmen, sich aber nur bedingt um die laufende Verwaltung bemühen? Es gibt bereits eine Einheit (Stiftung, Körperschaft et cetera), die gleich lautende Zwecke verfolgt? Wenn ja, denken Sie an einen Stiftungsfonds.

2.1.9 Weitere Stiftungsformen: Unternehmensverbundene Stiftung, Familienstiftung ...

»... und noch viele weitere Formen«

Stiftungen können nach vielen Kriterien beschrieben werden. Nachfolgendes Faktenblatt zeigt mögliche weitere Stiftungsformen auf:

Faktenblatt: Weitere Stiftungsformen

- **Unternehmens- und unternehmenstragende Stiftung**
  Eine Stiftung, deren Vermögensausstattung Anteile an einem Unternehmen darstellen. Es wird in der Regel unterschieden zwischen einer
  - Unternehmensstiftung, die von einem Unternehmen (Stifterin) gegründet und ausgestattet wird – Beispiel: Deutsche Telekom Stiftung, Allianz Kultur Stiftung, Deutsche Bank Stiftung –, und einer
  - unternehmenstragenden Stiftung, die Anteile an einem Unternehmen hält – Beispiel: Körber-Stiftung, Bertelsmann Stiftung.
- **Verbrauchsstiftung**
  Eine Stiftung, bei welcher der Grundsatz des Kapitalerhalts aufgehoben ist und somit auch das ursprünglich eingebrachte Errichtungskapital über die Jahre aufgebraucht werden kann.

- **Hybride Stiftungsformen**
  Stiftungen, die Elemente einer Ewigkeitsstiftung (Grundstockvermögen darf nicht aufgebraucht werden) und einer Verbrauchsstiftung (Grundstockvermögen darf für den Stiftungszweck aufgebraucht werden) beinhalten.
- **Doppelstiftung**
  Eine Doppelstiftung besteht aus mindestens zwei steuerrechtlichen Einheiten. Eine Einheit ist steuerbegünstigt tätig und fördert gemeinnützige, mildtätige oder kirchliche Zwecke. Die andere Einheit ist nicht steuerbegünstigt und beispielsweise als Familienstiftung zur Unterstützung von Angehörigen der Familie ausgestaltet.
- **Dachstiftung**
  In einer Dachstiftung sind mehrere Stiftungen organisatorisch zusammengefasst, vergleichbar einer Konzernzentrale.
- **Kirchliche Stiftung**
  Kirchliche Stiftungen dienen kirchlichen Aufgaben beziehungsweise sind zumeist kirchlich verwaltet und unterliegen insoweit nicht der (weltlichen) Stiftungsaufsicht, sondern unterstehen eigenen Aufsichtsbehörden der jeweiligen Religionsgemeinschaft.
- **Kommunale Stiftung**
  Kommunale Stiftungen dienen öffentlich-kommunalen Zwecken und unterliegen der Rechtsaufsicht der jeweiligen Kommune (Gemeinde, Landkreis oder Bezirk).
- **Familienstiftung**
  Familienstiftungen verfolgen den Zweck, Familienangehörige (finanziell) zu unterstützen, und sind daher zumeist nicht steuerbegünstigt.
- **Internationale Stiftungen**
  Das internationale Stiftungswesen reicht von der europäischen Stiftung bis zum US-amerikanischen Trust. Das internationale Stiftungswesen hat mit dem deutschen Stiftungsbereich gemein, dass zumeist jede Rechtsform aufgrund ihrer tatsächlichen Geschäftsführung als gemeinnützig gelten kann (Beispiel: Eine deutsche GmbH wird tatsächlich gemeinnützig tätig und wandelt sich daher zur gGmbH – zur gemeinnützigen GmbH). Beispiel:
  - Trust
  - österreichische Privatstiftung
  - liechtensteinische Familienstiftung
  - europäische Stiftung
  - angloamerikanischer Trust

Die Achtung des Stifterwillens ist hierbei oberste Richtschnur. Das heißt, in allen Stiftungsformen besteht ein großer Gestaltungsspielraum. Jede Stiftung kann hinsichtlich des Zwecks, der Finanzen und der Administration/Prozesse eigens ausgestaltet werden.

Gedankenanstoß

Noch keine der genannten Stiftungsformen passt zu Ihren beabsichtigten Zwecken? Denken Sie auch an die weiteren Stiftungsformen.

2.1.10 Zusammenfassung der Stiftungsformen: Die Wahl der richtigen Stiftung

»Die Qual der Wahl«

Jede Stiftungsform hat nun für sich genommen Vor- und Nachteile. Zumeist ist ein Nachteil einer Stiftungsform der Vorteil einer anderen Stiftungsform.

Faktenblatt: Vor- und Nachteile der häufigsten Stiftungsformen

- **Rechtsfähige Stiftung:**
  eine Rechtsperson – insbesondere vorteilhaft bei großen, vielschichtigen Stiftungsvermögen –, jedoch Ewigkeitsgedanke
- **Stiftungsverein:**
  gemeinschaftliches Engagement über das Mitgliederwesen, jedoch zwingend sieben Gründungsmitglieder

- **Handelsrechtliche Stiftungen:**
  Bereitstellung einer unternehmerischen Struktur, beispielsweise mit der Möglichkeit zur Prokuraerteilung (Vollmacht) und Stiftungsauflösung, jedoch somit kein Ewigkeitsgedanke
- **Treuhandstiftung:**
  Verwaltungsvereinfachung aufgrund fehlender Rechtsfähigkeit, es wird kein eigener Vorstand benötigt, die Treuhänderin übernimmt Rechtsvertretung und Verwaltung
- **Stiftungsfonds:**
  gut geeignet für Kleinstiftungen, jedoch keine eigene Steuerrechtsfähigkeit (kein gesonderter Freistellungsbescheid)

Gedankenanstoß

Konnten Sie eine passende Stiftungsform finden?

____

____

____

Eine Zusammenfassung aller oben beschriebenen Stiftungsformen finden Sie auf den folgenden Seiten:

Tabelle 2: Zusammenfassung der nationalen Stiftungsformen

	Stiftung	Stiftungsverein	Stiftungs-GmbH Stiftungs-AG	Treuhandstiftung	Stiftungsfonds
Spende und Zustiftung	Spenden (zum Verbrauch) und Zustiftungen (zum Erhalt) sind in allen Stiftungsformen möglich.				
Trägerschaft	keine, sich selbst tragend	Vereinsmitglieder, Mitgliedschaft nicht vererblich	Gesellschafter, Anteile vererblich	rechtsfähiger Stiftungsträger erforderlich (z. B. andere Stiftung)	rechtsfähiger Stiftungsträger erforderlich (z. B. andere Stiftung)
Mindestkapital bei Gründung	zweckabhängig, i.d.R. > 5 Mio. Euro und/oder Immobilienvermögen	nein, gut geeignet zur laufenden Ansammlung von Stiftungsvermögen	Stammkapital mind. 25.000 Euro (GmbH), 1 Euro (UG), 50.000 Euro (AG)	nein, gut geeignet auch für kleine Stiftungsvermögen mit Ziel, rechtlich selbstständig zu werden, ab 500.000 Euro	i.d.R. nein, gut geeignet auch für kleinere Stiftungsvermögen
Vermögensbindung	Vermögenserhalt zwingend (Ausnahme Verbrauchsstiftung)	flexibel	Kapitalerhaltungs-vorschriften GmbHG (Eigenkapital)	soweit vom Stifter bestimmt (vertraglich vereinbart)	soweit vom Stifter bestimmt (vertraglich vereinbart), i.d.R. Verbrauch
Zweckänderung	nur sehr eingeschränkt („Ewigkeitsgedanke“)	formfreier Mehrheits-beschluss Mitglieder	Notarurkunde, Gesellschafterbeschluss mindestens 75 Prozent	möglich (Vertrag), falls Stifter zustimmt bzw. neu regelt	unproblematisch (Vertrag), falls Stifter (Schenkung mit Auflage) neu regelt
Organe, vorgeschrieben	Vorstand	Vorstand, Mitglieder-versammlung	Geschäftsführung, Gesellschafterversammlung	keine i.d.R. Trägerin	keine i.d.R. Trägerin
Sonstiges & fakultative Organe	evtl. Beirat, Kuratorium	evtl. Beirat, Kuratorium	evtl. Beirat, Kuratorium	evtl. Beirat, Kuratorium	Stiftungsfonds = standardisierte Schenkung mit Auflage Name/Thema
Rechnungslegung	Jahresbericht für Stiftungsbehörde und Finanzamt	Rechnungslegungspflicht ggü. Mitgliederversammlung und Finanzamt	nach HGB	Rechnungslegung durch Treuhänder (Sondervermögen); eigene Steuerrechtsfähigkeit ggü. Finanzamt	Rechnungslegung durch Treuhänder (Sondervermögen), i.d.R. keine eigene Steuerrechtsfähigkeit (Grenze des Stiftungsfonds)

Tabelle 3: Zusammenfassung internationaler Stiftungsformen

	Gemeinnützigkeit nach US-amerikanischem Recht	Europäische Stiftung	Non-governmental Organization (NGO)		
			Weitere (EU)	**Trust (USA)**	**501(c) Organization und weitere (USA)**
Trägerschaft	In Deutschland ansässige Organisation (vgl. nationale Stiftungsarten) erwirbt nach US-amerikanischem Recht die Gemeinnützigkeit Vorteil: • Nachweis- und Dokumentationspflichten beim Stifter gering Nachteil: • kein umfassender Spendenabzug möglich	keine, sich selbst tragend	Frankreich: • Fondation reconnues d'utilité publique (rechtsfähige Stiftung) • Fondation abritée/Fondation sous égide (Treuhandstiftung) Österreich: • Privatstiftung nach PSG ...	Sondervermögen ohne eigene Rechtsperson (Treuhandvermögen)	501(c) Organization: • je nach Organisationsform • i.d.R. keine großen Mindestanforderungen Weitere: • Donor-advised Funds ...
Mindestkapital bei Gründung		i.d.R. 25.000 Euro und in mindestens zwei Mitgliedstaaten der EU tätig		keine	
Vermögensbindung		keine		keine	
Zweckänderung		nur möglich, wenn Zweck erfüllt ist, nicht erfüllt werden kann oder eindeutig keine geeignete, effektive Verwendung des Vermögens mehr erlaubt		Zweck ist auf die Begünstigung einer natürlichen oder juristischen Person gerichtet, nicht auf eine übergeordnete Zweckerfüllung	
Organe, vorgeschrieben		Vorstand		Treuhänder	
Sonstiges & fakultative Organe		Aufsichtsrat oder andere Organe		Protector	
Rechnungslegung		Rechnungslegung zur Vorlage beim nationalen Register			

2.2 VON ANDEREN LERNEN: STIFTUNGSPROFILE MIT BEST-PRACTICE-LÖSUNGEN

»Beispiele aus der täglichen Stiftungspraxis«

In Deutschland gibt es rund 25.000 rechtsfähige Stiftungen des bürgerlichen Rechts. Damit zählt Deutschland zu den stiftungsreichsten Ländern Europas[4]. Neben den rechtsfähigen Stiftungen des bürgerlichen Rechts besteht noch eine – statistisch nicht erfasste – Vielzahl an Treuhandstiftungen, Stiftungsfonds und Stiftungen handelsrechtlicher Ausgestaltung (gGmbH et cetera).

Wiederum ein Stiftungsdickicht, das kaum durchdrungen werden kann. Jedes einzelne Stiftungsbeispiel bietet jedoch eine individuelle Lösung für ein gesetztes Ziel – den Stiftungszweck –, sei es in der Formulierung des Zwecks, in der Ausstattung des Stiftungsvermögens oder in der täglichen Stiftungsarbeit.

Auf den nachfolgenden Seiten sollen Stiftungen beispielhaft dargestellt werden, jeweils mit einer kurzen Beschreibung (zumeist handelt es sich um die Eigenbeschreibung der Stiftung) und gegebenenfalls einem Hinweis, was besonders an diesem Stiftungsbeispiel ist.

Was wie ein verwirrendes Dickicht anmutet, können Sie so positiv nutzen, um aus den vielen Beispielen zu lernen und eine Best-Practice-Lösung für die eigene Stiftungsidee zu gewinnen.

Übersicht der Stiftungsprofile (Auswahl):

- Bill & Melinda Gates Foundation
- Dakshana Foundation
- DKMS gGmbH
- Familie-Jäger-Stiftung – Mopani
- Edith-Haberland-Wagner-Stiftung
- Novo Nordisk Foundation
- Else-Kröner-Fresenius-Stiftung
- Stiftung Aktion Sonnenschein
- Franz-Beckenbauer-Stiftung

- KENFO
- Siepmann-Stiftung
- International School Augsburg ISA gAG
- project bcause (gut.org invest GmbH)
- weitere Stiftungen im Kurzporträt und Best-Practice-Lösungen

2.2.1 Bill & Melinda Gates Foundation

Rechtsform, Sitz, Gründungsdatum:
Private Foundation, Seattle, WA, USA, 1994

Überblick:
Die im Jahr 1994 von Microsoft-Gründer Bill Gates ins Leben gerufene und mit bislang 59 Milliarden Dollar ausgestattete Stiftung ist eine der größten Wohltätigkeitsorganisationen der Welt und wurde insbesondere durch Zustiftungen des legendären Value-Investors Warren Buffett über bislang knapp 35 Milliarden Dollar zu einem Giganten des Stiftungsbereichs. Bis heute hat die Bill & Melinda Gates Foundation rund 66 Milliarden Dollar an Fördermitteln ausgegeben.

Die Stiftung ist von der Idee geleitet, dass jedes Leben gleich viel wert ist. Kern der Stiftungsarbeit ist es daher, Menschen weltweit ein gesundes und produktives Leben zu ermöglichen. Die Bill & Melinda Gates Foundation sieht ihre Rolle darin, Probleme zu lösen und Risiken einzugehen, die Regierungen nicht eingehen können und Unternehmen nicht eingehen wollen.

Schwerpunkte der Stiftungsarbeit:
- Gleichstellung der Geschlechter: wirtschaftliche Stärkung von Frauen und Beseitigung von Hindernissen für den Erfolg von Frauen und Mädchen
- Global Health Division: Belastung durch Infektionskrankheiten und Hauptursachen für Kindersterblichkeit in Entwicklungsländern verringern

- Global Development: Verbesserung der Bereitstellung von hochwirksamen Gesundheitsprodukten und -dienstleistungen für die ärmsten Gemeinschaften der Welt
- Global Growth & Opportunity: Schaffung und Skalierung marktbasierter Innovationen, um ein inklusives und nachhaltiges Wirtschaftswachstum zu fördern
- Geschäftsbereich United States: Verbesserung der High-School- und Post-Secondary-Ausbildung in den USA
- Global Policy & Advocacy Division: strategische Beziehungen aufbauen und politische Maßnahmen fördern

In all diesen Feldern arbeitet die Stiftung weltweit eng mit Regierungen, Unternehmen und anderen Wohltätigkeitsorganisationen zusammen.

Stiftungsverantwortliche (unter anderem):
- Mark Suzman (CEO)
- Bill Gates (Co-Chairman und Trustee)
- Melinda Gates (Co-Chairman und Trustee)

Finanzen:
- Stiftungskapital: 55,1 Milliarden Dollar Bilanzsumme (2021), 50,2 Milliarden Dollar Eigenkapital (2021)
- jährliches Budget: 6,0 Milliarden Dollar (2021)
- Kapitalerträge: 9,4 Milliarden Dollar (2021, davon 6,1 Milliarden Dollar Mittelzuflüsse, 3,3 Milliarden Dollar positive Wertveränderung des Investmentvermögens)

Best Practice:
Bemerkenswert an der Bill & Melinda Gates Foundation ist vor allem die Effizienz, mit der Stiftungsgelder zu spürbaren und messbaren Ergebnissen geführt haben. Die Strategie basiert auf konzentrierten Wetten mit dem größtmöglichen Effekt, das heißt Förderung von Projekten, die eine hohe Wahrscheinlichkeit des Scheiterns beinhalten, im Erfolgsfall jedoch zu signifikanten Verbesserungen führen. Das Prinzip

wird ausführlich im Bill & Melinda Gates Annual Letter zum 20-jährigen Bestehen der Stiftung erläutert (»Why we swing for the fences«, https://www.gatesnotes.com/2020-Annual-Letter).

Daneben versucht die Stiftung, mit ihren Mitteln einen größtmöglichen Leverage-Effekt zu nutzen, indem geförderte Projekte durch eine Reihe von Regierungen oder Unternehmen weitere Mittel erhalten, die ohne den Anstoß durch die Stiftung möglicherweise nicht geflossen wären.

Trivia:
Mit der Gründung der GAVI-Allianz konnte die Bill & Melinda Gates Foundation eine Allianz aus Stiftungen, Regierungen und Unternehmen formen, die vielen Entwicklungsländern den Zugang zu Impfungen eröffnet hat, welche in Industrienationen breit verfügbar sind. Durch Impfung von 760 Millionen Kindern konnten schätzungsweise rund 13 Millionen Todesfälle verhindert werden.

Warren Buffett machte die Bill & Melinda Gates Foundation durch seine Zustiftung in Höhe von 35 Milliarden Dollar zu einer der größten Wohltätigkeitsorganisationen der Welt. Dies ist insbesondere deswegen bemerkenswert, da er für diese enorme Summe keine eigene Organisation aufsetzte, sondern auf das vorhandene Know-how der Gates Foundation zurückgreift. Warren Buffett hat im Jahr 2006 versprochen, insgesamt 500 Millionen B-Aktien seiner Beteiligungsgesellschaft Berkshire Hathaway an die Gates Foundation zu spenden. Jedes Jahr werden 5 Prozent der verbleibenden Aktienposition an die Stiftung übertragen. Steigt der Wert der Aktie um mehr als 5 Prozent, steigt der Gegenwert der nächsten Schenkung trotz der Reduktion der Stückzahl. Aus einer jährlichen Zuwendung von 1,6 Milliarden Dollar im Jahr 2006 wurden so im Jahr 2022 3,1 Milliarden Dollar.

2.2.2 Dakshana Foundation

Rechtsform, Sitz, Gründungsdatum:
Private Foundation, Austin, TX, USA, 2007

Überblick:
Die Dakshana Foundation ist eine Wohltätigkeitsorganisation, die 2007 durch den Investor Mohnish Pabrai und seine Frau Harina Kapoor gegründet wurde. Die Idee hinter Dakshana ist die Armutsbekämpfung durch Bildung für Kinder mittelloser indischer Familien. Durch die Finanzierung einer schulischen Ausbildung für begabte Kinder werden diese befähigt, den Zulassungstest für eine staatliche Ausbildung an einem der Indian Institutes of Technology oder ein Medizinstudium zu erlangen.

Stiftungsverantwortliche (unter anderem):
- Mohnish Pabrai (Gründer & Chairman)
- Harina Kapoor (Gründer)

Finanzen:
- Stiftungskapital: 19,9 Millionen Dollar (2021)
- Jährliches Budget: 2,3 Millionen Dollar (2021)
- Kapitalerträge: 3,3 Milliarden Dollar (2021)

Best Practice:
Dakshana setzt im Wohltätigkeitsbereich auf einen unternehmerischen Ansatz: Jeder ausgegebene Dollar soll einen möglichst hohen Return on Investment haben, das heißt messbare Ergebnisse erzielen. Dakshana setzt daher auf den maximal möglichen Leverage-Effekt der eingesetzten Gelder. Im Jahr 2021 kostete es Dakshana rund 4.114 Dollar, ein Kind (Dakshana Scholar) für die IIT-Aufnahme oder zur Aufnahme eines Medizinstudiums zu qualifizieren. Dies ist mit einer signifikanten Erhöhung des Lebenseinkommens des Kindes sowie dessen gesamter Familie gleichzusetzen und trägt daher zu einer extrem effizienten Form der Armutsbekämpfung bei.

Trivia:
Mohnish Pabrai hat seinen Wohtätigkeitsansatz zu großen Teilen von seinem Vorbild Warren Buffett und dem Ansatz von Bill Gates bei der Bill & Melinda Gates Foundation kopiert. Neben dem Ansatz, auf das

eingesetzte Geld einen maximalen Effekt für die Gesellschaft erzielen zu wollen, beinhaltet dies auch die gewählte Form seiner Schenkungen. Er plant, bis zu seinem Lebensende jährlich 2 Prozent seines Nettovermögens an die Dakshana Foundation zu schenken. Da er von einem weit größeren Vermögenszuwachs als 2 Prozent jährlich ausgeht, dürften die jährlichen Schenkungen in den nächsten Jahren und Jahrzehnten überproportional wachsen und Dakshana damit einen wachsenden Handlungsspielraum ermöglichen.

2.2.3 DKMS gGmbH

Rechtsform, Sitz, Gründungsdatum:
Gemeinnützige GmbH, Tübingen, Deutschland, 1991

Überblick:
Die DKMS (Deutsche Knochenmarkspenderdatei) ist eine internationale gemeinnützige Organisation mit dem Ziel, weltweit Blutkrebspatienten eine zweite Lebenschance zu geben. Sie wurde 1991 in Deutschland von Dr. Peter Harf gegründet. In der DKMS sind mehr als 11,5 Millionen potenzielle Spenderinnen und Spender registriert, bis heute hat die Organisation mehr als 105.000 Stammzellenspenden vermittelt. Die DKMS ist außer in Deutschland auch in den USA, in Polen, Großbritannien, Chile, Indien und Südafrika aktiv. Durch internationale Projekte und Hilfsprogramme verschafft die DKMS noch mehr Menschen weltweit Zugang zu einer lebensrettenden Therapie. Darüber hinaus engagiert sich die DKMS in den Bereichen Medizin, Wissenschaft und Forschung, um die Heilungschancen von Patientinnen und Patienten zu verbessern. Im DKMS Life Science Lab setzt die Organisation weltweit Maßstäbe für die Typisierung potenzieller Stammzellspender, um so das perfekte Match für eine Transplantation zu finden.

Stiftungsverantwortliche (unter anderem):
- Dr. Elke Neujahr (Vorsitzende Geschäftsführerin)
- Dr. Dr. Alexander Schmidt (Geschäftsführer)

- Sirko Geist (Geschäftsführer)
- Katharina Harf (Vorsitzende)
- Dr. Peter Harf (Gründer)

Finanzen:
- Eigenkapital: 119,4 Millionen Euro (2021)
- Aufwendungen: 131,9 Millionen Euro (2021)

Best Practice:
DKMS hat bislang 105.000 an Blutkrebs erkrankten Menschen eine Chance auf ein zweites Leben geschenkt. Ohne die Einrichtung der DKMS-Datenbank wäre es für diese Patienten unmöglich gewesen, einen geeigneten Stammzellenspender zu finden. Durch Effizienzgewinne konnte DKMS seit der Gründung die Kosten für die Registrierung eines Stammzellenspenders von mehr als 300 Euro auf heute 40 Euro senken.

Trivia:
Der Unternehmer Dr. Peter Harf gründete die DMS im Jahr 1991 anlässlich der Leukämieerkrankung seiner Ehefrau Mechtild Harf.

2.2.4 Familie-Jäger-Stiftung – Mopani

Rechtsform, Sitz, Gründungsdatum:
Gemeinnützige Stiftung, Gauting bei München, 7. Februar 2007

Überblick:
Die Familie-Jäger-Stiftung unterstützt Waisenkinder in den ärmsten Regionen Zentral- und Südamerikas. Sie konzentriert sich auf Länder, die aufgrund ihrer Geschichte und durch Naturkatastrophen benachteiligt sind. Die Stiftung arbeitet präventiv, um Straßenkinder, Jugendkriminalität und Ausbeutung entgegenzuwirken. Ziel ist es, den Kindern eine bessere Zukunft durch Bildung zu ermöglichen und sie zu Botschaftern des Fortschritts für ihre Heimat auszubilden. Die Betreuung

der Waisenkinder in El Salvador und Nicaragua erfolgt durch Partner vor Ort, insbesondere kirchliche Organisationen.

Stiftungsverantwortliche (unter anderem):

- Bernd Jäger (Gründer und Stiftungsvorstand)

Finanzen:

Stiftungskapital: über 1 Million Euro

Best Practice:

Seit Stiftungsgründung übernimmt der Stifter persönlich und unentgeltlich die Führung und Verwaltung der Stiftung. Durch diese Struktur ist sichergestellt, dass Spendeneinnahmen zu 100 Prozent dem Stiftungszweck zugutekommen.

Um die laufende Zweckverwirklichung nicht ausschließlich aus den Kapitalerträgen bestreiten zu müssen und um weitere neue Projekte zu unterstützen, ist die Stiftung in den Jahren der Nullzinsphase dazu übergegangen, aktives Fundraising zu betreiben und zum Beispiel Patenschaften für Waisenkinder anzubieten.

Trivia:

Das Motto der Stiftung lautet: »Bildung ist der beste Weg aus der Armut.« Mit lediglich 60 Euro lässt sich in El Salvador und Nicaragua ein Waisenkind einen Monat lang betreuen (Ernährung, Bekleidung, Unterbringung, medizinische Betreuung und Schulbesuch).

2.2.5 Edith-Haberland-Wagner-Stiftung

Rechtsform, Sitz, Gründungsdatum:

Gemeinnützige Stiftung, München, 1996

Überblick:

Die Edith-Haberland-Wagner-Stiftung wurde 1996 von Edith Haberland-Wagner gegründet, um den Erhalt der Augustiner-Brauerei als

Mehrheitsgesellschafter (50,1 Prozent der Anteile) zu sichern und Gutes für die Gesellschaft zu tun. Als Nachfahrin der Brauereigründer und begeisterte Künstlerin legte sie die Verantwortung in die Hände von Ferdinand Schmid, dem langjährigen Direktor der Brauerei. Nach seinem Tod übernahm Catherine Demeter, ein Mitglied der Gründerfamilie, die Leitung der Stiftung.

Die Stiftung fördert den Erhalt des Münchener Brauchtums und pflegt die familiäre Beziehung zur Brauerei und ihren Mitarbeitern. Sie betont bürgerliches Engagement und unterstützt gemeinnützige Aktivitäten in verschiedenen Bereichen wie Denkmalschutz, Umweltbewusstsein, Bildung und Sport. Die Stiftung hat bereits viele Projekte umgesetzt, darunter Restaurationsmaßnahmen im »Alten Peter«, Jugendhotels, Unterstützung von Kindergärten, Blindenzentren, Tierrettung und Erfüllung letzter Wünsche von sterbenden Kindern. Die Stiftungssatzung legt die Förderzwecke fest, darunter:

- Brauchtum, Tradition und Heimatgedanke
- Denkmalschutz
- Erziehung und Bildung
- Förderung der Jugend und Völkerverständigung
- Hilfe für Blinde und spastisch gelähmte Kinder
- Kunst und Kultur
- mildtätige Zwecke
- Sport
- Tierschutz
- Umwelt und Landschaft
- Wissenschaft und Forschung

Stiftungsverantwortliche (unter anderem):
- Catherine Demeter (Geschäftsführerin)
- Martin Liebhäuser (Geschäftsführung)

Finanzen:
Stiftungskapital: schätzungsweise mehrere 100 Millionen Euro (abhängig vom Firmenwert der Augustiner-Gruppe)

Best Practice:
Die Edith-Haberland-Wagner-Stiftung kombiniert diverse wohltätige Zwecke mit der Bewahrung des konzernunabhängigen Fortbestands der Privatbrauerei Augustiner als deren Mehrheitseigentümer.

Trivia:
Edith Haberland-Wagner war in vierter Generation Nachfahrin der Familie Wagner, die im Rahmen der Säkularisierung die Augustiner-Brauerei erworben hatte. Ihre Leidenschaft für die Kunst brachte die Malerin in Kontakt zu der renommierten Künstlergruppe des »Murnauer Kreises«, eine Vielzahl von Reisen führten sie um die Welt. Im stolzen Alter von 82 Jahren übernahm sie die Führung der Brauerei.

Die Augustiner-Brauerei gilt durch ihre Strategie, gänzlich auf Marketing und Werbung zu verzichten, sowie durch den Kultstatus ihres Bieres als eine der profitabelsten Brauereien Deutschlands. Nach letzten vorliegenden Zahlen (2020/21) erzielte die Brauerei 210 Millionen Euro Umsatz und dürfte einen hohen zweistelligen Millionenbetrag an Gewinn erwirtschaften. Ein großer Teil davon dürfte an die Gesellschafter und damit zur Hälfte an die Stiftung ausgeschüttet werden.

2.2.6 Novo Nordisk Foundation

Rechtsform, Sitz, Gründungsdatum:
Enterprise Foundation, Hellerup, Dänemark 1989

Überblick:
Die Novo Nordisk Foundation ist eine dänische Stiftung, die sich auf die Förderung von Forschung, Bildung und humanitären Aktivitäten im Bereich der Gesundheitsversorgung konzentriert. Die erste Vorgängerstiftung wurde in den zwanziger Jahren des 20. Jahrhunderts gegründet und war stets eng mit dem pharmazeutischen Unternehmen Novo Nordisk verbunden. Die Stiftung fördert eine Vielzahl von Projekten, die darauf abzielen, die Gesundheit und das Wohlergehen der

Menschen zu verbessern. Dazu gehören Forschungsprojekte in Bereichen wie Diabetes, Stoffwechselerkrankungen, Infektionskrankheiten, Neurowissenschaften und andere medizinische Disziplinen. Die Stiftung vergibt Stipendien, Forschungsgrants und finanzielle Unterstützung für wissenschaftliche Untersuchungen, innovative Projekte, Ausbildungsprogramme und den Aufbau von Forschungsinfrastruktur. Darüber hinaus engagiert sich die Novo Nordisk Foundation auch in humanitären Initiativen und unterstützt Projekte zur Verbesserung der Gesundheitsversorgung und des Zugangs zu medizinischer Hilfe in Entwicklungsländern. Die genauen geförderten Projekte und Programme können je nach Zeitpunkt und Prioritäten der Stiftung variieren.

Stiftungsverantwortliche (unter anderem):

- Mads Krogsgaard Thomsen (CEO)
- Lars Rebien Sørensen (Chairman)

Finanzen:

- Stiftungskapital: aktuell rund 120 Milliarden Dollar (abhängig vom Börsenkurs des Unternehmens Novo Nordisk)
- jährliches Budget: rund 1 Milliarde Dollar (2022)

Best Practice:

Im Jahr 1922 unternahm August Krogh, ein renommierter Wissenschaftler und Nobelpreisträger, eine Reise entlang der Ostküste der USA. Auf Drängen seiner Frau Marie Krogh machte er einen Abstecher nach Toronto, Kanada, wo die Wissenschaftler Frederick Banting, Charles Best und John Macleod erfolgreich Insulin hergestellt hatten. Daraufhin erhielt Krogh die Erlaubnis, Insulin in den nordischen Ländern herzustellen. Zurück in Kopenhagen gründete Krogh zusammen mit H. C. Hagedorn, einem Diabetes-Spezialisten, und August Kongsted im Jahr 1923 das Unternehmen Nordisk Insulinlaboratorium. Das Unternehmen wurde von Anfang an in eine Stiftungsstruktur eingebettet, um die Verantwortung für die Herstellung und den Verkauf von Insulin zu gewährleisten. Die Gewinne sollten für wissenschaftliche Forschung und humanitäre Zwecke verwendet werden.

Trivia:
Im Jahr 1924 kam es zu einem Zwischenfall, bei dem Hagedorn einen Mitarbeiter entließ und dessen Bruder Harald Petersen aus Loyalität ebenfalls das Unternehmen verließ. In einem Gespräch mit August Krogh äußerte dieser seine Zweifel, dass die beiden es schaffen würden, Insulin herzustellen. Die Petersen-Brüder gründeten ihr eigenes Unternehmen und konzentrierten sich auf die Herstellung von Insulin. Ihr Engagement und ihre Entschlossenheit führten schließlich 1932 zur Fusion mit Nordisk Insulinlaboratorium, um das Unternehmen Nordisk Insulinlaboratorium Aktieselskab, heute bekannt als Novo Nordisk, zu formen.

2.2.7 Else-Kröner-Fresenius-Stiftung

Rechtsform, Sitz, Gründungsdatum:
Rechtsfähige Stiftung des bürgerlichen Rechts, Bad Homburg, 1983

Überblick:
Die Else-Kröner-Fresenius-Stiftung wurde 1983 von der Unternehmerin Else Kröner gegründet, um die medizinische Wissenschaft zu fördern und notleidende Menschen zu unterstützen. Anfangs war das Stiftungskapital begrenzt, aber mit dem Tod von Else Kröner im Jahr 1988 ging ihr gesamtes Vermögen auf die Stiftung über. Ihr Ehemann, Hans Kröner, und Dr. Alfred Stiefenhofer übernahmen die Leitung der Stiftung.

In den neunziger Jahren begann die Stiftung, umfassende Förderinstrumente zu entwickeln, darunter medizinische Forschungspreise und Stipendien für Ärzte. Sie unterstützte auch humanitäre Projekte im In- und Ausland. Heute zählt die Else-Kröner-Fresenius-Stiftung zu den größten Stiftungen in Deutschland und hat rund 2.400 Projekte mit einem Gesamtvolumen von 580 Millionen Euro gefördert. Anlässlich des 25. Todestags von Else Kröner wurde der Else-Kröner-Fresenius-Preis für medizinische Forschung ins Leben gerufen. Die Stiftung hat auch ein Buch über ihre Geschichte und Entwicklung veröffentlicht, das einen Rückblick auf ihre Arbeit gibt.

Die Else-Kröner-Fresenius-Stiftung ist die größte Aktionärin des Gesundheitskonzerns Fresenius. Die Stiftung hält eine Beteiligung von 26,96 Prozent (Stand 2022) am Grundkapital der Fresenius SE & Co. KGaA.

Stiftungsverantwortliche (unter anderem):
- Dr. Tanja Dangmann (Vorstand)
- Prof. Dr. Michael Madeja (Vorstand)
- Dr. Dieter Schenk (Vorsitzender)

Finanzen:
- Stiftungskapital: aktuell rund 4,6 Milliarden Euro (abhängig vom Börsenkurs des Unternehmens Fresenius SE & Co. KGaA)
- jährliches Budget: rund 67 Millionen Euro (2021)

2.2.8 Stiftung Aktion Sonnenschein

Rechtsform, Sitz, Gründungsdatum:
Rechtsfähige Stiftung des bürgerlichen Rechts, München, 2003

Überblick:
Die Stiftung Aktion Sonnenschein wurde vor über 50 Jahren von Professor Theodor Hellbrügge ins Leben gerufen. Ihr Ziel ist es, Kinder mit und ohne sonderpädagogischen Förderbedarf nach den Grundsätzen von Maria Montessori zu unterrichten. Die Stiftung wurde 1968 als Verein gegründet und im Jahr 2003 in eine Stiftung umgewandelt. Sie ist Mitglied im Deutschen Paritätischen Wohlfahrtsverband und ein Gründungsmitglied des Montessori-Landesverbands Bayern. Die Stiftung hat 132 hauptamtliche Mitarbeiter und erhält keinerlei Subventionen von Bund, Land oder der Stadt München.

Gemäß der Satzung verfolgt die Stiftung den Zweck, behinderten und von Behinderung bedrohten Kindern, Jugendlichen und Heranwachsenden umfassende Hilfe anzubieten. Dies umfasst Maßnahmen zur Verringerung, Linderung oder Behebung von Behinderungen sowie den Aufbau kompensatorischer Fähigkeiten. Das Ziel ist es, Selbstständigkeit und Unabhängigkeit zu fördern, um eine Integration in die Gesellschaft und das Arbeitsleben zu ermöglichen. Die Stiftung möchte den betroffenen Kindern ein erfülltes Leben ermöglichen.

Stiftungsverantwortliche (unter anderem):

- Dr. Walter Hasselkus (Vorstand)
- Johannes Högl (Geschäftsführer)

Finanzen:
Stiftungskapital: über 1 Million Euro

Trivia:
Bereits in den sechziger Jahren erkannte der Kinderarzt Prof. Dr. Theodor Hellbrügge, dass Kinder mit sonderpädagogischem Förderbedarf mehr als nur eine Diagnose benötigen. Lange bevor die UN-Konvention über die Rechte von Menschen mit Behinderungen in Kraft trat, revolutionierte Prof. Dr. Hellbrügge als Vorreiter in der Diagnostik und Behandlung von Entwicklungsstörungen und Behinderungen bei Säuglingen, Kindern und Jugendlichen nicht nur die Kinderheilkunde und das deutsche Gesundheitswesen. Um seinen kleinen Patienten auch über die Therapie hinaus effektiv zu helfen, gründete er 1968 die Aktion Sonnenschein. In der Pädagogik Maria Montessoris erkannte er den Schlüssel zur Verwirklichung seiner Vision einer inklusiven Erziehung.

Heute betreibt die Aktion Sonnenschein ein Montessori-Zentrum der Vielfalt, das über 600 Kinder betreut. Es besteht aus einem Integrationskindergarten, einer Heilpädagogischen Tagesstätte (HpT) sowie einer Inklusionsschule, die Grundschul-, Sekundar- und Berufsschulstufen abdeckt.

2.2.9 Franz-Beckenbauer-Stiftung

Rechtsform, Sitz, Gründungsdatum:
Rechtsfähige Stiftung des bürgerlichen Rechts, München, 1982

Überblick:

Die Franz-Beckenbauer-Stiftung mit Sitz in München wurde von Franz Beckenbauer gegründet, um ideelle und finanzielle Hilfe bereitzustellen für Menschen mit Behinderungen sowie für Personen, die krank oder in Not geraten sind. Die Stiftung wurde 1982 in Hamburg gegründet und erhielt ein Stiftungskapital von 1 Million DM. Namhafte Sponsoren wie der FC Bayern München, Adidas, Premiere und Volkswagen unterstützen die Stiftung. Der Stiftungsvorstand besteht aus Franz Beckenbauer und Heidrun Beckenbauer, während der Stiftungsrat verschiedene Mitglieder umfasst, darunter Werner Leitner als Vorsitzenden. Die Stiftung organisiert jährlich ein Golfturnier, bei dem viele bekannte Persönlichkeiten teilnehmen.

Die Stiftung fördert unter anderem:

- Kauf von behindertengerechten Fahrzeugen
- lebensrettende Operationen für Kinder
- Therapien
- Treppenlifte und Aufzüge
- medizinische Hilfsmittel/Spezialrollstühle
- behindertengerechte Wohnungsumbauten/Rampen
- Energiekosten
- Haushaltsgeräte/Möbel
- Lebenshaltungskosten

Stiftungsverantwortliche (unter anderem):

- Franz Beckenbauer
- Heidrun Beckenbauer

Finanzen:

Stiftungskapital: zur Stiftungsgründung rund 0,5 Millionen Euro

Trivia:

Fußball-Legende Franz Beckenbauer gründete 1982 die Franz-Beckenbauer-Stiftung mit dem Geld seines Abschiedsspiels. Seitdem hat die Stiftung rund 20 Millionen Euro gesammelt, um das Leben kranker

Menschen zu verbessern. Neben den Kapitalerträgen sind Spenden entscheidend, um schnell und unbürokratisch zu helfen. Die Stiftung unterstützt Einzelpersonen und Familien mit verschiedenen Bedürfnissen, von Therapiegeräten bis zu alltäglichen Dingen wie Kleidung. Sie prüft jeden Antrag und bietet auch beratende Unterstützung an. Die Stiftung konzentriert sich hauptsächlich auf Deutschland, möchte aber nun auch verstärkt in Österreich helfen. Bisher unterstützt sie bereits einige Institutionen in Österreich und plant, weitere Einzelfälle im ganzen Land zu unterstützen.

2.2.10 KENFO

Rechtsform, Sitz, Gründungsdatum:
Stiftung des öffentlichen Rechts, Berlin, 2017

Überblick:
Der Fonds zur Finanzierung der kerntechnischen Entsorgung (KENFO) wurde am 16. Juni 2017 durch das Entsorgungsfondsgesetz als öffentlich-rechtliche Stiftung des Bundes gegründet. Die Betreiber der 25 deutschen Kernkraftwerke haben insgesamt 24,1 Milliarden Euro auf die Konten des Fonds eingezahlt, um die Finanzierung der Zwischen- und Endlagerung des radioaktiven Abfalls sicherzustellen. Der Fonds ist die größte öffentlich-rechtliche Stiftung Deutschlands und wird vom Bundesministerium für Wirtschaft und Klimaschutz beaufsichtigt, in Einvernehmen mit dem Bundesministerium der Finanzen und dem Bundesministerium für Umwelt, Naturschutz, nukleare Sicherheit und Verbraucherschutz.

Der KENFO erstattet dem Bund jährlich einen dreistelligen Millionenbetrag für die Kosten der sicheren Zwischen- und Endlagerung. Die Stiftung hat ihren Sitz in Berlin und ist eine Verbrauchsstiftung, da keine weiteren Zuflüsse in das Fondsvermögen vorgesehen sind. Der Zweck des KENFO ist es, die Finanzierung der sicheren Entsorgung radioaktiver Abfälle aus der gewerblichen Nutzung der Kernenergie in Deutschland zu gewährleisten.

Stiftungsverantwortliche (unter anderem):
- Anja Mikus (CEO)
- Dr. Thomas Bley (CFO)
- Stefan Spannagl (COO)
- Udo Philipp (Vorsitzender des Kuratoriums)
- Bernd Westphal (stellvertretender Vorsitzender des Kuratoriums)

Finanzen:
- Stiftungskapital: 25,5 Milliarden Euro (31.12.2022)
- Budget: bislang 2,4 Milliarden Euro für Entsorgung der entstandenen und zukünftig noch entstehenden radioaktiven Abfälle.

Best Practice:
Der KENFO hat ein breit diversifiziertes Portfolio und besitzt einen Anlagehorizont bis Ende des Jahrhunderts. Es wird weltweit in Anlageklassen wie Aktien, Unternehmens- und Staatsanleihen sowie illiquide Anlagen investiert. Das Ziel ist es, die zukünftigen Zahlungsverpflichtungen für die Finanzierung der Entsorgungskosten mit einer hohen Wahrscheinlichkeit erfüllen zu können. Daher wird eine globale und breite Diversifikation angestrebt, indem in unterschiedliche Regionen, Sektoren, Bonitäten und Investmentstile investiert wird. Das Portfolio umfasst sowohl passive als auch aktive Anlagestrategien, da bestimmte Anlageklassen und Märkte Potenzial für eine Überrendite bieten. Die Integration von Nachhaltigkeitskriterien (ESG) unterstützt das Renditeziel des KENFO und ist ein integraler Bestandteil der Investments.

Der KENFO konnte in den letzten Jahren folgende Renditen erzielen:

- 2021: 10,4 Prozent
- 2020: 8,3 Prozent

Die Zielrendite beträgt nach Aussage von CEO Anja Mikus 3,7 Prozent pro anno.

Trivia:
Das Bundesfinanzministerium plant, die operativen Strukturen des KENFO für die geplante Aktienrente zu nutzen. Das wurde vom Bundesministerium der Finanzen bestätigt. Das Bundesministerium der Finanzen und das Bundeswirtschaftsministerium werden in Abstimmung mit dem KENFO die Details für die Nutzung der Strukturen festlegen.

2.2.11 Siepmann-Stiftung

Rechtsform, Sitz, Gründungsdatum:
Familienstiftung, Eichenau (Fürstenfeldbruck), 1973

Überblick:
Die Siepmann-Stiftung wurde im Jahr 1973 vom verstorbenen ALDI-Gründer Karl Albrecht gegründet, zählt zu den vermögendsten Stiftungen Deutschlands und kontrolliert die Mehrheit der Anteile der in einer komplexen Firmenstruktur organisierten ALDI-Süd-Gruppe sowie deren Auslandsgesellschaften. Albrecht nutzte das »Doppelstiftungsmodell«, bei dem Vermögen auf eine Familienstiftung und gemeinnützige Stiftungen übertragen wird, um es vor dem Zugriff des Fiskus zu schützen und der Familie die Kontrolle über das Unternehmen zu sichern.

Der Stiftungszweck ist wie folgt definiert: »Zweck der Stiftung ist es, das Vermögen der Stiftung und die Erträge hieraus entsprechend dem Stifterwillen zu verwalten, um laufende und einmalige Zuwendungen (z. B. für den Existenzaufbau, Erwerb oder Errichtung eines Eigenheims) an die Destinatäre vorzunehmen und die von den Stiftern aufgebauten Unternehmen, die Unternehmensgruppe ALDI Süd, zu erhalten und zu fördern« (Quelle: Bayerisches Stiftungsregister).

Die Siepmann-Stiftung ist eine Familienstiftung, während die ebenfalls von Albrecht aufgesetzte Oertl- und Elisen-Stiftung, die sich der medizinischen Forschung beziehungsweise der Kultur widmen, ebenfalls in das Doppelstiftungsmodell involviert sind. Die Begünstigten der Siepmann-Stiftung, einschließlich Karl Albrecht selbst, seiner Frau, der gemeinsamen Kinder und deren Nachkommen, erhalten Zuwendungen von der Familienstiftung, um ihren Lebensunterhalt zu bestreiten. Diese werden mit dem Abgeltungssteuersatz von 25 Prozent besteuert. Die Nachfahren von Karl Albrecht haben keinen direkten Zugriff auf das Erbe, sondern partizipieren lediglich an dessen Ertrag und besitzen einen Sitz in den Stiftungsgremien. Die Familienstiftung zahlt keine Erbschaftsteuer, sondern eine Erbersatzsteuer, die bei der Gründung und alle 30 Jahre fällig wird. Die gemeinnützigen Stiftungen wie die Oertl- und die Elisen-Stiftung zahlen weder Erbschaft- noch Erbersatzsteuer, und auch die Körperschaftsteuer greift nicht.

Stiftungsverantwortliche (unter anderem):

- Peter Max Heister (Stiftungsvorstand)
- Renate Köcher (Stiftungsvorstand)
- Jürgen Hambrecht (Stiftungsvorstand)
- Dieter Zetsche (Stiftungsvorstand)

(Quelle: diverse Medienberichte)

Finanzen:

Stiftungskapital: nicht öffentlich bekannt, nach Schätzungen des US-Magazins *Forbes* beträgt das Vermögen der Familie von Karl Albrecht – das zu großen Teilen über die Siepmann-Stiftung gehalten wird – rund 15 Milliarden Euro. Noch 2022 schätzte Forbes das Vermögen der Familie auf knapp 34 Milliarden Euro, womit die Siepmann-Stiftung in diesem Jahr die mit Abstand größte Stiftung Deutschlands gewesen wäre.

Trivia:

Die Stiftung ist in Eichenau im Landkreis Fürstenfeldbruck bei München angemeldet, wo die ALDI-Süd-Gruppe ein Logistikzentrum unterhält. Sitz der Stiftung ist jedoch in Mühlheim an der Ruhr, dem Unternehmenssitz der ALDI-Süd-Gruppe.

2.2.12 International School Augsburg ISA gAG

Rechtsform, Sitz, Gründungsdatum:
Gemeinnützige Aktiengesellschaft, Gersthofen, 2015 (in der Rechtsform als gAG), die Schule wurde bereits 2005 gegründet

Überblick:
Im September 2005 eröffnete die International School Augsburg (ISA). Mit anfänglich 65 einheimischen Schülern ist die Schule zu einer etablierten und akkreditierten K-12-Schule mit 350 Schülern aus 30 Ländern gewachsen. Die ISA wurde auf Initiative der Industrie- und Handelskammer Schwaben ins Leben gerufen. Die Schule hat mehrere erfolgreiche Bewertungen von externen Organisationen durchlaufen.

Ursprünglich als gemeinnützige GmbH gestartet, wurde die Schule 2015 in eine gemeinnützige AG umgewandelt, um gemeinsame Investitionen in diese bedeutende Bildungseinrichtung zu fördern.

Stiftungsverantwortliche (unter anderem):
- Dr. Jessamine Koenig (Vorstand Education)
- Marcus Wagner (Vorstand Business & Finance)
- Ramona Meinzer (Aufsichtsratsvorsitzende)

Finanzen:
- Bilanzsumme: 8,9 Millionen Euro (28.2.2023)
- Umsatz: 6,5 Millionen Euro (Geschäftsjahr 2021/22)

Best Practice:
Nutzung einer innovativen Rechtsform zur externen Finanzierung über einen Börsengang sowie Ausgabe einer Wandelanleihe. Durch einen Börsengang im Jahr 2021 wurde ein Eigenkapital in Höhe von rund 1,7 Millionen Euro aufgenommen, 2022 durch Ausgabe einer Wandelanleihe Fremdkapital in Höhe von 2,9 Millionen Euro (sieben Jahre Laufzeit mit einem Coupon von 3,0 Prozent pro anno).

Interessant ist dies insbesondere, da Aktionäre bei einer gemeinnützigen Gesellschaftsform wie der gAG (analog zu einer gGmbH) keine

Dividende und im Fall einer Auflösung beziehungsweise eines Wegfalls des steuerbegünstigten Zweckes lediglich die eingezahlten Kapitalanteile beziehungsweise den gemeinen Wert etwaiger Sachanlagen erhalten.

Ein Investment in die Aktie beziehungsweise in die Wandelanleihe der International School Augsburg ISA gAG ist daher weniger mit einem klassischen Aktieninvestment, sondern eher mit einem Impact-Investment vergleichbar, dessen Rendite nicht alleine durch Wertsteigerung beziehungsweise Ausschüttung definiert ist.

Trivia:
Bei der International School Augsburg ISA gAG handelt es sich um eine von wenigen gemeinnützigen Aktiengesellschaften in Deutschland sowie seit März 2021 um die einzige börsennotierte gemeinnützige Aktiengesellschaft.

2.2.13 project bcause (gut.org invest GmbH)

Rechtsform, Sitz, Gründungsdatum:
GmbH als Dienstleister, zusätzlich bcause Treuhandstiftung mit individuellen Stiftungsfonds, Berlin 2021

Überblick:
project bcause ist eine Fintech-Plattform für Spenden und Impact-Investing, hinter der ein Team von Gründern aus der Start-up-Welt und NGOs steckt. Die Idee hinter project bcause ist es, mehr Geld für wohltätige Zwecke zu mobilisieren. Das traditionelle Stiftungsmodell wird als zu starr und veraltet betrachtet. project bcause bietet eine Finanzierungsplattform, die Spenden, Crowdlending und Impact-Investing integriert. Das Geld wird über Treuhandstiftungen und mithilfe einer digitalen Vermögensverwaltung verwaltet. Die Kapitalgeber können aus verschiedenen gemeinnützigen und wohltätigen Projekten wählen. Die Einrichtung eines individuellen Stiftungsfonds ist unabhängig von der zu investierenden Summe möglich. Über die Art der Vermögensver-

waltung und den Grad der Standardisierung im Assetmanagement der in den Stiftungsfonds verwalteten Gelder ist bislang nichts bekannt.

Stiftungsverantwortliche (unter anderem):

- Felix Oldenburg (Geschäftsführer)
- Susanna Krüger (Geschäftsführer)

Best Practice:
project bcause ist ein Start-up im Wohltätigkeitsbereich, das mit einer modernen Plattform Spenden und Stiftungsarbeit so einfach wie eine digitale Zahlungsabwicklung gestalten möchte.

2.3 WEITERE STIFTUNGEN IM KURZPORTRÄT

Elisabeth-Schwarzhaupt-Stiftung (https://www.es-stiftung.de)

- als Gesellschaft mit beschränkter Haftung (GmbH) gegründet worden
- GmbH hat einen Gemeinnützigkeitsstatus und wird somit zur gemeinnützigen GmbH (gGmbH)
- Gründe waren unter anderem:
  - Beteiligung mehrerer Personen mit unterschiedlichsten Vollmachten und Aufgaben (Gesellschafter, Geschäftsführer, Prokurist ...)
  - Nachfolgeregelungen

Flossbach-von-Storch-Stiftung (https://www.flossbachvonstorch-stiftung.de/de/)

- Definition einer Vision (Leitbild für das Handeln einer Stiftung)
- aus der Vision abgeleitete Mission (Nutzen des Stiftungswirkens)
- Stiftungswirken entlang des Lebenszyklus; für jeden Lebensabschnitt ein individuelles Stiftungsprojekt

Hospitalstiftung in Wemding (ohne Webseite)

- gilt als die älteste Stiftung Deutschlands (über 1.000 Jahre Bestehen)

- Agilität im Stiftungswesen: Anpassungen an Zäsuren der Weltgeschichte (Kriege, Inflation, Währungsumstellung)
- Ewigkeitsgedanke über alle Stiftungselemente hinweg:
  - Vermögen auf ewig: zumeist Grund und Boden, Immobilien
  - Zweck auf ewig: Unterstützung des Gemeinwesens, der Mildtätigkeit oder kirchliche Zwecke

Alfried-Krupp-von-Bohlen-und-Halbach-Stiftung (https://www.krupp-stiftung.de)

- Schwierigkeiten in der Stiftungsgründung: Gemeinnützigkeit vs. Versorgung von Angehörigen

ADAC-Stiftung (www.adac.de)

- Aufteilung von Tätigkeiten in mehrere Sparten der Gemeinnützigkeit
- Mitgliederwesen: Verein
- (Dienst-)Leistungen: Aktiengesellschaft
- Gemeinnützigkeit: Stiftung
- vgl. auch die vier Sphären der Gemeinnützigkeit

Arthur-und-Aenne-Feindt-Stiftung (https://feindt-stiftung.de)

- Lebensmotto = Stiftungsvision: »Do all the good you can to all the people you can just as long as you can”

Yak-Kamel-Stiftung (http://www.yak-kamel-stiftung.de/Portraet)

- Fokussierung im Stiftungszweck zur Lösung einer konkreten Einzelaufgabe (hier: Schutz vom Aussterben bedrohter Tierarten) vs. global gefasster Stiftungszweck

Care for Rare Foundation (https://www.care-for-rare.org)

- Stiftungszweck wird über mehrere Förderlinien verwirklicht:
  - Academy (Akademie)
  - Aid (Hilfe)
  - Alliance (Bündnis)
  - Awards (Auszeichnungen)
  - Awareness (Aufmerksamkeit)

2.4 STIFTUNGSERRICHTUNG UND SATZUNG

2.4.1. Warum unternehmerisch denken bei Stiftungen?

»Das Gute übernehmen«

Für eine Stiftung ist nicht etwa die Kapitalstärke einer Stiftung entscheidend, sondern deren zielgerichtetes Arbeiten in Bezug auf den selbst gewählten Zweck.

Wie im großen amerikanischen Traum »vom Tellerwäscher zum Millionär« kommt es entscheidend darauf an, nach einem festen Ziel zu streben. Diese Vorgehensweise ist fester Bestandteil unternehmerischen Denkens, welches auch an der Bildreihe »Das Alpentriptychon« von Giovanni Segantini (gemalt um 1899) erläutert werden kann:

- *La vita* – das Leben: Der Frühling einer Stiftung ist im Erwachen und Aufblühen. Alle Tätigkeiten gehen in die Zweckerfüllung. Eigenschaften wie Jugendlichkeit, Optimismus, Wachstums- und Innovationskraft sind täglicher Treiber des Handelns.
- *La natura* – die Natur: der Ist-Zustand einer Stiftung. Hier ging der anfängliche Tatendrang verloren. Innere Verwaltungsthemen stehen auf der Tagesordnung.
- *La morte* – der Tod: Die Stiftung navigiert ohne Vision, ohne Strategie und ohne Ziele in die Vergessenheit. Neue Einheiten *(la vita)* treten ans Tageslicht und überholen die Vergessenen.

Beispiel aus der Unternehmenspraxis – hier aus der Fotografiebranche
Ein Unternehmen in der Fotografiebranche gewann zunächst mit fotografischer Ausrüstung an Bedeutung und Wert *(la vita)*. Mit Voranschreiten der digitalen Medien gingen die Bedeutung und der Anschluss an Konkurrenzunternehmen *(la natura)* verloren. Konnte keine Anpassung an den Markt durchgeführt werden, so drohte die Insolvenz *(la morte)*.

Aus der Betriebswirtschaftslehre können folgende Schlussfolgerungen gezogen werden:

- »Don't underestimate the power of innovation«: Bleiben Sie mit Ihrem Unternehmen – sei es Stiftung oder Unternehmen – immer im Bereich von *la vita*. Entwickeln Sie sich immer aufs Neue.
- »Don't underestimate the importance of customer needs«: Oberste Zielrichtung ist der Stiftungszweck mit den Kundenbedürfnissen. Seien Sie service- und kundenorientiert; verharren Sie nicht im Bereich *la natura* mit überbordender Verwaltungsstruktur (Antrags- und Dokumentationswesen).
- »Don't underestimate the relevance of your skill set«: Richten Sie den Stiftungszweck möglichst divers aus, um auf (mitunter kurzfristige) Bedarfe reagieren zu können. Beispiel: Kann eine aus dem Jahre 1950 stammende Krebsforschungsstiftung auch auf dem erst seit dem Jahre 2019 existierenden Gebiet Covid-19 forschen?
- »Don't underestimate the necessity of adequate resources«: Denken Sie gesamtheitlich. Eine Strategie sollte nicht nur singulär betrachtet werden, sondern in mehreren Dimensionen:
  - Wenn eine Vision vorhanden ist, wie schaffen wir es, dass die Beteiligten (Mitarbeiter, Stiftungsverantwortliche, Förderer ...) das Ziel erfassen und verstehen können (lernen, entwickeln)?
  - Wenn alle Beteiligten das Ziel verstanden haben, wie schaffen wir eine adäquate Geschäftsstruktur (Prozesse, Ressourcen, Organisation)?
  - Wenn die Geschäftsprozesse etabliert sind, wie schaffen wir es, dass die Kunden/der Markt (Stiftungsdestinatäre, Förderempfänger) sich an die Stiftung binden und ein Vertrauen aufbauen?
  - Wenn das Kundenvertrauen geschaffen ist, wie schaffen wir es, dass der Stiftung ausreichend finanzielle Mittel zugutekommen?

Die Denkweise mit langfristigen Zielen, »im Leben *(la vita)* zu bleiben« und gesamtheitlich in den Dimensionen Lernen/Entwickeln, Geschäftsprozesse, Kunde/Markt, Finanzen zu denken, wird in der Unternehmenssphäre als Balanced Scorecard bezeichnet.

Diese gesamtheitliche Denkweise kann auch auf Stiftungen adaptiert werden: eine Stiftungs-Balanced-Scorecard.

Gedankenanstoß
Durchdenken Sie alles, schreiben Sie Ihre Gedanken auf, und erstellen Sie Ihren Stiftungsplan. Was ist Ihnen wichtig?

✎ ______________________________

____

2.4.2 Der Strategiebegriff

»Eine Vision braucht ... die Stiftung«

Was ist eine Vision? Aus der Betriebswirtschaftslehre abgeleitet ist eine Vision das oberste Ziel einer Einheit. Sie wird zumeist als Bild formuliert und beschreibt den gewünschten Zustand einer Stiftung am Ende einer – zumeist langfristigen – Betrachtungsperiode. Um die Vision zu erreichen, wird eine Strategie festgelegt.

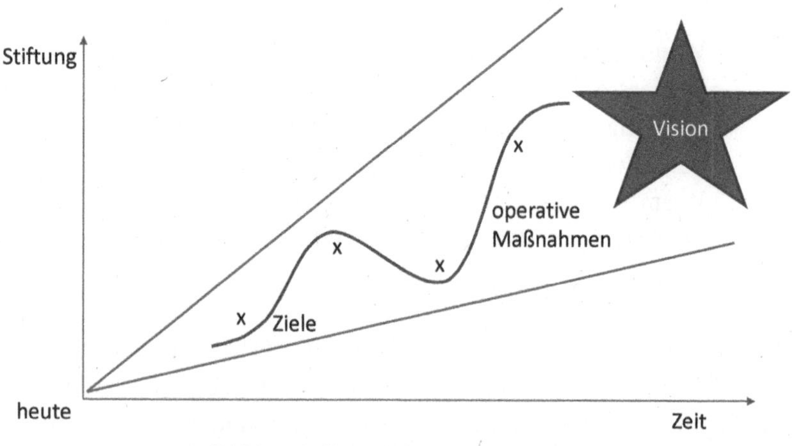

Abbildung 8: Strategiefindung bei Stiftungen

Beispiel: Vision, Strategie und Ziele in der Praxis – Unternehmen vs. Stiftung		
	Unternehmen	**Stiftung**
	Microsoft	**Castringius Kinder & Jugend München**
Vision	»A Computer on every desk and in every home« (Bill Gates, Microsoft-Gründer)	Vision 1: Fördern – gute Bildungschancen für jedes Kind Vision 2: Vermitteln – starke und wirksame Projekte Vision 3: Vernetzen – starke Netzwerke fördern soziale Innovationen
Strategien **Maßnahmen** **Ziele**	• Kostenführerschaft (Wettbewerbsmatrix E. Porter) • Masse (Produktion, Einkauf etc.) • (»kein«) Design (vs. Konkurrenz: Steve Jobs, Apple)	Unter dem Motto »Perspektiven schaffen, Leben verändern« engagiert sich die Castringius-Stiftung für Kinder und Jugendliche im Großraum München. • Wir finanzieren Bildungsprojekte gemeinnütziger Träger und Vereine. • Wir teilen unser Know-how in Expertensprechstunden und Workshops. • Wir kooperieren mit Partnern, um größere Projekte zu realisieren • oder passende Förderer zu vermitteln. • Wir engagieren uns in unterschiedlichsten Netzwerken.

Gedankenanstoß

Finden Sie Ihre Stiftungsstrategie? Sie muss nicht groß sein, kein literarisches Meisterwerk – nur einmal durchdacht und in den Eckpunkten niedergeschrieben. Alles Weitere – die Stiftungsform, die Stiftungsarbeit et cetera – baut hierauf auf.

2.4.3 Situationsanalyse bei Stiftungen: Brainstorming

»Den Status quo festlegen«

Am Anfang der Stiftungserrichtung steht meistens (nur) eine Idee. Wie kann aus der Idee nun eine Strategie entwickelt werden?

Erster Schritt ist zumeist eine Stoffsammlung mithilfe von Kreativtechniken wie dem Brainstorming. Bringen Sie alles zu Papier, was Sie zu Ihrer Stiftungsidee bewegt und was Ihnen durch den Kopf geistert, ohne Anspruch auf Qualität oder Richtigkeit, egal ob im langen Schachtelsatz oder in einem Schlagwort, alleine oder in einer Gruppe. Wichtig ist nur, dass Sie dies ohne jede Diskussion oder Kommentierung tun.

Am Ende dieser Einheit steht eine lange Liste von Ideen zur Stiftung, die im Folgenden weiter ausgearbeitet, ergänzt und durchdacht werden kann.

Praxistipp: Mögliche Ideen zur Stiftungserrichtung

- Wer? Wann? Wie? Wo? Was?
  - Zweck
  - Name
  - Gemeinnützigkeit
  - Bedarf
  - Auftrag
  - Historie
  - Kompetenzen
  - Vermögen
  - Träume/Ideen
  - Leitbilder
  - Personen
- Verantwortung der Organe: Einzelperson vs. Mehrpersonenvorstand (Vier-Augen-Prinzip)
- Control- und/oder Beratungsgremium (Stiftungsrat, Stiftungsbeirat)
- Phasen der Mitbestimmung des Stifters (Stifterrechte)
- Organisation: Mehrfachstimmrechte, Vetorechte, Sonderrechte
- Satzungsänderung, Auflösung der Stiftung

Gedankenanstoß

Was fällt Ihnen bei diesen Fragen als Erstes ein? Es handelt sich um ein Brainstorming, es gibt keine richtige Lösung! Wie lautet die Stiftungsstrategie?

✎ ____

2.4.4 Umwelt- und Situationsanalyse bei Stiftungen: SWOT

»Die Umwelt wahrnehmen«

Mithilfe der Umweltanalyse werden globale Trends und die Auswirkungen auf eine Stiftung(sidee) betrachtet. In welche Megatrends ist unsere Stiftung involviert? Wie können wir die Menschen gegebenenfalls über diese Megatrends motivieren? Zu diesen Trends zählen unter anderem folgende Bereiche:

- Wirtschaft: Entwicklung des Volkseinkommens
- Technologie: Information und Telekommunikation (Breitbandausbau)
- Ökologie: Verfügbarkeit von Rohstoffen, Energie, Umweltschutz
- Demografie: Bevölkerungsentwicklung
- Bürger- und Kundenerwartung
- politische Vorgaben
- gesellschaftspolitische Rahmenbedingungen (geänderte Wertevorstellungen)

Mittels der Umweltanalyse werden mögliche Chancen und Risiken ermittelt.

Praxisbeispiele: Welche Megatrends gibt es eigentlich?

Das von Matthias Horx im Jahre 1998 gegründete Zukunftsinstitut (https://www.zukunftsinstitut.de) zeigt basierend auf Trendanalysen und Studien sowie eigens entwickelten Methoden auf, welche Veränderungen – Trends und Megatrends – unsere Gegenwart prägen und welche Rückschlüsse sich daraus für die Zukunft von Wirtschaft und Gesellschaft ziehen lassen. Oberstes Ziel ist es nach eigenen Angaben, den Wandel begreifbar zu machen und Zukunft als Chance zu verstehen. Unter folgender Adresse ist die megatrend-Map des Zukunftsinstituts abrufbar: https://www.zukunftsinstitut.de/artikel/die-megatrend-map/

Die Stiftungsanalyse analysiert die Stärken und Schwächen einer Stiftung(sidee). Mögliche Fragestellungen können sein:

- Was können wir? (Fähigkeiten, Know-how)
- Was haben wir? (Ressourcen: finanziell, materiell)
- Was machen wir? (Tätigkeiten)
- Was zeichnet uns aus? (Kernkompetenzen)

Die gewonnenen Erkenntnisse aus Situationsanalyse, Umweltanalyse und Stiftungsanalyse können sodann für ein gemeinsames Verständnis niedergeschrieben werden (Ist-Status). Entlang der gefundenen Stärken und Chancen sollten die Tätigkeiten der Stiftung ausgerichtet, Schwächen – beispielsweise durch Unterstützung von Dienstleistern – reduziert und Risiken vermieden werden.

Im Folgenden finden Sie ein Beispiel einer Stiftungs-SWOT für eine Stiftung auf dem Gebiet der Straßensozialarbeit.

Beispiel einer Stiftungs-SWOT für eine Stiftung auf dem Gebiet der Straßensozialarbeit

Stärken	**Schwächen**
• breites Team mit langer Erfahrung in Straßensozialarbeit • ...	• kein finanzwirtschaftliches Know-how • ...
Chancen	**Risiken**
• Megatrend: Urbanisierung – hohe und immer größer werdende Notwendigkeit der Unterstützung • ...	• zunehmende Aggressivität, Gefährdung der Unterstützer • ...

Abgeleitete Erkenntnisse:

- Einkauf von Dienstleistern für finanzwirtschaftliches Know-how
- ...

Gedankenanstoß

Was machen andere Stiftungen im Umfeld? Was würden Sie gerne übernehmen? Was übernehmen Sie in Ihrer Stiftung auf keinen Fall? Können Sie von anderen Stiftungen etwas lernen? Gibt es Kooperationsmöglichkeiten? Gibt es gemeinnützige »Konkurrenz«?

___

___

___

2.4.5 Das Stiftungsleitbild

»Die Zielsetzung festlegen«

In einem Stiftungsleitbild können Sie nun Ihre Gedanken niederschreiben. Zur Inspiration kann Ihnen die folgende Checkliste dienen.

Checkliste: Stiftungsleitbild

- ❐ **Stiftungsentstehung**
  - Identität des/der Stifters/in
  - Motivation zur Stiftungsgründung (Problemstellung etc.)
- ❐ **Werteorientierung/Selbstverständnis**
  - Interpretation des Stiftungszwecks (weite oder enge Auslegung etc.)
  - Wesen der Stiftung (operative Stiftung, Förderstiftung, Verbrauchsstiftung)
  - Verhältnis zur Gesellschaft (Unabhängigkeit etc.)
- ❐ **Corporate Governance**
  - Organe/Gremien (Arbeitsgrundsätze, Zielsetzungen)
  - Überwachung/Prüfung

❐ **Stiftungszweck**
- Vision (bildhafte Zielvorstellung: fühlen, sehen, können ...)
- Förderziele (Vision, Zielerreichung, Meilensteine)

❐ **Zweckerreichung**
- operative Umsetzung (Förderung aktiv/passiv, Antragswege, Auswahlkriterien)
- Anforderungen an den Destinatär (Partnerschaft, Transparenz, Verhaltensregeln, Grundwerte etc.)

❐ **Stiftungsarbeit/Stiftungsvermögen**
- finanzielle Zielsetzungen (Stiftungsvermögen, Spenden- und Fördervolumen)
- Mitarbeiter, Experten, Ressourcenziele
- Kooperationen

Gedankenanstoß

Formulieren Sie Ihr Stiftungsleitbild!

2.4.6 Planung bei Stiftungen

»Große Strategie- und Planungssitzungen sind doch nur etwas für große Stiftungen mit einem Vorstandsgremium.«

Das ist vermutlich richtig, hindert eine kleine Stiftung jedoch nicht daran, ihre Ziele gesamtheitlich zu planen, um eine Zielerreichung sicherzustellen. Der Aufwand für eine derartige Planung ist gering, da es weniger um Ressourcen als vielmehr um einen stringenten Planungsaufsatz geht.

Das Beispiel der Controlling-Regelkreise wie auch des Deming-Kreises soll zeigen, dass mit nur vier Schritten ein stringenter und in sich geschlossener Planungsansatz möglich ist.

Unter der Logik der Controlling-Regelkreise ist weit mehr zu verstehen als eine reine Kontrolle. Controlling soll über insgesamt vier Regelkreise eine Umsetzung der gefassten Strategie sicherstellen. Unnötige Arbeiten sollen ebenso vermieden werden wie zielloses Agieren.

Zunächst werden im Bereich der Planung ausgehend von einer Strategie Ziele festgelegt und Planwerte ermittelt. In einem zweiten Schritt, der Kontrolle, werden diese Planwerte mit den tatsächlichen Ist-Werten verglichen und Abweichungen analysiert.

Alternative Anpassungsmaßnahmen führen im Bereich der Steuerung zu Entscheidungen und im Bestfall zu sich ändernden Ist-Werten. Die laufende Information über die aktuelle Ist-Situation ist die Basis für weitergehende Entscheidungen, beispielsweise über ein Berichtswesen.

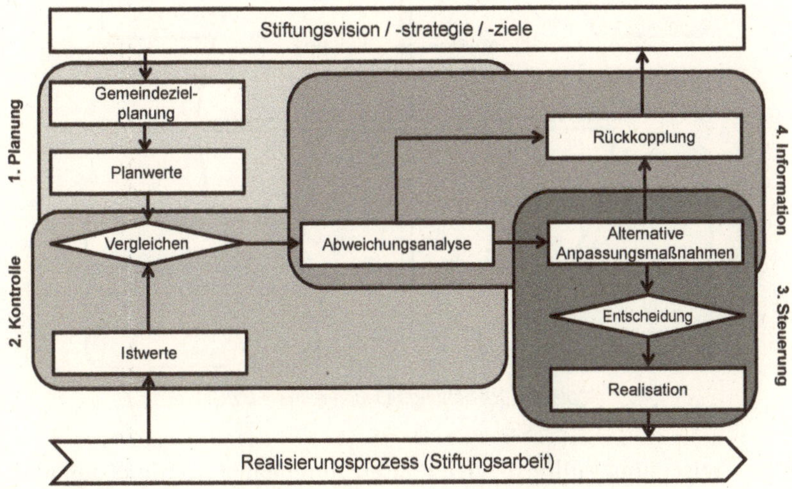

Abbildung 9: Stiftungs-Controlling

Controlling ist somit nicht nur Stiftungskontrolle. Es dient dazu, vier wesentliche Bereiche im Blick zu halten und zu steuern:

- klare, messbare und konsistente Ziele
- regelmäßige Kontrolle mit Abweichungsanalyse
- Maßnahmen zur Steuerung
- laufende Informationsweiterleitung an die Entscheidungsträger

Erst wenn die vier Bereiche mit konkreten Inhalten (Kennzahlen, Berichten, Jour fixe) gefüllt sind, kann die Erreichung der Stiftungszwecke sichergestellt werden.

Ein vergleichbares Vorgehen wird mit dem sogenannten Deming-Kreis oder auch Deming-Rad beschrieben. Der amerikanische Physiker Andrew Shewhart entwickelte einen iterativen drei- beziehungsweise vierphasigen Prozess für das Lernen und die Verbesserung von Organisationen.

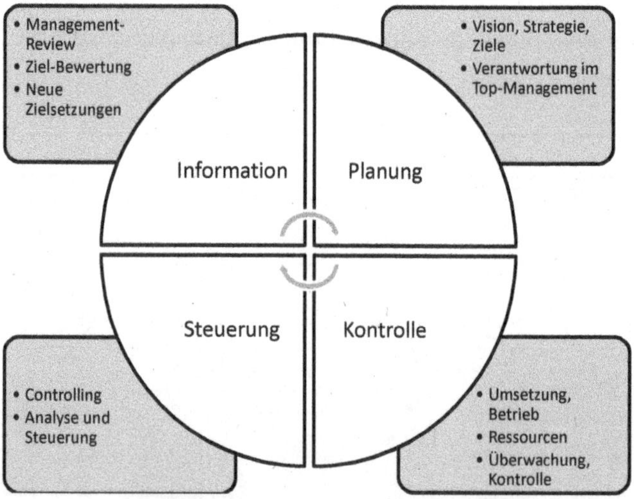

Abbildung 10: Stiftungs-Planungs-Kreis (PDCA)

Eine Zielsetzung sollte in vier Phasen durchdacht werden: zunächst Planung, dann Umsetzung, dann Überwachung und abschließend eine Review.

Beispiel: Verkauf von Produkten einer Behindertenwerkstätte
Eine Behindertenwerkstätte hat – vereinfacht – folgende Wirkungskette:

Körperlich und geistig behinderte Menschen fertigen in Förderwerkstätten Waren und werden so in das Arbeitsleben eingegliedert und integriert. Durch den Verkauf dieser Waren wird ein wesentlicher Bestandteil der Einrichtungsfinanzierung getragen. Eine mögliche Zielsetzung der Förderwerkstätte ist es, den Warenumsatz zu steigern, um somit mehr hilfebedürftige Menschen unterstützen zu können.

Planung
- Herunterbrechen der strategischen Zielsetzung »mehr Warenumsatz« auf messbare Zielgrößen
- Wirtschaftsplanung
- Umsatzgrößen je Produkt
- Umsatzziele je (Vertriebs-)Mitarbeiter
- gegebenenfalls Honorierungssysteme für (Vertriebs-)Mitarbeiter
- begleitende Maßnahmen: Qualitätssicherung, Warenbestandsanalyse (ABC-Analyse, XYZ-Analyse), Customer-Relationship-Management

Kontrolle
- Umsetzung der in »Planung« festgelegten Maßnahmen
- laufende Kontrolle, beispielsweise Soll-/Ist-Vergleiche
- Abweichungsanalysen, Ampelsysteme

Steuerung
- laufende Mitarbeitergespräche (Jour fixe) mit gemeinsamem, partnerschaftlichem Abgleich der Soll-/Ist-Werte (aus »Kontrolle«)

Information
- regelmäßiges Berichtswesen an Einrichtungsleitung
- Management-Cockpit
- Executive Summary

Gedankenanstoß
Haben Sie einen Plan? Gibt es eine Zielsetzung, die Sie verfolgen möchten und deren Erreichen Sie in irgendeiner Form messen können?

___

___

___

2.4.7 Der Stifterwille

»Ohne Stifter keine Stiftung oder: Am Anfang steht der Stifter«

Die Achtung des Stifterwillens ist oberste Richtschnur bei der Handhabung dieses Gesetzes (Art. 2 Abs. 1 BayStG). Der Stifter hat die zentrale Funktion bei Gründung einer Stiftung inne. Die Stiftungsidee wird durch den Stifter niedergeschrieben.

Bezogen auf eine rechtsfähige Stiftung muss der niedergeschriebene Stifterwille – in Stiftungsgeschäft und Satzung – mindestens die folgenden fünf Zentralbegriffe beinhalten (§ 81 BGB):

1. den Namen der Stiftung,
2. den Sitz der Stiftung,
3. den Zweck der Stiftung,
4. das Vermögen der Stiftung,
5. die Bildung des Vorstands der Stiftung.

Bei diesen fünf Punkten wird auch von einer »Stiftungsgründung mit einer Hand« (= fünf Finger) gesprochen. In die Niederschrift des Stifterwillens fließen die Erfahrung, die Weltanschauung und der soziale Kontext des Stifters ein.

Jahre vergehen, der Stifter ist leider verstorben. Nun kommen Fragen auf, wie diese oder jene Satzungspassage zu interpretieren ist.

Wie im allgemeinen Zivilrecht wird auch hier nicht am buchstäblich Niedergeschriebenen festgehalten, sondern der wirkliche Wille (= der Stiftungswille) berücksichtigt. Es sind die nicht verschriftlichten Nebeneinflüsse wie die Erfahrungen des Stifters, seine Entscheidungen zu Lebenszeiten, seine Weltanschauung und so weiter bei der Auslegung der Stiftungssatzung heranzuziehen, um den Willen des Stifters zu achten und die Stiftung auf ewig in seinem Sinne fortzuführen.

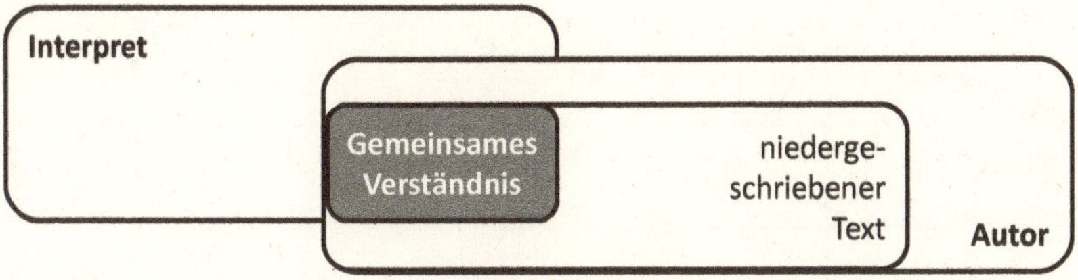

Abbildung 11: Stifterwille

- Der Horizont des Autors (= Stifter) ist der Stifterwille.
- Der Text entspricht dem niedergeschriebenen Stifterwillen in Form einer Satzung.
- Erkenntnis: Dem Stifter ist es unmöglich, alle sozialen Wirkungseinflüsse in einem buchstäblich niedergelegten Text festzuhalten.
- Der Horizont des Interpreten entspricht beispielsweise den Anschauungen eines Stiftungsvorstands lange nach dem Tod des Stifters.
- Der Interpret entstammt einer ganz anderen sozialen Wirklichkeit (beispielsweise keine Kriegserfahrungen, kein Wirtschaftswunder et cetera).
- Erkenntnis: Dem Interpreten ist es unmöglich, den gesamten Horizont des Stifters zu kennen. Durch die »Achtung des Stifterwillens« soll die Schnittmenge zwischen Interpreten und Autor möglichst groß gehalten werden.

Mit dem Gesetz zur Vereinheitlichung des Stiftungsrechts (der sogenannten Stiftungsrechtsreform) im Jahre 2023 wurde der Umstand des Stifterwillens in das Bürgerliche Gesetzbuch (BGB) aufgenommen. Demnach haben »die Stiftungsorgane bei ihrer Tätigkeit für die Stiftung und die zuständigen Behörden bei der Aufsicht über die Stiftung den bei der Errichtung der Stiftung zum Ausdruck gekommenen Willen, hilfsweise den mutmaßlichen Willen des Stifters zu beachten« (§ 83 Abs. 2 BGB).

Gedankenanstoß

Das, was Sie als Stifter niederlegen, kann die Stiftung in Zukunft verwenden! Erneut die Frage: Was ist Ihnen besonders wichtig – losgelöst von aller Regulatorik?

2.4.8 Anerkennungs- und Aufsichtsbehörden

Eine rechtsfähige Stiftung entsteht mit dem Stiftungsgeschäft und der Anerkennung durch die zuständige Behörde (vgl. § 80 Abs. 1 BGB).

Eine Stiftung des bürgerlichen Rechts ist eine eigenständige juristische Person, ähnlich wie Handelsgesellschaften (GmbH, AG et cetera). Diese Rechtspersönlichkeit erhält eine Stiftung durch staatliche Anerkennung.

Voraussetzung hierfür sind:

- das Stiftungsgeschäft,
- die dauernde und nachhaltige Erfüllung des Stiftungszwecks erscheint gesichert, und
- der Stiftungszweck gefährdet nicht das Gemeinwohl.

Gedankenanstoß
Welche Aufsichtsbehörde ist für Sie zuständig? Siehe hierzu unter anderem die Liste der deutschen Stiftungsaufsichten. Führen Sie ein Erstgespräch durch, nehmen Sie Ihren Stiftungsplan zur Hand, lassen Sie sich beraten.

2.4.9 Stiftung zu Lebzeiten, von Todes wegen oder stufenweise?

»False Friends: *Eine Stiftung ist starr und unflexibel*«

Das Ewigkeitsgebot garantiert den Fortbestand einer Stiftung bis in die Unendlichkeit. Hierdurch wird eine Stiftung jedoch nicht starr und unflexibel, nach dem Motto: »Einmal bestimmt, für immer unabänderlich«. Vielmehr eröffnet das Stiftungsrecht Möglichkeiten, sich an geänderte Rahmenbedingungen (Niedrigzinsumfeld, Planungsunsicherheiten, externe Einflüsse) anzupassen. Oberste Richtschnur und oberste Zielsetzung der Stiftungsverantwortlichen ist immer der Wille des Stifters, den mit der Stiftung verfolgten Zweck zu verwirklichen. Nachfolgend sollen zwei Möglichkeiten aus der Stiftungspraxis dargestellt werden.

a) Hybridstiftung
Das am Tag des Stiftungsgeschäfts eingebrachte Vermögen muss bei einer klassischen Stiftung erhalten bleiben (sogenanntes Kapitalerhaltungsgebot). Im Falle einer Verbrauchsstiftung ist das eingebrachte Vermögen für den Zweck mindestens über die nächsten zehn Jahre einzusetzen. Bei der klassischen Stiftung ist zwar der dauerhafte Kapitalerhalt sichergestellt, in Zeiten des Niedrigzinsumfelds und der rückläufigen Zinsen jedoch nicht ohne Weiteres auch die Zweckerfüllung.

Dahingegen sind bei der Verbrauchsstiftung mit Zeitablauf die Stiftung und ihre Zweckerfüllung beendet. Die Hybridstiftung vereint nun beide Vorteile (Kapitalerhalt und Kapitaleinsatz für den Zweck), indem bei Stiftungsgründung ein zu erhaltendes und ein im Bedarfsfall für den Stiftungszweck verbrauchsfähiges Vermögen (sogenanntes Verbrauchsvermögen) festgelegt wird. Die Stiftungsverantwortlichen können – ausgerichtet am Stiftungswillen – den Einsatz oder die Festanlage des Verbrauchskapitals je nach Rahmenbedingung beschließen.

b) Zweistufenmodell

Mit dem Stiftungsgeschäft wird das Vermögen endgültig auf die Stiftung oder den Stiftungsträger übertragen, es ist somit der Verfügungsmacht des Stifters entzogen. Stifter scheuen diesen Schritt zu Lebzeiten, somit zu einem Zeitpunkt, wo aufgrund von Planungsunsicherheiten (Krankheit et cetera) nicht sichergestellt werden kann, dass zukünftig das übertragene Stiftungsvermögen nicht doch persönlich benötigt wird. Abhilfe und Flexibilität schafft hier das sogenannte Zweistufenmodell. In einer ersten Stufe wird eine Vorstiftung (beispielsweise Treuhandstiftung, Stiftungsfonds) zu Lebzeiten errichtet, und es werden alle stiftungsrelevanten Regelungen (Zweckbestimmung, Anerkennung et cetera) getroffen. Erst in der zweiten Stufe wird – von Todes wegen – die Stiftung mit Kapital ausgestattet.

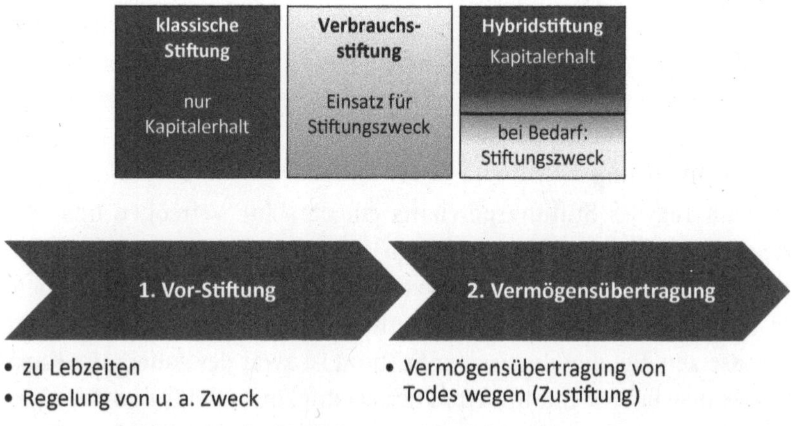

Abbildung 12: Hybridstiftung (oben) und Zweistufenmodell (unten)

Infobox: Die Entwicklung einer Spende

Ein Spender kann in mehreren Funktionen auftreten:

1. Interessent, der Netzwerke öffnet
2. Spender, der für ein konkretes Projekt eine Einmalspende abgibt
3. Dauerspender, der die Stiftungsarbeit über einen längeren Zeitraum unterstützt
4. Erbschafts- oder Vermächtnisgeber, der von Todes wegen Mittel an eine Stiftung gibt

Wie kann eine Stiftung entwickelt werden?

- Loyalität zum Stifter aufbauen
- Nutzen aufzeigen: Bedürfnisse müssen erfüllt werden
- Emotionen zeigen: Menschen spenden für Menschen
- Ziele setzen (Planung) und Zielerreichung kommunizieren
- Danke sagen

Gedankenanstoß

Wann möchten Sie mit der Stiftung beginnen? Zu Lebzeiten oder von Todes wegen?

____

____

____

2.4.10 Das Herzstück einer Stiftung: Die Stiftungssatzung

»Das zentrale Dokument: die Satzung«

Ausgangspunkt für das klassische Stiftungsmanagement sind die Vorgaben der Stifter, niedergelegt in Satzungen, Richtlinien, Testamenten oder sonstigen Vereinbarungen. Im Rahmen der Stiftungs- und Nachlassberatung werden die möglichen Bestandteile einer Satzung als das Herzstück einer Stiftung erläutert und diskutiert.

Checkliste: Mögliche Fragestellungen zur Satzungserrichtung/Festlegung der Stiftungsarbeit

- ❒ Welche gesetzlichen Pflichtangaben für Satzung und Stiftungsgeschäft werden gemacht (§ 81 Abs. 1 Satz 3 Nr. 1 bis 5 BGB)?
  - Name
  - Sitz
  - Zweck
  - Vermögen
  - Bildung des Vorstands
- ❒ Welchem Zweck soll die Stiftung dienen?
- ❒ Wie soll der Zweck verwirklicht werden? Über die Weiterleitung von Geldern (Förderstiftung) oder über eine Ausschreibung (operative Stiftung)?
- ❒ Wer entscheidet über die Zweckverwirklichung? Welche Gremien (Stiftungsvorstand, Stiftungsrat) soll es geben? Was sind wesentliche Aufgaben hierbei?
- ❒ Ist die Stiftung steuerbegünstigt? Welche steuerbegünstigten Zwecke (gemeinnützig, mildtätig, kirchlich) werden verfolgt?
- ❒ Welches Vermögen wird der Stiftung übertragen (Dotation)? Ist das Vermögen zu verbrauchen (Verbrauchsstiftung) oder zu erhalten (Ewigkeitsstiftung)?
- ❒ Wie ist das Stiftungsvermögen zu verwalten (Anlagerichtlinie)? Nach dem Stiftungsgesetz sicher und wirtschaftlich – was bedeutet dies in der operativen Umsetzung (Immobilien, Anleihen, Aktien, Fonds etc.)?
- ❒ Wie hat die Stiftung über ihr Vermögen Rechnung zu legen? Kaufmännische Bilanz und Gewinn- und Verlustrechnung bei großen Vermögen oder (vereinfachte) Einnahmen-Überschussrechnung?
- ❒ Gibt es weitere Stifterauflagen? Grabpflege, Versorgung von Angehörigen, Vermächtnisse?
- ❒ Welche Rechte hat der Stifter? Obliegt dem Stifter ein Vetorecht bei Entscheidungen? Bekleidet der Stifter einen Sitz in einem Stiftungsorgan?
- ❒ Wie kann die Stiftung auf zukünftige Änderungen reagieren? Sind Satzungsänderungen möglich? Wenn ja, unter welchen Bedingungen?
- ❒ Wer wacht über die Stiftung? Ist es die Stiftungsaufsicht (abhängig von der Stiftungsform), das Finanzamt, die Rechnungshöfe etc.?

Praxistipps: Drei Faktoren für die Stiftungssatzung

- Müssen die Passagen aus der steuerrechtlichen Mustersatzung wörtlich übernommen werden?
  Nein. »Eine wortgenaue Übernahme der Formulierungen der Mustersatzung [ist] nicht erforderlich. Ohnehin werden nicht derselbe Aufbau und dieselbe Reihenfolge der Bestimmungen verlangt. Lediglich die inhaltlichen Festlegungen der Mustersatzung müssen unmissverständlich ihren Ausdruck in der Stiftungssatzung finden. Es genügt grundsätzlich, dass die sogenannte formelle Satzungsmäßigkeit aufgrund einer Auslegung der gesamten Satzungsbestimmungen zweifelsfrei gegeben ist« (Dr. Mecking, Christoph: Die steuerliche Mustersatzung: Keine Pflicht zur wörtlichen Übernahme. In: *SB StiftungsBrief.* Sonderausgabe 2017, Seite 8 und Hessisches Finanzgericht mit Urteil vom 26. Februar 2020, Az.: 4 K 917/16).
- Gründe für das Scheitern einer Stiftungserrichtung
  - zu wenig Zeit
  - zu geringe Befassung
  - keine breite Beteiligung von Familie et cetera
  - fehlerhafte Beratung
  - Steuern im Vordergrund
  - zu komplex gedacht
- Nachfolgeregelung berücksichtigen
  - Amts- und Altersbeschränkungen
  - Frist zur Ankündigung eines Rücktritts
  - mehrköpfige Führungsgremien
  - Ressort- und Gremienaufteilung
  - Nachfolgeregelung als Teil der Managementstrategie verstehen
  - Kandidatenprofile und -listen als Vorlage bereithalten (nicht erst bei Bedarf)
  - »Ehrenamtsfalle« – Unentgeltlichkeit berücksichtigen

Gedankenanstoß

Nach all den Gedanken und Plänen: Fassen Sie eine erste Stiftungssatzung ab! Nehmen Sie gegebenenfalls die Mustersatzung zur Hand. Wie passen Ihre Vorstellungen in die einzelnen Satzungspassagen?

2.4.11 Stiftungsorgane: Vorstand und Aufsicht (Kuratorium, Rat)

»Ein Stiftungsvorstand wird benötigt«

In einer Stiftung können mehrere Organe wirken. Verpflichtend ist jedoch nur ein Vorstand.

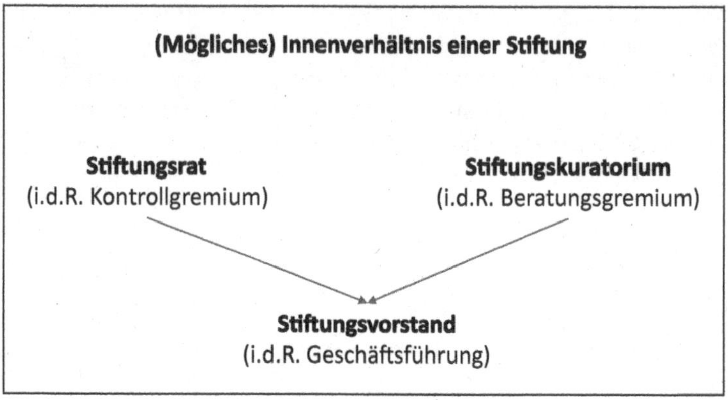

Abbildung 13: Stiftungsorgane

Praxistipps: 4 Fragen zu den Stiftungsorganen

1. Welche Stiftungsorgane werden rechtlich zwingend benötigt?
Nur ein Vorstand.

2. Welche Aufgaben hat der Stiftungsvorstand?
Die gerichtliche und außergerichtliche Vertretung einer Stiftung. Hierzu zählen unter anderem:

- Führung der laufenden Geschäfte (insbesondere Zweckverwirklichung) gemäß der Satzung,
- Bewirtschaftung des Stiftungsvermögens,
- Führung der Bücher, Erstellung der Jahresrechnung und der Rechenschaftsberichte.

3. Welche Aufgaben hat ein Kuratorium, Stiftungsrat?
Von der jeweiligen Stiftung zu definieren, zumeist Aufsichtsfunktionen.

4. Wer vertritt eine Stiftung nach außen?
Kann über die Stiftungssatzung individuell geregelt werden. In der Regel der Stiftungsvorstand.

Gedankenanstoß

Welche Stiftungsorgane wollen/benötigen Sie? Welche Aufgaben und Befugnisse sollen die Organe erhalten?

____

____

____

2.4.12 Geschäftsordnung

»Die Geschäfte ordnen«

Der Stiftungsvorstand hat zahlreiche Aufgaben: die Zweckerfüllung, die Berichterstattung, die Rechnungslegung, das Vertragswesen et cetera. Je größer die Stiftung, desto mehr Personen engagieren sich im Stiftungsvorstand.

Die Aufgabenverteilung zwischen den einzelnen Vorstandsmitgliedern kann über eine Geschäftsordnung erfolgen.

Mögliche wesentliche Inhalte einer Geschäftsordnung

§ 1 Arbeitsgrundsätze

(1) **Ideelle und rechtliche Grundlagen** (Satzung, Beschlüsse etc.)

(2) **Corporate Governance** (Grundsätze guter Unternehmensführung) und **Corporate Compliance** (Schaffung und Überwachung präventiver interner Verhaltensregeln)

§ 2 Geschäftsleitung, -führung und -vertretung; Gesamtverantwortung

(1) Der Stiftungsvorstand leitet die Stiftung gemäß den Vorschriften der Satzung und dieser Geschäftsordnung.

(2) Die Geschäftsführung des Stiftungsvorstands umfasst alle notwendigen sachlichen und organisatorischen Maßnahmen, die dem Stiftungszweck dienen.

(3) Weiter obliegt dem Stiftungsvorstand:
 a. ...
 b. ...
 c. ...
(4) Einzel- oder Gesamtvertretungsberechtigung
(5) Verantwortungsvolle Zusammenarbeit
(6) Hinzuziehung sachkundiger Dritter

§ 3 Geschäftsverteilungsplan

§ 4 Geschäftsgang
(1) Einberufung
(2) Beschlussfähigkeit
(3) Beschlussfassung (Stimmenverhältnisse)
(4) Form der Stimmabgabe (Präsenz, hybride, virtuelle Sitzungen)
(5) Protokollierung

§ 5 Inkrafttreten
(1) Diese Geschäftsordnung wurde am TT.MM.JJJJ beschlossen.

Gedankenanstoß

Sind viele Organe und Personen an Ihrer Stiftung beteiligt? Benötigen Sie eine Ordnung der einzelnen Aufgaben und Befugnisse? Verfassen Sie eine Geschäftsordnung, gegebenenfalls nach obigem Muster.

2.4.13 Errichtungsprozess

»Schritt für Schritt mit viel Zeit und Gedanken«

Zunächst kann ein Brainstorming zur Stiftungsidee durchgeführt werden, um die ersten Gedanken zur Stiftung niederzuschreiben und die besonders wichtigen Punkte an einer Stiftung zu erkennen.

Was muss auf alle Fälle gewährleistet sein?

- Ein besonderer Zweck,
- eine Stifterauflage (Versorgung der Angehörigen),
- die Stiftungsform,
- eine bestimmte Person im Stiftungsvorstand und so weiter.

Diese Vorgaben können dann in einen ersten Satzungsentwurf gefasst und mit den folgenden Beteiligten abgestimmt werden:

- Stiftungsaufsichtsbehörden hinsichtlich des Stiftungsrechts: Wurden alle Vorgaben des jeweiligen Landesstiftungsrechts und des Bundesstiftungsrechts eingehalten und ist absehbar, dass die Stiftung Ihre Zwecke auch erfüllen kann (lebensfähige Stiftung)?
- Finanzbehörden hinsichtlich einer gegebenenfalls bestehenden Steuerbegünstigung: Sind die Vorgaben an Satzung und tatsächliche Geschäftsführung nach dem einschlägigen Steuerrecht eingehalten?

Nach Abschluss der vielschichtigen und iterativ stattfindenden Abstimmungsgespräche (Abstimmungsschleifen) kann die durchdachte und auf einem gemeinsamen Verständnis fußende Stiftungssatzung der Stiftungsaufsicht zur Anerkennung vorgelegt werden.

Mit Anerkennung wird die Stiftung rechtsfähig und kann die Stiftungsarbeit als eigene Rechtsperson beginnen.

Praxistipps: Grundregeln bei der Errichtung einer Stiftung

- Vorbilder nutzen: Wie agieren bestehende Stiftungen?
- Kontakte nutzen: Erfahrungsaustausch mit anderen Stiftungen
- Sachverständige nutzen: Steuer-, Rechts- und Stiftungsexperten befragen
- Behörden nutzen: Stiftungs- und Finanzbehörden um Rat bitten

Gedankenanstoß

Stimmen Sie sich mit der Stiftungsaufsicht und den Finanzbehörden ab.

____

2.4.14 Unterstützungsleistung an die Stifter

»Andenken an den Stifter«

Die Steuervergünstigung wird nicht dadurch ausgeschlossen, dass eine Stiftung einen Teil, jedoch höchstens ein Drittel ihres Einkommens dazu verwendet, um in angemessener Weise den Stifter und seine nächsten Angehörigen zu unterhalten, ihre Gräber zu pflegen und ihr Andenken zu ehren (§ 58 Nr. 6 AO).

Infobox: Stifterunterstützung[5]

- **Höhe und Art der Unterstützung?**
  Eine Stiftung darf einen Teil ihres Einkommens – höchstens ein Drittel – dazu verwenden, die Gräber des Stifters und seiner nächsten Angehörigen zu pflegen und deren Andenken zu ehren. In diesem Rahmen ist auch gestattet, dem Stifter und seinen nächsten Angehörigen Unterhalt zu gewähren.

- **Was wird unter Einkommen (maximal ein Drittel des Einkommens) verstanden?**
  Unter Einkommen ist die Summe der Einkünfte aus den einzelnen Einkunftsarten des § 2 Abs. 1 EStG zu verstehen, unabhängig davon, ob die Einkünfte steuerpflichtig sind oder nicht. Positive und negative Einkünfte sind zu saldieren. Die Verlustverrechnungsbeschränkungen des EStG sind dabei mit Ausnahme des § 15a EStG unbeachtlich.

Bei der Ermittlung der Einkünfte sind von den Einnahmen die damit zusammenhängenden Aufwendungen einschließlich der Abschreibungsbeträge abzuziehen.

- **Wer sind nächste Angehörige?**
  Der Begriff des nächsten Angehörigen ist enger als der Begriff des Angehörigen nach § 15 AO. Er umfasst:
  - Ehegatten und Lebenspartner;
  - Eltern, Großeltern, Kinder, Enkel (auch falls durch Adoption verbunden);
  - Geschwister;
  - Pflegeeltern, Pflegekinder.
- **Was bedeutet »angemessener Rahmen«?**
  Unterhalt, Grabpflege und Ehrung des Andenkens müssen sich in angemessenem Rahmen halten. Damit ist neben der relativen Grenze von einem Drittel des Einkommens eine gewisse absolute Grenze festgelegt. Maßstab für die Angemessenheit des Unterhalts ist der Lebensstandard des Zuwendungsempfängers. Leistungen mit Ausschüttungscharakter, z. B. in Höhe eines Prozentsatzes der Erträge, sind unzulässig.
- **Ist die Unterstützung von hilfebedürftigen Angehörigen selbst ein steuerbegünstigter Stiftungszweck?**
  Nein. § 58 Nr. 6 AO enthält lediglich eine Ausnahmeregelung zu § 55 Abs. 1 Nr. 1 AO für Stiftungen (vgl. Nr. 14 des AEAO zu § 55), begründet jedoch keinen eigenständigen steuerbegünstigten Zweck. Eine Stiftung, zu deren Satzungszwecken die Unterstützung von hilfebedürftigen Verwandten des Stifters gehört, kann daher nicht unter Hinweis auf § 58 Nr. 6 AO als steuerbegünstigt behandelt werden.

Gedankenanstoß

Welche Auflagen wollen Sie Ihrer Stiftung mitgeben?

____

____

____

2.4.15 Stifterauflagen

»Der Erblasser kann durch einseitige Verfügung von Todes wegen (Testament, letztwillige Verfügung) den Erben bestimmen« (§ 1937 BGB).

Die Testierfreiheit gibt dem Stifter die Möglichkeit, ihren/seinen Nachlass frei zu gestalten. Beispielsweise kann eine Stiftung – welche bereits besteht oder noch errichtet werden muss – als ihre/seine Erbin eingesetzt werden.

Darüber hinaus kann der Stifter auch weitere konkretere Verfügungen treffen, wie mit dem treuhändisch anvertrauten Vermögen zu verfahren ist. Eine breite Palette, hier einige Beispiele:

Infobox: Mögliche Stifterauflagen

- Das Aktienpaket darf durch die Stiftung nur verkauft werden, wenn ...
- Die Stiftung hat das Grundstück ... zum höchstmöglichen erzielbaren Preis zu verkaufen.
- Der Stiftung ist es untersagt, die Grundstücke ... zu verkaufen.
- Die Wohnungen sind auf den heutigen Stand zu sanieren und ...
- Die folgenden Personen erhalten ...

  ... ein einmaliges Vermächtnis in Höhe von ... Euro.

  ... bis zu ihrem Lebensende ein monatliches Vermächtnis (Rente) in Höhe von ... Euro.

  ... einen Gegenstand aus dem Hausstand zur Erinnerung.
- Eine jährliche Zuwendung an ... (Altenheim, Kinderheim etc.) in Höhe von ... Euro, welche ausschließlich absolut bedürftigen Bewohnern zugutekommen soll.
- Eine jährliche Zuwendung an ... (Altenheim, Kinderheim etc.) für das Abhalten einer jährlichen Gedenkfeier für ... Personen mit Essen und Getränk.
- Eine jährliche Zuwendung an ... (Altenheim, Kinderheim etc.) für ein Getränk und ein dazu passendes Gebäck.
- Die Dauergrabpflege der Grabdenkmäler ... ist auf die Dauer von ... Jahren/unbegrenzt vorzunehmen.

All diese Stifterauflagen werden durch die Stiftungsverwaltung täglich umgesetzt.

Gedankenanstoß

Welche Auflagen wollen Sie Ihrer Stiftung mitgeben?

✎ ____

____

2.4.16 Neuralgische Punkte im Errichtungsprozess

»Drehen Sie den Würfel lieber einmal zu oft, und durchdenken Sie sämtliche Aspekte!«

Bei einer Stiftungserrichtung müssen viele Punkte berücksichtigt werden. Darauf sollten Sie im Errichtungsprozess achten:

Infobox: Das sind die neuralgischen Punkte im Errichtungsprozess einer Stiftung

- Lassen Sie sich Zeit.
- Durchdenken Sie alles, spielen Sie Ihre Stiftung und deren Zukunft durch.
- Nehmen Sie die Beteiligten (Familie, zukünftige Leistungsempfänger, Stiftungsaufsicht, Stiftungsverwaltung etc.) mit ins Boot.
- Lassen Sie sich beraten, und »challengen« Sie Ihre Stiftungsidee.
- Recht (Steuerrecht etc.) steht nicht im Vordergrund – es ist der Zweck.
- Eine Stiftung muss nicht komplex sein: Denken Sie so einfach wie möglich.

Gedankenanstoß

Haben Sie Ihre Stiftungsidee gut durchdacht?

✎ ____

____

2.5 RECHT, HAFTUNG UND REGULATORIK

2.5.1 Das Bundesstiftungsrecht (BGB)

»Die gesetzliche Basis«

Im Stiftungsrecht gibt der Bund eine Grundrichtung für das Bundesstiftungsrecht – verortet im Bürgerlichen Gesetzbuch – vor. Die Länder haben hierzu ergänzend eigene Landesstiftungsgesetze erlassen (zum Beispiel Bayerisches Stiftungsgesetz).

Auszug aus dem Stiftungsrecht im Bürgerlichen Gesetzbuch (Bundesstiftungsrecht)
Untertitel 2 **Stiftungen** **§ 80 Ausgestaltung und Entstehung der Stiftung** (1) Die Stiftung ist eine mit einem Vermögen zur dauernden und nachhaltigen Erfüllung eines vom Stifter vorgegebenen Zwecks ausgestattete, mitgliederlose juristische Person. Die Stiftung wird in der Regel auf unbestimmte Zeit errichtet, sie kann aber auch auf bestimmte Zeit errichtet werden, innerhalb derer ihr gesamtes Vermögen zur Erfüllung ihres Zwecks zu verbrauchen ist (Verbrauchsstiftung). (2) Zur Entstehung der Stiftung sind das Stiftungsgeschäft und die Anerkennung der Stiftung durch die zuständige Behörde des Landes erforderlich, in dem die Stiftung ihren Sitz haben soll. Wird die Stiftung erst nach dem Tode des Stifters anerkannt, so gilt sie für Zuwendungen des Stifters als schon vor dessen Tod entstanden. **§ 81 Stiftungsgeschäft** (1) Im Stiftungsgeschäft muss der Stifter 1. der Stiftung eine Satzung geben, die mindestens Bestimmungen enthalten muss über a) den Zweck der Stiftung, b) den Namen der Stiftung, c) den Sitz der Stiftung und d) die Bildung des Vorstands der Stiftung sowie

2. zur Erfüllung des von ihm vorgegebenen Stiftungszwecks ein Vermögen widmen (gewidmetes Vermögen), das der Stiftung zu deren eigener Verfügung zu überlassen ist.
(2) Die Satzung einer Verbrauchsstiftung muss zusätzlich enthalten:
1. die Festlegung der Zeit, für die die Stiftung errichtet wird, und
2. Bestimmungen zur Verwendung des Stiftungsvermögens, die die nachhaltige Erfüllung des Stiftungszwecks und den vollständigen Verbrauch des Stiftungsvermögens innerhalb der Zeit, für welche die Stiftung errichtet wird, gesichert erscheinen lassen.
(3) Das Stiftungsgeschäft bedarf der schriftlichen Form, wenn nicht in anderen Vorschriften ausdrücklich eine strengere Form als die schriftliche Form vorgeschrieben ist, oder es muss in einer Verfügung von Todes wegen enthalten sein.
(4) Wenn der Stifter verstorben ist und er im Stiftungsgeschäft zwar den Zweck der Stiftung festgelegt und ein Vermögen gewidmet hat, das Stiftungsgeschäft im Übrigen jedoch nicht den gesetzlichen Anforderungen des Absatzes 1 oder des Absatzes 2 genügt, hat die nach Landesrecht zuständige Behörde das Stiftungsgeschäft um die Satzung oder um fehlende Satzungsbestimmungen zu ergänzen. Bei der Ergänzung des Stiftungsgeschäfts soll die Behörde den wirklichen, hilfsweise den mutmaßlichen Willen des Stifters beachten. Wurde im Stiftungsgeschäft kein Sitz der Stiftung bestimmt, ist im Zweifel anzunehmen, dass der Sitz am letzten Wohnsitz des Stifters im Inland sein soll.

§ 81a Widerruf des Stiftungsgeschäfts
Bis zur Anerkennung der Stiftung ist der Stifter zum Widerruf des Stiftungsgeschäfts berechtigt. Ist die Anerkennung bei der zuständigen Behörde des Landes beantragt, so ist der Widerruf dieser gegenüber zu erklären. Der Erbe des Stifters ist zum Widerruf des Stiftungsgeschäfts nicht berechtigt, wenn der Stifter den Antrag auf Anerkennung der Stiftung bei der zuständigen Behörde des Landes gestellt oder im Falle der notariellen Beurkundung des Stiftungsgeschäfts den Notar mit der Antragstellung betraut hat.

§ 82 Anerkennung der Stiftung
Die Stiftung ist anzuerkennen, wenn das Stiftungsgeschäft den Anforderungen des § 81 Absatz 1 bis 3 genügt und die dauernde und nachhaltige Erfüllung des Stiftungszwecks gesichert erscheint, es sei denn, die Stiftung würde das Gemeinwohl gefährden. Bei einer Verbrauchsstiftung erscheint die dauernde Erfüllung des Stiftungszwecks gesichert, wenn die in der Satzung für die Stiftung bestimmte Zeit mindestens zehn Jahre umfasst.

§ 82a Übertragung und Übergang des gewidmeten Vermögens
Ist die Stiftung anerkannt, so ist der Stifter verpflichtet, das gewidmete Vermögen auf die Stiftung zu übertragen. Rechte, zu deren Übertragung eine Abtretung genügt, gehen mit der Anerkennung auf die Stiftung über, sofern sich nicht aus dem Stiftungsgeschäft ein anderer Wille des Stifters ergibt.

§ 83 Stiftungsverfassung und Stifterwille
(1) Die Verfassung der Stiftung wird, soweit sie nicht auf Bundes- oder Landesgesetz beruht, durch das Stiftungsgeschäft und insbesondere die Satzung bestimmt.
(2) Die Stiftungsorgane haben bei ihrer Tätigkeit für die Stiftung und die zuständigen Behörden haben bei der Aufsicht über die Stiftung den bei der Errichtung der Stiftung zum Ausdruck gekommenen Willen, hilfsweise den mutmaßlichen Willen des Stifters zu beachten.

§ 83a Verwaltungssitz der Stiftung
Die Verwaltung der Stiftung ist im Inland zu führen.

§ 83b Stiftungsvermögen
(1) Bei einer Stiftung, die auf unbestimmte Zeit errichtet wurde, besteht das Stiftungsvermögen aus dem Grundstockvermögen und ihrem sonstigen Vermögen. Bei einer Verbrauchsstiftung besteht das Stiftungsvermögen aufgrund der Satzung nur aus sonstigem Vermögen.
(2) Zum Grundstockvermögen gehören
1. das gewidmete Vermögen,
2. das der Stiftung zugewendete Vermögen, das vom Zuwendenden dazu bestimmt wurde, Teil des Grundstockvermögens zu werden (Zustiftung), und
3. das Vermögen, das von der Stiftung zu Grundstockvermögen bestimmt wurde.
(3) Der Stifter kann auch bei einer Stiftung, die auf unbestimmte Zeit errichtet wird, im Stiftungsgeschäft abweichend von Absatz 2 Nummer 1 einen Teil des gewidmeten Vermögens zu sonstigem Vermögen bestimmen.
(4) Das Stiftungsvermögen ist getrennt von fremdem Vermögen zu verwalten. Mit dem Stiftungsvermögen darf nur der Stiftungszweck erfüllt werden.

§ 83c Verwaltung des Grundstockvermögens
(1) Das Grundstockvermögen ist ungeschmälert zu erhalten. Der Stiftungszweck ist mit den Nutzungen des Grundstockvermögens zu erfüllen. Zuwächse aus der Umschichtung des Grundstockvermögens können für die Erfüllung des Stiftungszwecks verwendet werden, soweit dies durch die Satzung nicht ausgeschlossen wurde und die Erhaltung des Grundstockvermögens gewährleistet ist.

(2) Durch die Satzung kann bestimmt werden, dass die Stiftung einen Teil des Grundstockvermögens verbrauchen darf. In einer solchen Satzungsbestimmung muss die Stiftung verpflichtet werden, das Grundstockvermögen in absehbarer Zeit wieder um den verbrauchten Teil aufzustocken.
(3) Durch Landesrecht kann vorgesehen werden, dass die nach Landesrecht zuständigen Behörden auf Antrag einer Stiftung für einen bestimmten Teil des Grundstockvermögens eine zeitlich begrenzte Ausnahme von Absatz 1 Satz 1 zulassen können, wenn dadurch die dauernde und nachhaltige Erfüllung des Stiftungszwecks nicht beeinträchtigt wird.

§ 84 Stiftungsorgane
(1) Die Stiftung muss einen Vorstand haben. Der Vorstand führt die Geschäfte der Stiftung.
(2) Der Vorstand vertritt die Stiftung gerichtlich und außergerichtlich; er hat die Stellung eines gesetzlichen Vertreters. Besteht der Vorstand aus mehreren Personen, so wird die Stiftung durch die Mehrheit der Vorstandsmitglieder vertreten. Ist eine Willenserklärung gegenüber der Stiftung abzugeben, so genügt die Abgabe gegenüber einem Mitglied des Vorstands.
(3) Durch die Satzung kann von Absatz 1 Satz 2 und Absatz 2 Satz 2 abgewichen und der Umfang der Vertretungsmacht des Vorstands mit Wirkung gegen Dritte beschränkt werden.
(4) In der Satzung können neben dem Vorstand weitere Organe vorgesehen werden. In der Satzung sollen für ein weiteres Organ auch die Bestimmungen über die Bildung, die Aufgaben und die Befugnisse enthalten sein.
(5) Die §§ 30, 31 und 42 Absatz 2 sind entsprechend anzuwenden.

§ 84a Rechte und Pflichten der Organmitglieder
(1) Auf die Tätigkeit eines Organmitglieds für die Stiftung sind die §§ 664 bis 670 entsprechend anzuwenden. Organmitglieder sind unentgeltlich tätig. Durch die Satzung kann von den Sätzen 1 und 2 abgewichen werden, insbesondere auch die Haftung für Pflichtverletzungen von Organmitgliedern beschränkt werden.
(2) Das Mitglied eines Organs hat bei der Führung der Geschäfte der Stiftung die Sorgfalt eines ordentlichen Geschäftsführers anzuwenden. Eine Pflichtverletzung liegt nicht vor, wenn das Mitglied des Organs bei der Geschäftsführung unter Beachtung der gesetzlichen und satzungsgemäßen Vorgaben vernünftigerweise annehmen durfte, auf der Grundlage angemessener Informationen zum Wohle der Stiftung zu handeln.
(3) § 31a ist entsprechend anzuwenden. Durch die Satzung kann die Anwendbarkeit des § 31a beschränkt oder ausgeschlossen werden.

§ 84b Beschlussfassung der Organe
Besteht ein Organ aus mehreren Mitgliedern, erfolgt die Beschlussfassung entsprechend § 32, wenn in der Satzung nichts Abweichendes geregelt ist. Ein Organmitglied ist nicht stimmberechtigt, wenn die Beschlussfassung die Vornahme eines Rechtsgeschäfts mit ihm oder die Einleitung oder Erledigung eines Rechtsstreits zwischen ihm und der Stiftung betrifft.

§ 84c Notmaßnahmen bei fehlenden Organmitgliedern
(1) Wenn der Vorstand oder ein anderes Organ der Stiftung seine Aufgaben nicht wahrnehmen kann, weil Mitglieder des Organs fehlen, hat die nach Landesrecht zuständige Behörde in dringenden Fällen auf Antrag eines Beteiligten oder von Amts wegen notwendige Maßnahmen zu treffen, um die Handlungsfähigkeit des Organs zu gewährleisten. Die Behörde ist insbesondere befugt, Organmitglieder befristet zu bestellen oder von der satzungsmäßig vorgesehenen Zahl von Organmitgliedern befristet abzuweichen, insbesondere indem die Behörde einzelne Organmitglieder mit Befugnissen ausstattet, die ihnen nach der Satzung nur gemeinsam mit anderen Organmitgliedern zustehen.
(2) Die Behörde kann einem von ihr bestellten Organmitglied bei oder nach der Bestellung eine angemessene Vergütung auf Kosten der Stiftung bewilligen, wenn das Vermögen der Stiftung sowie der Umfang und die Bedeutung der zu erledigenden Aufgabe dies rechtfertigen. Die Behörde kann die Bewilligung der Vergütung mit Wirkung für die Zukunft ändern oder aufheben.

§ 85 Voraussetzungen für Satzungsänderungen
(1) Durch Satzungsänderung kann der Stiftung ein anderer Zweck gegeben oder der Zweck der Stiftung kann erheblich beschränkt werden, wenn
1. der Stiftungszweck nicht mehr dauernd und nachhaltig erfüllt werden kann oder
2. der Stiftungszweck das Gemeinwohl gefährdet.
Die Voraussetzungen des Satzes 1 Nummer 1 liegen insbesondere vor, wenn eine Stiftung keine ausreichenden Mittel für die nachhaltige Erfüllung des Stiftungszwecks hat und solche Mittel in absehbarer Zeit auch nicht erwerben kann. Der Stiftungszweck kann nach Satz 1 nur geändert werden, wenn gesichert erscheint, dass die Stiftung den beabsichtigten neuen oder beschränkten Stiftungszweck dauernd und nachhaltig erfüllen kann. Liegen die Voraussetzungen nach Satz 1 Nummer 1 und Satz 3 vor, kann eine auf unbestimmte Zeit errichtete Stiftung auch abweichend von § 83c durch Satzungsänderung in eine Verbrauchsstiftung umgestaltet werden, indem die Satzung um Bestimmungen nach § 81 Absatz 2 ergänzt wird.

(2) Durch Satzungsänderung kann der Stiftungszweck in anderer Weise als nach Absatz 1 Satz 1 oder es können andere prägende Bestimmungen der Stiftungsverfassung geändert werden, wenn sich die Verhältnisse nach Errichtung der Stiftung wesentlich verändert haben und eine solche Änderung erforderlich ist, um die Stiftung an die veränderten Verhältnisse anzupassen. Als prägend für eine Stiftung sind regelmäßig die Bestimmungen über den Namen, den Sitz, die Art und Weise der Zweckerfüllung und über die Verwaltung des Grundstockvermögens anzusehen.
(3) Durch Satzungsänderung können Bestimmungen der Satzung, die nicht unter Absatz 1 oder Absatz 2 Satz 1 fallen, geändert werden, wenn dies der Erfüllung des Stiftungszwecks dient.
(4) Im Stiftungsgeschäft kann der Stifter Satzungsänderungen nach den Absätzen 1 bis 3 ausschließen oder beschränken. Satzungsänderungen durch Organe der Stiftung kann der Stifter im Stiftungsgeschäft auch abweichend von den Absätzen 1 bis 3 zulassen. Satzungsbestimmungen nach Satz 2 sind nur wirksam, wenn der Stifter Inhalt und Ausmaß der Änderungsermächtigung hinreichend bestimmt festlegt.

§ 85a Verfahren bei Satzungsänderungen
(1) Die Satzung kann durch den Vorstand oder ein anderes durch die Satzung dazu bestimmtes Stiftungsorgan geändert werden. Die Satzungsänderung bedarf der Genehmigung der nach Landesrecht zuständigen Behörde.
(2) Die Behörde kann die Satzung nach § 85 ändern, wenn die Satzungsänderung notwendig ist und das zuständige Stiftungsorgan sie nicht rechtzeitig beschließt.
(3) Wenn durch die Satzungsänderung der Sitz der Stiftung in den Zuständigkeitsbereich einer anderen Behörde verlegt werden soll, bedarf die nach Absatz 1 Satz 2 erforderliche Genehmigung der Satzungsänderung der Zustimmung der Behörde, in deren Zuständigkeitsbereich der neue Sitz begründet werden soll.

§ 86 Voraussetzungen für die Zulegung
Durch Übertragung ihres Stiftungsvermögens als Ganzes kann die übertragende Stiftung einer übernehmenden Stiftung zugelegt werden, wenn
1. sich die Verhältnisse nach Errichtung der übertragenden Stiftung wesentlich verändert haben und eine Satzungsänderung nach § 85 Absatz 2 bis 4 nicht ausreicht, um die übertragende Stiftung an die veränderten Verhältnisse anzupassen, oder wenn schon seit Errichtung der Stiftung die Voraussetzungen für eine Auflösung nach § 87 Absatz 1 Satz 1 vorlagen;
2. der Zweck der übertragenden Stiftung im Wesentlichen mit einem Zweck der übernehmenden Stiftung übereinstimmt;
3. gesichert erscheint, dass die übernehmende Stiftung ihren Zweck auch nach der Zulegung im Wesentlichen in gleicher Weise dauernd und nachhaltig erfüllen kann, und

4. die Rechte von Personen gewahrt werden, für die in der Satzung der übertragenden Stiftung Ansprüche auf Stiftungsleistungen begründet sind.

§ 86a Voraussetzungen für die Zusammenlegung
Mindestens zwei übertragende Stiftungen können durch Errichtung einer neuen Stiftung und Übertragung ihres jeweiligen Stiftungsvermögens als Ganzes auf die neue übernehmende Stiftung zusammengelegt werden, wenn
1. sich die Verhältnisse nach Errichtung der übertragenden Stiftungen wesentlich verändert haben und eine Satzungsänderung nach § 85 Absatz 2 bis 4 nicht ausreicht, um die übertragenden Stiftungen an die veränderten Verhältnisse anzupassen, oder wenn schon seit Errichtung der Stiftung die Voraussetzungen für eine Auflösung nach § 87 Absatz 1 Satz 1 vorlagen;
2. gesichert erscheint, dass die neue übernehmende Stiftung die Zwecke der übertragenden Stiftungen im Wesentlichen in gleicher Weise dauernd und nachhaltig erfüllen kann, und
3. die Rechte von Personen gewahrt werden, für die in den Satzungen der übertragenden Stiftungen Ansprüche auf Stiftungsleistungen begründet sind.

§ 86b Verfahren der Zulegung und der Zusammenlegung
(1) Stiftungen können durch Vertrag zugelegt oder zusammengelegt werden. Der Zulegungsvertrag oder der Zusammenlegungsvertrag bedarf der Genehmigung durch die für die übernehmende Stiftung nach Landesrecht zuständige Behörde.
(2) Die Behörde nach Absatz 1 Satz 2 kann Stiftungen zulegen oder zusammenlegen, wenn die Stiftungen die Zulegung oder Zusammenlegung nicht vereinbaren können. Die übernehmende Stiftung muss einer Zulegung durch die Behörde zustimmen.
(3) Ist nach Landesrecht für eine übertragende Stiftung eine andere Behörde zuständig als die Behörde nach Absatz 1 Satz 2, bedürfen die Genehmigung eines Zulegungsvertrags oder eines Zusammenlegungsvertrags und die behördliche Zulegung oder Zusammenlegung der Zustimmung der für die übertragenden Stiftungen nach dem jeweiligen Landesrecht zuständigen Behörden.

§ 86c Zulegungsvertrag und Zusammenlegungsvertrag
(1) Ein Zulegungsvertrag muss mindestens enthalten:
1. die Angabe des jeweiligen Namens und des jeweiligen Sitzes der beteiligten Stiftungen und
2. die Vereinbarung, dass das Stiftungsvermögen der übertragenden Stiftung als Ganzes auf die übernehmende Stiftung übertragen werden soll und mit der Vermögensübertragung das Grundstockvermögen der übertragenden Stiftung Teil des Grundstockvermögens der übernehmenden Stiftung wird.

Wenn durch die Satzung der übertragenden Stiftung für Personen Ansprüche auf Stiftungsleistungen begründet sind, muss der Zulegungsvertrag Angaben zu den Auswirkungen der Zulegung auf diese Ansprüche und zu den Maßnahmen enthalten, die vorgesehen sind, um die Rechte dieser Personen zu wahren.
(2) Ein Zusammenlegungsvertrag muss mindestens die Angaben nach Absatz 1 enthalten sowie das Stiftungsgeschäft zur Errichtung der neuen übernehmenden Stiftung.
(3) Der Zulegungsvertrag oder der Zusammenlegungsvertrag ist Personen nach Absatz 1 Satz 2 spätestens einen Monat vor der Beantragung der Genehmigung nach § 86b Absatz 1 Satz 2 von derjenigen Stiftung zuzuleiten, in deren Satzung die Ansprüche begründet sind.

§ 86d Form des Zulegungsvertrags und des Zusammenlegungsvertrags
Zulegungsverträge und Zusammenlegungsverträge bedürfen nur der schriftlichen Form, insbesondere § 311b Absatz 1 bis 3 ist nicht anzuwenden.

§ 86e Behördliche Zulegungsentscheidung und Zusammenlegungsentscheidung
(1) Auf den Inhalt der Entscheidungen über die Zulegung oder Zusammenlegung von Stiftungen durch die nach Landesrecht zuständige Behörde ist § 86c Absatz 1 und 2 entsprechend anzuwenden.
(2) Die Behörde hat Personen nach § 86c Absatz 1 Satz 2 mindestens einen Monat vor der Entscheidung über die Zulegung oder Zusammenlegung anzuhören und auf die möglichen Folgen der Zulegung oder Zusammenlegung für deren Ansprüche gegen eine übertragende Stiftung hinzuweisen.

§ 86f Wirkungen der Zulegung und der Zusammenlegung
(1) Mit der Unanfechtbarkeit der Genehmigung des Zulegungsvertrags oder der Unanfechtbarkeit der Entscheidung über die Zulegung durch die nach Landesrecht zuständige Behörde geht das Stiftungsvermögen der übertragenden Stiftung auf die übernehmende Stiftung über und erlischt die übertragende Stiftung.
(2) Mit der Unanfechtbarkeit der Genehmigung des Zusammenlegungsvertrags oder der Unanfechtbarkeit der Entscheidung über die Zusammenlegung durch die Behörde entsteht die neue Stiftung, geht das Stiftungsvermögen der übertragenden Stiftungen auf die neue übernehmende Stiftung über und erlöschen die übertragenden Stiftungen.
(3) Mängel des Zulegungsvertrags oder des Zusammenlegungsvertrags lassen die Wirkungen der behördlichen Genehmigung unberührt.

§ 86g Bekanntmachung der Zulegung und der Zusammenlegung
Die übernehmende Stiftung hat die Zulegung oder die Zusammenlegung innerhalb eines Monats nach dem Zeitpunkt, zu dem die Wirkungen der Zulegung oder Zusammenlegung nach § 86f Absatz 1 oder Absatz 2 eingetreten sind, durch Veröffentlichung im Bundesanzeiger bekannt zu machen. In der Bekanntmachung sind die Gläubiger der an der Zulegung oder Zusammenlegung beteiligten Stiftungen auf ihr Recht nach § 86h hinzuweisen. Die Bekanntmachung gilt mit dem Ablauf des zweiten Tages nach der Veröffentlichung im Bundesanzeiger als bewirkt.

§ 86h Gläubigerschutz
Die übernehmende Stiftung hat einem Gläubiger nach § 86g Satz 2 für einen Anspruch, der vor dem Zeitpunkt entstanden ist, zu dem die Wirkungen der Zulegung oder Zusammenlegung nach § 86f Absatz 1 oder Absatz 2 eingetreten sind, und dessen Erfüllung noch nicht verlangt werden kann, Sicherheit zu leisten, wenn der Gläubiger
1. den Anspruch nach Grund und Höhe binnen sechs Monaten nach dem Tag, an dem die Zulegung oder Zusammenlegung bekannt gemacht wurde, bei der Stiftung schriftlich anmeldet und
2. mit der Anmeldung glaubhaft macht, dass die Erfüllung des Anspruchs aufgrund der Zulegung oder Zusammenlegung gefährdet ist.

§ 87 Auflösung der Stiftung durch die Stiftungsorgane
(1) Der Vorstand soll die Stiftung auflösen, wenn die Stiftung ihren Zweck endgültig nicht mehr dauernd und nachhaltig erfüllen kann. Die Voraussetzungen des Satzes 1 liegen nicht endgültig vor, wenn die Stiftung durch eine Satzungsänderung so umgestaltet werden kann, dass sie ihren Zweck wieder dauernd und nachhaltig erfüllen kann. In der Satzung kann geregelt werden, dass ein anderes Organ über die Auflösung entscheidet.
(2) Eine Verbrauchsstiftung ist aufzulösen, wenn die Zeit, für die sie errichtet wurde, abgelaufen ist.
(3) Die Auflösung einer Stiftung bedarf der Genehmigung der nach Landesrecht zuständigen Behörde.

§ 87a Aufhebung der Stiftung
(1) Die nach Landesrecht zuständige Behörde soll eine Stiftung aufheben, wenn die Voraussetzungen des § 87 Absatz 1 Satz 1 vorliegen und ein Tätigwerden der Behörde erforderlich ist, weil das zuständige Organ über die Auflösung nicht rechtzeitig entscheidet.
(2) Die nach Landesrecht zuständige Behörde hat die Stiftung aufzuheben, wenn
1. die Voraussetzungen des § 87 Absatz 2 vorliegen und ein Tätigwerden der

Behörde erforderlich ist, weil das zuständige Organ über die Auflösung nicht unverzüglich entscheidet;
2. die Stiftung das Gemeinwohl gefährdet und die Gefährdung des Gemeinwohls nicht auf andere Weise beseitigt werden kann oder
3. der Verwaltungssitz der Stiftung im Ausland begründet wurde und die Behörde die Verlegung des Verwaltungssitzes ins Inland nicht innerhalb angemessener Zeit erreichen kann.

§ 87b Auflösung der Stiftung bei Insolvenz
Die Stiftung wird durch die Eröffnung des Insolvenzverfahrens und mit der Rechtskraft des Beschlusses, durch den die Eröffnung des Insolvenzverfahrens mangels Masse abgewiesen worden ist, aufgelöst.

§ 87c Vermögensanfall und Liquidation
(1) Mit der Auflösung oder Aufhebung der Stiftung fällt das Stiftungsvermögen an die in der Satzung bestimmten Anfallberechtigten. Durch die Satzung kann vorgesehen werden, dass die Anfallberechtigten durch ein Stiftungsorgan bestimmt werden. Fehlt es an der Bestimmung der Anfallberechtigten durch oder aufgrund der Satzung, fällt das Stiftungsvermögen an den Fiskus des Landes, in dem die Stiftung ihren Sitz hatte. Durch landesrechtliche Vorschriften kann als Anfallberechtigte anstelle des Fiskus eine andere juristische Person des öffentlichen Rechts bestimmt werden.
(2) Auf den Anfall des Stiftungsvermögens beim Fiskus des Landes oder des Bundes oder bei einer anderen juristischen Person des öffentlichen Rechts nach Absatz 1 Satz 4 ist § 46 entsprechend anzuwenden. Fällt das Stiftungsvermögen bei anderen Anfallberechtigten an, sind die §§ 47 bis 53 entsprechend anzuwenden.

§ 88 Kirchliche Stiftungen
Die Vorschriften der Landesgesetze über die kirchlichen Stiftungen bleiben unberührt, insbesondere die Vorschriften zur Beteiligung, Zuständigkeit und Anfallsberechtigung der Kirchen. Dasselbe gilt entsprechend für Stiftungen, die nach den Landesgesetzen kirchlichen Stiftungen gleichgestellt sind.

Gedankenanstoß
Gleichen Sie die aktuelle Fassung von Stiftungssatzung und gegebenenfalls Geschäftsordnung mit dem Bundesstiftungsrecht ab. Sind alle Rechtsnormen eingehalten?

2.5.2 Die Stiftungsrechtsreform (2022/2023)

»Die Vereinheitlichung des Stiftungsrechts«

In der Sitzung vom 24. Juni 2021 hat der Bundestag die Reform des Stiftungsrechts beschlossen, welche zum 1. Juli 2023 in Kraft tritt.

Infobox: Wesentliche Neuerungen

- Ein bundeseinheitliches Stiftungsrecht im BGB regelt – einheitlich und rechtssicher – weitere Teile des zuvor zersplitterten Landesstiftungsrechts.
- Einführung einer Business Judgement Rule mit einer klaren Verantwortungsdefinition: Entscheidungen sind auf Grundlage angemessener Informationen zum Wohle der Stiftung zu treffen.
- Möglichkeit der Umwandlung einer Ewigkeitsstiftung in eine Verbrauchsstiftung sowie der Zusammenlegung beispielsweise bei notleidenden Stiftungen.
- Umschichtungsgewinne dürfen für die Zweckverwirklichung eingesetzt werden, soweit der Stifterwille dem nicht entgegensteht.
- Einführung eines Stiftungsregisters mit Publizitätswirkung (ab 1. Januar 2026).

Gedankenanstoß

Kennen Sie Ihr Bundesstiftungsrecht und das spezifische Landesstiftungsrecht? Insbesondere die Business Judgment Rule gibt in der täglichen Stiftungspraxis Hilfestellungen: Begründen und dokumentieren Sie Ihre Entscheidungen!

2.5.3 Das Landesstiftungsrecht

»Stiftungsrecht ist Ländersache«

Warum gibt es eigentlich ein Bundes- und ein Landesstiftungsrecht? Im Bereich des Stiftungsrechts liegt eine sogenannte konkurrierende Gesetzgebungskompetenz des Bundes vor, das heißt, solange der Bund seine Gesetzgebungskompetenz für das Stiftungsrecht nicht ausführt, ist es den Ländern gestattet, eigene (ergänzende) Regelungen zu Stiftungen zu treffen.

Praxistipp: Unterschiede in den Landesstiftungsgesetzen[6]

- Die meisten Landesstiftungsgesetze enthalten recht ähnliche Regelungen zur Vermögensverwaltung, einige sehen Anzeige- oder Genehmigungspflichten für risikobehaftete Rechtsgeschäfte vor (Art. 19 BayStiftG, § 13 BaWürtt-StiftG, § 9 SchlHolStiftG).
- Die Stiftungsaufsicht ist in allen Ländern meist ähnlich ausgestaltet: die Behörden verfügen über Unterrichtungs- und Prüfungsrechte, können Maßnahmen beanstanden oder anordnen, Organmitglieder bestellen oder abberufen.
- Bei der Rechnungslegung variiert der Zeitraum, innerhalb dessen die Jahresrechnung vorzulegen ist.
- Form und Länge der Stiftungsgesetze sind nach wie vor höchst unterschiedlich: die Bandbreite reicht von nur 8 Paragrafen in Hamburg bis zu 46 in Baden-Württemberg.

Gedankenanstoß

Welches Landesstiftungsrecht ist für Sie zuständig? Beinhaltet Ihr Satzungsentwurf alle Notwendigkeiten? Sofern Sie eine rechtsfähige Stiftung errichten, berät die Stiftungsaufsicht Sie gerne.

2.5.4 Das Spendenrecht (EStG)

»Wer spendet, erhält steuerrechtliche Vorteile – nur wann und welche?«

Bis zu einer Höhe von 20 Prozent der Jahreseinkünfte sind Spenden steuerlich abzugsfähig. Spenden, die diese Höchstbeträge übersteigen, können zeitlich unbegrenzt über die Folgejahre im Rahmen der oben genannten Höchstbeträge abgesetzt werden.

Für Unternehmen gelten gesonderte Höchstbeträge (siehe Checkliste).

Wichtig: Der Spender hat nicht die gleichen steuerlichen Vergünstigungen wie der Stifter einer auf Dauer errichteten Stiftung. Bei einer Spende kann der Spender nur den allgemeinen Spendenabzug (§ 10b Abs. 1 EStG) von bis zu 20 Prozent der jährlichen Einkünfte geltend machen. Der Stifter einer Ewigkeitsstiftung kann den erhöhten Spendenabzug (§ 10b Abs. 1a EStG) von pauschal bis zu 1 Million Euro für sich beanspruchen.

Was heißt das für den Spender einer Verbrauchsstiftung? Eine Verbrauchsstiftung zeichnet sich dadurch aus, dass das Stiftungsvermögen über einen festgelegten Zeitraum für den Stiftungszweck verausgabt werden kann. Es handelt sich bei einer Verbrauchsstiftung somit nicht um eine Ewigkeitsstiftung. Auch steuerrechtlich kann ein Spender einer Verbrauchsstiftung nur den allgemeinen Spendenabzug (20 Prozent, § 10b Abs. 1 EStG) gelten machen.

Checkliste: Die praxisrelevanten Passagen für Spenden aus dem Einkommensteuergesetz (§ 10b EStG)

❒ **Spenden und Mitgliedsbeiträge:**
Zuwendungen (Spenden und Mitgliedsbeiträge) zur Förderung steuerbegünstigter Zwecke im Sinne der §§ 52 bis 54 der Abgabenordnung können insgesamt bis zu

1. 20 Prozent des Gesamtbetrags der Einkünfte oder
2. 4 Promille der Summe der gesamten Umsätze und der im Kalenderjahr aufgewendeten Löhne und Gehälter als Sonderausgaben abgezogen werden.

- **Voraussetzung:**
  Voraussetzung für den Abzug ist, dass diese Zuwendungen
  1. an eine juristische Person des öffentlichen Rechts oder an eine öffentliche Dienststelle, die in einem Mitgliedstaat der Europäischen Union oder in einem Staat belegen ist, auf den das Abkommen über den Europäischen Wirtschaftsraum (EWR-Abkommen) Anwendung findet, oder
  2. an eine nach § 5 Absatz 1 Nummer 9 des Körperschaftsteuergesetzes steuerbefreite Körperschaft, Personenvereinigung oder Vermögensmasse oder
  3. an eine Körperschaft, Personenvereinigung oder Vermögensmasse, die in einem Mitgliedstaat der Europäischen Union oder in einem Staat belegen ist, auf den das Abkommen über den Europäischen Wirtschaftsraum (EWR-Abkommen) Anwendung findet, und die nach § 5 Absatz 1 Nummer 9 des Körperschaftsteuergesetzes in Verbindung mit § 5 Absatz 2 Nummer 2 zweiter Halbsatz des Körperschaftsteuergesetzes steuerbefreit wäre, wenn sie inländische Einkünfte erzielen würde, geleistet werden.

- **Zustiftungen:**
  Spenden zur Förderung steuerbegünstigter Zwecke im Sinne der §§ 52 bis 54 der Abgabenordnung in das zu erhaltende Vermögen (Vermögensstock) einer Stiftung, welche die Voraussetzungen des Absatzes 1 Satz 2 bis 6 erfüllt, können auf Antrag des Steuerpflichtigen im Veranlagungszeitraum der Zuwendung und in den folgenden neun Veranlagungszeiträumen bis zu einem Gesamtbetrag von 1 Million Euro, bei Ehegatten, die nach den §§ 26, 26b zusammen veranlagt werden, bis zu einem Gesamtbetrag von 2 Millionen Euro, zusätzlich zu den Höchstbeträgen nach Absatz 1 Satz 1 abgezogen werden. Nicht abzugsfähig nach Satz 1 sind Spenden in das verbrauchbare Vermögen einer Stiftung. Der besondere Abzugsbetrag nach Satz 1 bezieht sich auf den gesamten Zehnjahreszeitraum und kann der Höhe nach innerhalb dieses Zeitraums nur einmal in Anspruch genommen werden. § 10d Absatz 4 gilt entsprechend.

- **Haftung:**
  Der Steuerpflichtige darf auf die Richtigkeit der Bestätigung über Spenden und Mitgliedsbeiträge vertrauen, es sei denn, dass er die Bestätigung durch unlautere Mittel oder falsche Angaben erwirkt hat oder dass ihm die Unrichtigkeit der Bestätigung bekannt oder infolge grober Fahrlässigkeit nicht bekannt war. Wer vorsätzlich oder grob fahrlässig eine unrichtige Bestätigung ausstellt oder veranlasst, dass Zuwendungen nicht zu den in der Bestätigung angegebenen steuerbegünstigten Zwecken verwendet werden, haftet für die entgangene Steuer. Diese ist mit 30 Prozent des zugewendeten Betrags anzusetzen. In den

Fällen des Satzes 2 zweite Alternative (Veranlasserhaftung) ist vorrangig der Zuwendungsempfänger in Anspruch zu nehmen; die in diesen Fällen für den Zuwendungsempfänger handelnden natürlichen Personen sind nur in Anspruch zu nehmen, wenn die entgangene Steuer nicht nach § 47 der Abgabenordnung erloschen ist und Vollstreckungsmaßnahmen gegen den Zuwendungsempfänger nicht erfolgreich sind. Die Festsetzungsfrist für Haftungsansprüche nach Satz 2 läuft nicht ab, solange die Festsetzungsfrist für von dem Empfänger der Zuwendung geschuldete Körperschaftsteuer für den Veranlagungszeitraum nicht abgelaufen ist, in dem die unrichtige Bestätigung ausgestellt worden ist oder veranlasst wurde, dass die Zuwendung nicht zu den in der Bestätigung angegebenen steuerbegünstigten Zwecken verwendet worden ist; § 191 Absatz 5 der Abgabenordnung ist nicht anzuwenden.

Gedankenanstoß

Sind Ihnen diese Regularien geläufig und verständlich? Gibt es Passagen, die Ihren Vorstellungen widersprechen?

2.5.5 Das Erbschaftsrecht (ErbStG)

Hätten Sie das gewusst? »Besthaupt« bezeichnete das mittelalterliche Recht eines Grundherrn, bei Tod eines Grundholden aus dessen Nachlass eine Steuer in Form des besten Stücks Vieh oder des schönsten Gewandes zu erhalten.

Der Erbschaftsteuer (Schenkungsteuer) unterliegen nach § 1 Abs. 1 Erbschaft- und Schenkungsteuergesetz (ErbStG)

(1) der Erwerb von Todes wegen;

(2) die Schenkungen unter Lebenden;

(3) die Zweckzuwendungen;

(4) das Vermögen einer Stiftung, sofern sie wesentlich im Interesse einer Familie oder bestimmter Familien errichtet ist, und eines Vereins, dessen Zweck wesentlich im Interesse einer Familie oder bestimmter Familien auf die Bindung von Vermögen gerichtet ist, in Zeitabständen von je 30 Jahren seit dem in § 9 Abs. 1 Nr. 4 bestimmten Zeitpunkt.

Checkliste: Von der Erbschaftsteuer befreite Zuwendungen (§ 13 Nr. 16 ErbStG)

- ❐ **Religionsgemeinschaften:** Inländische Religionsgesellschaften des öffentlichen Rechts oder inländische jüdische Kultusgemeinden.

- ❐ **Gemeinnützige Einrichtungen:** Inländische Körperschaften, Personenvereinigungen und Vermögensmassen, die nach der Satzung, dem Stiftungsgeschäft oder der sonstigen Verfassung und nach ihrer tatsächlichen Geschäftsführung ausschließlich und unmittelbar kirchlichen, gemeinnützigen oder mildtätigen Zwecken im Sinne der §§ 52 bis 54 der Abgabenordnung dienen. Die Befreiung fällt mit Wirkung für die Vergangenheit weg, wenn die Voraussetzungen für die Anerkennung der Körperschaft, Personenvereinigung oder Vermögensmasse als kirchliche, gemeinnützige oder mildtätige Institution innerhalb von zehn Jahren nach der Zuwendung entfallen und das Vermögen nicht begünstigten Zwecken zugeführt wird.

- ❐ **Ausländische Religionsgemeinschaften:** Ausländische Religionsgesellschaften, Körperschaften, Personenvereinigungen und Vermögensmassen der in den Buchstaben a und b bezeichneten Art, die nach § 5 Absatz 1 Nummer 9 des Körperschaftsteuergesetzes in Verbindung mit § 5 Absatz 2 Nummer 2 zweiter Halbsatz des Körperschaftsteuergesetzes steuerbefreit wären, wenn sie inländische Einkünfte erzielen würden, und wenn durch die Staaten, in denen die Zuwendungsempfänger belegen sind, Amtshilfe und Unterstützung bei der Beitreibung geleistet werden. Amtshilfe ist der Auskunftsaustausch im Sinne oder entsprechend der Amtshilferichtlinie gemäß § 2 Absatz 11 des EU-Amtshilfegesetzes in der für den jeweiligen Stichtag der Steuerentstehung geltenden Fassung oder eines entsprechenden Nachfolgerechtsaktes. Beitreibung ist die gegenseitige Unterstützung bei der Beitreibung von Forderungen im Sinne oder entsprechend der Beitreibungsrichtlinie einschließlich der in diesem Zusammenhang anzuwendenden Durchführungsbestimmungen in den für den jeweiligen Stichtag der Steuerentstehung geltenden Fassungen oder eines entsprechenden Nachfolgerechtsaktes. Werden die steuerbegünstigten Zwecke des Zuwendungsempfängers im Sinne des Satzes 1 nur im Ausland verwirklicht, ist für die Steuerbefreiung Voraussetzung, dass natürliche Personen, die ihren Wohnsitz oder ihren gewöhnlichen Aufenthalt im Geltungsbereich dieses Gesetzes haben, gefördert werden oder dass die Tätigkeit dieses Zuwendungsempfängers neben der Verwirklichung der steuerbegünstigten Zwecke auch zum Ansehen der Bundesrepublik Deutschland beitragen kann. Buchstabe b Satz 2 gilt entsprechend.

Praxistipp: § 29 ErbStG – Erlöschen der Steuer in besonderen Fällen

(1) Die Steuer erlischt mit Wirkung für die Vergangenheit,

1. ...
2. soweit Vermögensgegenstände, die von Todes wegen (§ 3) oder durch Schenkung unter Lebenden (§ 7) erworben worden sind, innerhalb von 24 Monaten nach dem Zeitpunkt der Entstehung der Steuer (§ 9) dem Bund, einem Land, einer inländischen Gemeinde (Gemeindeverband) oder einer inländischen Stiftung zugewendet werden, die nach der Satzung, dem Stiftungsgeschäft oder der sonstigen Verfassung und nach ihrer tatsächlichen Geschäftsführung ausschließlich und unmittelbar als gemeinnützig anzuerkennenden steuerbegünstigten Zwecken im Sinne der §§ 52 bis 54 der Abgabenordnung mit Ausnahme der Zwecke, die nach § 52 Abs. 2 Nr. 23 der Abgabenordnung gemeinnützig sind, dient. Dies gilt nicht, wenn die Stiftung Leistungen im Sinne des § 58 Nummer 6 der Abgabenordnung an den Erwerber oder seine nächsten Angehörigen zu erbringen hat oder soweit für die Zuwendung die Vergünstigung nach § 10b des Einkommensteuergesetzes, § 9 Abs. 1 Nr. 2 des Körperschaftsteuergesetzes oder § 9 Nr. 5 des Gewerbesteuergesetzes in Anspruch genommen wird. Für das Jahr der Zuwendung ist bei der Einkommensteuer oder Körperschaftsteuer und bei der Gewerbesteuer unwiderruflich zu erklären, in welcher Höhe die Zuwendung als Spende zu berücksichtigen ist. Die Erklärung ist für die Festsetzung der Erbschaftsteuer oder Schenkungsteuer bindend.

Es könnten auch binnen 24 Monaten Vermögensgegenstände von Todes wegen an eine gemeinnützige Einrichtung gegeben werden, wodurch eine Erbschaftsteuer erlischt.

Gedankenanstoß

Behalten Sie die Regeln zum Erbschaft(steuer)recht im Auge, wenn Ihre Stiftung (auch) Erbschaften annehmen möchte.

2.5.6 Sonstige Regulatorik

»Was gibt es noch zu beachten?«

Checkliste: Sonstige regulatorische Vorgaben für gemeinnützige Stiftungen
❒ **Legal Entity Identifier** ist seit 2012 eine global eindeutige Kennung für Rechtsträger im Finanzmarkt (z. B. rechtsfähige Stiftungen). Vergeben wird die LEI-Nummer nach Registrierung durch sogenannte Local Operating Units (LOU) wie beispielsweise den Bundesanzeiger-Verlag.
❒ **Transparenzregister** ist ein der Geldwäscheprävention dienendes Register, in das seit dem Jahre 2017 die wirtschaftlich Berechtigten von juristischen Personen des Privatrechts und eingetragenen Personengesellschaften (z. B. Stiftungen) einzutragen sind.
❒ **Vereinsregister** ist ein am zuständigen Amtsgericht geführtes Register über alle »eingetragenen Vereine« (e. V.).
❒ **Stiftungsregister** mit Publizitätswirkung: Einführung ab dem 1. Juni 2026 im Rahmen der Stiftungsrechtsreform 2021. Es wird die »eingetragene Stiftung« als geschützte Rechtsform etablieren und damit den Rechtsverkehr – insbesondere durch den einfacheren Nachweis der Vertretungsmacht – erleichtern.

Gedankenanstoß

Berücksichtigen Sie die sonstige Regulatorik? Haben Sie eine LEI-Nummer, einen Eintrag ins Transparenzregister sowie im Stiftungs- und Vereinsregister bedacht?

2.5.7 DSGVO

»Der Schutz natürlicher Personen bei der Verarbeitung personenbezogener Daten ist ein Grundrecht« (Erwägungsgrund Nr. 1 der Verordnung (EU) 2016/679)

Die Datenschutzgrundverordnung (DSGVO) ist und war eine der zentralen Regulatorikanforderungen an Stiftungen. Die Datenmenge bei Stiftungen ist nicht unerheblich:

- Daten zu Förderern und Freunden (beispielsweise für einen Newsletter)
- Daten von Stiftern (beispielsweise für eine Spendenquittung)
- Daten von Geförderten (beispielsweise im Rahmen der Projektförderung)
- allgemeine Kontaktdaten (beispielsweise für Vernetzung)

Zentrale Anforderung der Datenschutzgrundverordnung ist die Transparenz und Dokumentation der Datenverarbeitung: Welche Daten werden wann, wo, wie und wie lange gespeichert? Zur Transparenz nach innen ist ein Verzeichnis von Verarbeitungstätigkeiten zu führen, nach außen eine Datenschutzinformation.

Checkliste: Mögliche Inhalte einer allgemeinen Datenschutzinformation
❒ **I Kontaktinformationen** ❒ I.1 Angaben zum Verantwortlichen für den Datenschutz ❒ I.2 Angaben zum behördlichen Datenschutzbeauftragten ❒ **II Allgemeine Informationen zur Datenverarbeitung auf den Internetseiten** ❒ II.1 Anwendungsbereich der Datenschutzerklärung ❒ II.2 Zwecke und Rechtsgrundlagen für die Verarbeitung personenbezogener Daten ❒ II.3 Datenlöschung und Speicherdauer ❒ II.4 Datensicherheit ❒ II.5 Datenübermittlungen ❒ II.6 Minderjährigenschutz ❒ II.7 Auswertung

- ❒ **III Protokollierung und Erstellung von Logfiles**
- ❒ a) Zweck und Umfang der Datenverarbeitung
- ❒ b) Rechtsgrundlage für die Datenverarbeitung
- ❒ c) Dauer der Datenverarbeitung
- ❒ d) Widerspruchs- und Beseitigungsmöglichkeit

- ❒ **IV Verwendung von aktiven Komponenten und Cookies**
- ❒ a) Zweck und Umfang der Datenverarbeitung
- ❒ b) Rechtsgrundlage für die Datenverarbeitung
- ❒ c) Dauer der Datenverarbeitung
- ❒ d) Widerspruchs- und Beseitigungsmöglichkeiten

- ❒ **V Verwendung weiterer Webseiten-Analysetools**
- ❒ a) Zweck und Umfang der Datenverarbeitung
- ❒ b) Rechtsgrundlage für die Datenverarbeitung
- ❒ c) Dauer der Datenverarbeitung
- ❒ d) Widerspruchs- und Beseitigungsmöglichkeit

- ❒ **VI Nutzung bereitgestellter Kommunikationsmittel**
- ❒ VI.1 Nutzung eines Kontaktformulars
- ❒ VI.2 Nutzung einer E-Mail-Adresse

- ❒ **VII Newsletterversand**
- ❒ a) Umfang und Zweck der Datenverarbeitung
- ❒ b) Rechtsgrundlage der Datenverarbeitung
- ❒ c) Dauer der Datenverarbeitung
- ❒ d) Widerspruchs- und Beseitigungsmöglichkeit

- ❒ **VIII Einsatz von Rich Site Summary (RSS)**

- ❒ **IX Ihre datenschutzrechtlichen Rechte**
- ❒ IX.1 Auskunftsrecht
- ❒ IX.2 Recht auf Berichtigung
- ❒ IX.3 Recht auf Einschränkung der Verarbeitung
- ❒ IX.4 Recht auf Löschung
- ❒ IX.5 Recht auf Unterrichtung
- ❒ IX.6 Recht auf Datenübertragbarkeit
- ❒ IX.7 Widerspruchsrecht
- ❒ IX.8 Recht auf Widerruf der datenschutzrechtlichen Einwilligungserklärung
- ❒ IX.9 Geltendmachung der Rechte

Gedankenanstoß

Haben Sie einen Internetauftritt? Sind Ihr Impressum und Ihre Datenschutzerklärung zeitgemäß?

____

____

____

2.5.8 Haftung und Compliance: Haftungsfälle

»Gut überlegte Entscheidungen schützen vor Haftung!«

Wann entsteht ein Haftungsfall?

Praxistipp: Business Judgement Rule

Art. 93 Aktiengesetz (AktG)
Sorgfaltspflicht und Verantwortlichkeit der Vorstandsmitglieder

Die Vorstandsmitglieder haben bei ihrer Geschäftsführung die Sorgfalt eines ordentlichen und gewissenhaften Geschäftsleiters anzuwenden. Eine Pflichtverletzung liegt nicht vor, wenn das Vorstandsmitglied bei einer unternehmerischen Entscheidung vernünftigerweise annehmen durfte, auf der Grundlage angemessener Information zum Wohle der Gesellschaft zu handeln.

Haftungspotenziale bei einer Stiftung

- fehlerhafte Zweckverwirklichung
- fehlerhafte Vermögensanlage
- unzureichende Überwachung der Engagierten (Stiftungsdestinatäre, Vorstand, Stiftungsrat et cetera) einer Stiftung
- fehlerhafte Anwendung des Gemeinnützigkeitsrechts
- fehlerhafte Mittelverwendung

Praxistipp: Haftungsfälle in der Praxis

Eine Delegation von Steuerpflichten ist nicht möglich (Finanzgericht des Saarlandes, Urteil aus Dezember 2016)

- Ein wirksam bestellter Vereinsvorsitzender darf die Führung der Vereinsgeschäfte nicht aufgrund einer umfassenden Vollmacht einem faktischen Vorsitzenden überlassen. Wer nicht in der Lage ist, sich innerhalb des Vereins durchzusetzen und seiner Rechtsstellung gemäß zu handeln, muss als Vereinsvorsitzender zurücktreten und darf im Rechtsverkehr nicht den Eindruck erwecken, er sorge für die ordnungsgemäße Abwicklung der Geschäfte.
- Der vertretungsberechtigte Vorstand kann sich seiner steuerlichen Pflichten nicht dadurch entledigen, dass er andere Personen damit bevollmächtigt.
- Folge: Ein wirksames internes Kontrollsystem (IKS) mit Compliance zur laufenden Überwachung der operativen Tätigkeiten einer gemeinnützigen Einrichtung und eine Dokumentation der Prozesse sind notwendig. Die Delegation von Aufgaben allein reicht nicht aus!

Ressort- und Aufgabenverteilung mangelhaft (Bundesgerichtshof, Urteil aus November 2018)

- Geschäftsverteilung auf Ebene der Geschäftsführung muss von allen Mitgliedern des Organs mitgetragen werden und eindeutig sein
- Sorgfalt eines ordentlichen Kaufmanns
- Folge: Wirksame Ressortaufteilung mit weiterhin bestehenden Kontroll- und Überwachungspflichten aller Vorstandsmitglieder

Sorgfaltspflicht bei der Vermögensverwaltung (Landgericht Bremen, Urteil aus Juli 2019)

- kein grundsätzlicher Haftungstatbestand bei riskanten Anlagegeschäften
- objektive Anlageentscheidung: Ein Anlagekonzept liegt vor, und die Anlage passt zu den Stiftungszielen
- Folge: weiter Ermessensspielraum, durchdachtes und dokumentiertes Anlagekonzept entlang der Ziele einer Stiftung

Wichtig: Besonderheit bei unentgeltlich tätigen Vorstandsmitgliedern

§ 31a Abs. 1 BGB: Haftung von Organmitgliedern und besonderen Vertretern

Sind Organmitglieder oder besondere Vertreter unentgeltlich tätig oder erhalten sie für ihre Tätigkeit eine Vergütung, die 840 Euro jährlich nicht übersteigt, haften sie dem Verein für einen bei der Wahrnehmung ihrer Pflichten verursachten Schaden nur bei Vorliegen von Vorsatz oder grober Fahrlässigkeit. Dies gilt auch für die Haftung gegenüber den Mitgliedern des Vereins. Ist streitig, ob ein Organmitglied oder ein besonderer Vertreter einen Schaden vorsätzlich oder grob fahrlässig verursacht hat, trägt der Verein oder das Vereinsmitglied die Beweislast.

Gedankenanstoß

Treffen Sie Entscheidungen, und dokumentieren Sie Ihre Entscheidungen. Welche Informationen haben Sie zur Grundlage Ihrer Entscheidung gemacht? Welche Annahmen haben Sie getroffen? Warum ist die getroffene Entscheidung vorteilhaft für die Stiftung?

2.5.9 Haftung und Compliance: Risiko- und Compliance-Management

»Fehler passieren!«

So einfach der Satz ist, so wahr ist er auch. Es gibt keine Organisationsform, in der kein Fehler vorkommt. Jeder Mensch ist fehlbar.

Ein Engagierter sieht den guten Zweck und begibt sich auf neue Wege der Zweckverwirklichung. Retrospektiv sieht ein Kontrollorgan das anders – schon ist ein Haftungsfall eröffnet.

Damit keine tatsächliche Haftung entsteht, ist es wichtig, dass der Fehler in einer »enthaftenden Struktur« entstanden ist, das heißt ein System entwickelt wurde, in dem Fehlerquellen identifiziert und bewertet sowie etwaige Notmaßnahmen beschrieben werden.

Checkliste: Risikomanagementsystem

- ❒ 1. Risikoidentifikation
  Zielsetzung ist es, alle Risiken zu identifizieren und eine Kultur des risikobewussten Handels zu schaffen.
- ❒ 2. Risikobewertung
  Alle identifizierten Risiken können nun nach ihrer Eintrittswahrscheinlichkeit und ihrer etwaigen Schadenshöhe (monetär oder nichtmonetär) bewertet werden.
- ❒ 3. Risikosteuerung
  Die als hoch erachteten Risiken können gesteuert werden, etwa durch Richt- und Leitlinien, Vier-Augen-Prinzip, sofortige Nachkontrolle, Versicherung, Notmaßnahmen et cetera.
- ❒ 4. Risikokontrolle
  Es bleibt immer ein Restrisiko. Auch wenn nach erstem Durchlaufen der oben genannten Prozessschritte schon ein hoher Wirkungsgrad erreicht werden kann, sollte der Prozess immer von Neuem betrachtet und als lernender Prozess verstanden werden.

Gedankenanstoß

Sind Sie sich aller bekannten Risiken (auch hier ist man nicht unfehlbar) bewusst? Haben Sie etwaige Notmaßnahmen bestimmt?

Auch das Risikomanagement ist nicht unfehlbar: Betrachten Sie das Risikomanagementsystem als lernende Einheit, und befassen Sie sich immer wieder mit Ihren Risiken.

3 STIFTUNGSVERMÖGEN (FINANZEN)

3.1 STIFTUNGSVERMÖGEN

3.1.1 Das Vermögen einer Stiftung – ein Glossar

»False Friends«: Das Vermögen der Stiftung ist
a) ungeschmälert zu erhalten (Kapitalerhaltungsgebot),
b) zeitnah für den Stiftungszweck zu verwenden (zeitnahe Mittelverwendung),
c) gleich dem Grundstockvermögen im Sinne des Landesstiftungsgesetzes.

Ist das Stiftungsvermögen wirklich ungeschmälert zu erhalten? Muss das Stiftungsvermögen binnen 24 Monaten zeitnah für den Stiftungszweck verwendet werden? Ist das Stiftungsvermögen gleich dem Grundstockvermögen?

Nein, hier werden vorhandene Begriffe (Vermögen der Stiftung, Grundstockvermögen) und Gebote (Kapitalerhalt, zeitnahe Mittelverwendung) aus dem Stiftungswesen miteinander verknüpft, die in dieser Form nicht zusammenpassen.

Hintergrund für die unterschiedlichen Begriffskonstellationen im Stiftungswesen ist die Vielzahl von Rechtsnormen mit jeweils unterschiedlichen Zielsetzungen und eigenen Begrifflichkeiten. Die klassische rechtsfähige Stiftung wird über das Bürgerliche Recht (BGB) begründet und über das jeweilige Landesstiftungsrecht durch die Stiftungsaufsicht verantwortungsvoll beraten, gefördert und unterstützt. Ein gemeinnütziges Wirken der Stiftung eröffnet das Gemeinnützigkeitsrecht (AO). Mit Prüfung einer Stiftung durch eine Wirtschaftsprüfungsgesellschaft werden kaufmännische Begriffe aus dem Handelsrecht angewendet.

Das Bürgerliche Gesetzbuch definiert das Stiftungsvermögen in § 83 BGB:

»Bei einer Stiftung, die auf unbestimmte Zeit errichtet wurde, besteht das Stiftungsvermögen aus dem Grundstockvermögen und ihrem sonstigen Vermögen.«

Gebote für die tägliche Stiftungsarbeit im Sinne eines Kapitalerhalts oder einer zeitnahen Mittelverwendung bestimmt das BGB nicht.

Das (Landes-)Stiftungsrecht (hier beispielsweise Bayern) verwendet ebenfalls zwei Begrifflichkeiten zur Differenzierung der Vermögensbestandteile einer Stiftung:

- Vermögen der Stiftung
- Grundstockvermögen

Das Vermögen der Stiftung nach Art. 6 Abs. 1 Satz 1 BayStG beschreibt alle Vermögensbestandteile einer Stiftung in seiner Gesamtheit.

Das Grundstockvermögen nach Art. 6 Abs. 2 BayStG ist legal definiert als »das Vermögen, das der Stiftung zugewendet wurde, um aus seiner Nutzung den Stiftungszweck dauernd und nachhaltig zu erfüllen«. Das Grundstockvermögen ist somit ein Teil des gesamten Stiftungsvermögens.

Zwischen dem Grundstockvermögen und dem Stiftungsvermögen liegt der aus der Praxis des Stiftungsrechts heraus entwickelte Begriff des sonstigen Stiftungsvermögens.

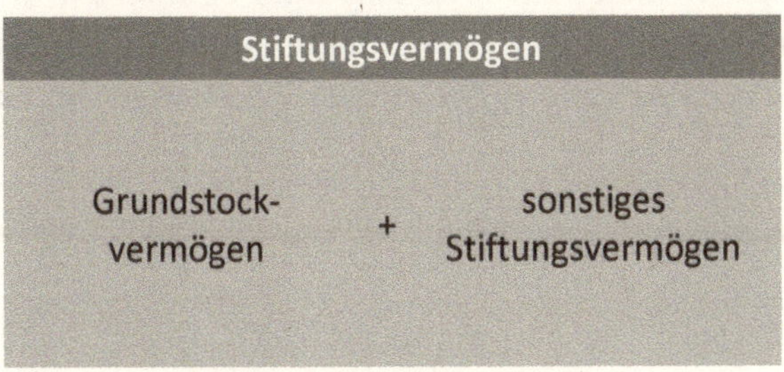

Abbildung 14: Stiftungsvermögen

Das Landesstiftungsrecht definiert lediglich das Kapitalerhaltungsgebot, wenn es heißt, dass das Grundstockvermögen ungeschmälert zu erhalten ist (§ 6 Abs. 2 BayStG). Unter das Kapitalerhaltungsgebot fällt somit nur das Grundstockvermögen, das heißt das für die Erfüllung des Stiftungszwecks (ursprünglich) zugewendete Vermögen im Zeitpunkt der Stiftungserrichtung beziehungsweise Zustiftung. Das Grundstockvermögen ist nicht gleichzusetzen mit dem Vermögen der Stiftung als Ganzes, welches zwar sicher und wirtschaftlich zu verwalten (Art. 6 Abs. 1 Satz 1 BayStG), aber nicht wie das Grundstockvermögen ungeschmälert zu erhalten ist (Art. 6 Abs. 2 BayStG).

Welche Vermögenspositionen liegen jedoch nun zwischen dem Vermögen der Stiftung als Ganzes und dem Grundstockvermögen? Oder: Was ist das sonstige Stiftungsvermögen – das nicht ungeschmälert zu erhalten ist?

Hier kann das Handelsrecht einen wertvollen Beitrag im Stiftungswesen leisten. Es versucht über die Grundsätze ordnungsmäßiger Buchführung einen klaren und übersichtlichen Vermögensausweis herzustellen. Hierbei werden die Begriffe des Stiftungsrechts »Vermögen der Stiftung«, »Grundstockvermögen« und »sonstiges Stiftungsvermögen« weiter unterteilt, um entsprechend der Grundsätze ordnungsgemäßer Buchführung einem sachverständigen Dritten innerhalb angemessener Zeit einen Überblick über die Geschäftsvorfälle und über die Lage der Stiftung zu vermitteln – kurz: ein entsprechendes Bild über die Vermögens-, Finanz- und Ertragslage.

Das Grundstockvermögen im Sinne des zugewendeten Vermögens bei Stiftungserrichtung zur Erfüllung eines bestimmten Zwecks wird als Stiftungskapital im Handelsrecht untergliedert in das Errichtungskapital und etwaige nachträglich erfolgte Zustiftungen im Zustiftungskapital.

Stiftungsrecht	Gebote	Handelsrecht
Grundstockvermögen	Kapitalerhalt	A Eigenkapital I. Stiftungskapital a. Errichtungskapital b. Zustiftungskapital
sonstiges Stiftungsvermögen		I. Rücklagen a. Kapitalrücklagen b. Ergebnisrücklagen I. Umschichtungsergebnis I. Ergebnisvortrag A. Fremdkapital, Rechnungsabgrenzung
Σ-Vermögen der Stiftung	Sichere und wirtschaftliche Verwaltung	Σ-Vermögen der Stiftung (Bilanzsumme)

Tabelle 4: Gegenüberstellung einer stiftungsrechtlichen und handelsrechtlichen Bilanz (Passivseite)

Das sonstige Stiftungsvermögen wird in die Bereiche

- Rücklagen, das heißt aus dem Kapital oder aus dem laufenden Ertrag gebildete Vermögenspositionen,
- Umschichtungsergebnis und
- Ergebnisvortrag

aufgegliedert.

In Summe bilden beide Darstellungsweisen das Vermögen der Stiftung im Gesamten ab.

Auf welche Vermögenspositionen bezieht sich nun die zeitnahe Mittelverwendung?

Mit dem entsprechenden Bild der Vermögens-, Finanz- und Ertragslage ist eine tatsächliche Geschäftsführung notwendig, die über das Gemeinnützigkeitsrecht (insbesondere §§ 51ff. AO) konkretisiert wird.

Das Gemeinnützigkeitsrecht sieht zunächst die Stiftung mit ihren gesamten Vermögenswerten und statuiert die allgemeinen Grundsätze einer steuerbegünstigten Körperschaft. Hierbei verwendet die Abgabenordnung den Begriff der »Mittel« – als Gesamtheit sämtlicher Vermögenswerte (Nr. 2 der AEAO zu § 55 Abs. 1 Nr. 1 AO) – und bindet hieran die Anforderung nach einer selbstlosen Stiftungstätigkeit. Im Vordergrund stehen die satzungsgemäße Verwendung der Mittel (§ 55 Abs. 1 Nr. 1 Satz 1 AO) und die zeitnahe Mittelverwendung (§ 55 Abs. 1 Nr. 5 AO).

Für diese auf die gesamten Vermögenswerte einer Stiftung geltenden Grundsätze werden Ausnahmen für einzelne Vermögensteile definiert. Beispiel:

- § 58 AO für steuerlich unschädliche Betätigungen
- § 62 AO Rücklagen und Vermögensbildung mit Ausnahmen vom Gebot der zeitnahen Mittelverwendung

Stiftungsrecht	Handelsrecht	Steuerrecht	Gebote
Grundstock-vermögen	A Eigenkapital I. Stiftungskapital a. Errichtungskapital b. Zustiftungskapital		**Keine** zeitnahe Mittelverwendung
sonstiges Stiftungsvermögen	I. Rücklagen a. Kapitalrücklagen b. Ergebnisrücklagen I. Umschichtungsergebnis I. Ergebnisvortrag A. Fremdkapital, Rechnungsabgrenzung	1. gebundene Rücklage 2. Rücklage für Wiederbeschaffung 3. freie Rücklage 4. Rücklage zum Erwerb von Gesellschaftsrechten 5. ...	**Keine** zeitnahe Mittelverwendung
Σ-Vermögen der Stiftung	Σ-Vermögen der Stiftung (Bilanzsumme)	Σ-Mittel	u. a. § 55 AO: zeitnahe Mittelverwendun

Tabelle 5: Gegenüberstellung einer stiftungsrechtlichen, handelsrechtlichen und steuerrechtlichen Bilanz (Passivseite)

Das Gebot der zeitnahen Mittelverwendung gilt somit zunächst für das Vermögen der Stiftung im Gesamten. Ausgenommen von diesem Gebot sind die Mittel, welche für den Stiftungszweck eingesetzt werden. Die kann durch den tatsächlichen Mittelabfluss erfolgen oder durch Rücklagen nach § 62 AO. Auch Zuwendungen in das Grundstockvermögen respektive in das Stiftungskapital sind von der zeitnahen Mittelverwendung ausgeschlossen (§ 62 Abs. 3 Nr. 2 AO).

Gedankenanstoß

Gliedern Sie Ihr Stiftungsvermögen auf in die oben genannten Vermögenspositionen (Grundstockvermögen, Rücklagen). Welche Vermögenspositionen differenzieren Sie? Welche Gebote erwachsen hieraus?

3.1.2 Eigenkapitalpositionen

»Das Vermögen, das der Stiftung zugewendet wurde, um aus seiner Nutzung den Stiftungszweck dauernd und nachhaltig zu erfüllen (Grundstockvermögen), ist ungeschmälert zu erhalten.« (Art. 6 Abs. 2 BayStG)

Wie kann das Eigenkapital einer Stiftung aufgegliedert werden? Die folgende Tabelle gibt darüber Aufschluss.

Eigenkapitalposition	Erläuterung
Errichtungskapital	• Vermögen bei Stiftungserrichtung => Kapitalerhaltungsgebot!
Zustiftungskapital	• Vermögen, welches nach Stiftungserrichtung der Stiftung zugewendet wurde (Zustiftung) => Kapitalerhaltungsgebot!
Kapitalrücklage	• nach Stiftungserrichtung zugewendete sonstige Vermögenspositionen, die nicht dem realen Kapitalerhalt unterliegen sollen (Verbrauchsvermögen) => unterliegt nicht dem Kapitalerhaltungsgebot => kann für den Stiftungszweck eingesetzt werden
gebundene Rücklage	• Rücklage zur nachhaltigen Erfüllung des Stiftungszwecks • z. B. Förderverpflichtungen, Rücklagen für Immobiliensanierungen, besondere Zweckbindungen
freie Rücklage	• Rücklage, die frei zur Verfügung steht • max. 33 Prozent der Überschüsse aus der Vermögensverwaltung • max. 10 Prozent der sonstigen zeitnah zu verwendenden Mittel (z. B. Spenden) • Einsatz: Stiftungszweck, Grundstockvermögen (Kapitalerhalt)

Umschichtungs-gewinne	• realisierte Umschichtungsgewinne oder -verluste
	• dynamisches Grundstockvermögen
	• Einsatz je nach Satzungsregelung
	  • zum Ausgleich von Umschichtungsverlusten (Risikokapital)
	  • für den Stiftungszweck

Ergebnisvortrag	• Übertrag des verbleibenden Jahresüberschusses in das nächste Rechnungsjahr • zeitnahe Mittelverwendung

Tabelle 6: Eigenkapitalposition

Gedankenanstoß

Über welche Eigenkapitalpositionen mit welchen Rahmenbedingungen verfügt Ihre Stiftung? Kann Ihre Stiftung Kapital verbrauchen (Rücklagen, Verbrauchsvermögen)? Muss Ihre Stiftung real oder nominal das Kapital erhalten?

3.2 VERMÖGENSMANAGEMENT

3.2.1 Rahmenbedingungen für das Vermögensmanagement

»Das Vermögen der Stiftung ist sicher und wirtschaftlich zu verwalten« (Art. 6 Abs. 1 Satz 1 BayStG)

Die obersten Ziele sind

- der Werterhalt – umstritten bleibt jedoch, ob real (das heißt nach Inflation) oder nominal (das heißt betragsmäßig) – und
- die Ausschüttung für den Stiftungszweck in Form von Zinsen, Dividenden und realisierten Wertsteigerungen.

Zwei Leitgebote rahmen den Grundsatz der sicheren und wirtschaftlichen Vermögensanlage ein.

- Das Vermögensmanagement muss rentierlich sein, also Ausschüttungen bringen: Die ordnungsgemäße Vermögensverwaltung beinhaltet das »grundsätzliche Verbot [...], das Vermögen in nicht oder nur niedrig verzinster Form zu halten«.[7] So besteht eine Tathandlung der Untreue auch darin, die Gelegenheit zur Vermögensmehrung außer Acht zu lassen.[8] Dieser Grundsatz ist Ausfluss des Untreuetatbestands als echtes Unterlassungsdelikt.[9]
- Das Vermögensmanagement muss einer (vernünftigen) Planung folgen: Andererseits ist eine spekulative Anlage untersagt, das heißt, »wenn die Grenzen des überschaubaren Risikos [...verlassen werden] und die Gefahr des Verlustes eines erheblichen Teils des Vermögens nicht mehr auszuschließen ist«.[10]

Zwischen den beiden Ausprägungen der verzinslichen und nicht spekulativen Anlage liegt die ordnungsgemäße, pflichtkonforme Vermögensverwaltung.

Praxistipp: Haftungsfälle in der Praxis

1. Es gilt der Grundsatz, dass Leistung und Gegenleistung sich ausgleichen müssen.[11]
2. Im Fall einer kirchlichen Stiftung wurde festgestellt, dass »ein Schaden nicht darin liegt, dass eine allgemeine, unbestimmte Hoffnung, einen Vermögenswert [im Sinne einer Vermögensmehrung] zu erlangen, nicht wahrgenommen wird«. Im betreffenden Fall wurden Grundstücke mit einem dem Verkehrswert entsprechenden Kaufpreis von der Stiftung erworben. Der Verkäufer hätte sich jedoch »mit einem niedrigeren Kaufpreis, als er später von der Stiftung gezahlt wurde, einverstanden erklärt«. Der Kaufpreis wurde somit »künstlich nach oben getrieben«. Diese »konkreten, sicheren Möglichkeiten eines günstigeren Erwerbs« stellen einen pflichtwidrigen Nachteil dar.[12]
3. Entsprechend umgekehrt gelagert ist die Pflichtverletzung bei Verkauf einer Wohnung unter Wert.[13]
4. Weiter könnte in einer »nicht marktgerechten Vermietung [...] eine tatsächliche Schädigung des Gesellschaftsvermögens in Form einer verhinderten Vermögensmehrung vorliegen«.[14]
5. Der BGH sieht ein ermessenfehlerfreies Handeln bei einem Testamentsvollstrecker, wenn er »Mittel [...] vorübergehend bei der Bank, über die er auch andere Nachlassangelegenheiten abwickelt, zu günstigen, dort gebotenen Konditionen anlegt [...], sofern er nicht aufgrund [...] geschäftlicher Erfahrung bessere Anlagemöglichkeiten kennt [...]«.[15]

Checkliste: Rechtliche Rahmenbedingungen für das Vermögensmanagement

- ❒ Sorgfalt eines ordentlichen und gewissenhaften Geschäftsleiters (Prudent Man Rule, § 93 AktG)
- ❒ Wille des Stifters (aus Satzung, Stiftungsgeschäft et cetera)
- ❒ Das Vermögensmanagement muss langfristig darauf gerichtet sein, ordentliche, positive Erträge zu erwirtschaften, um dem Gebot der Zweckverwirklichung nachkommen zu können.
- ❒ Einflussfaktoren des Kapitalmarktes sollten berücksichtigt werden (»Es gibt keinen risikolosen Ertrag«).
- ❒ Dreieck: Rendite, Risiko, Liquidität
- ❒ Das Vermögen der Stiftung ist sicher und wirtschaftlich zu verwalten (Art. 6 Abs. 1 BayStG).
- ❒ Das Vermögen, das der Stiftung zugewendet wurde, um aus seiner Nutzung den Stiftungszweck dauernd und nachhaltig zu erfüllen (Grundstockvermögen), ist ungeschmälert zu erhalten (Art. 6 Abs. 2 BayStG).

Gedankenanstoß
Welche Vorstellungen haben Sie im Hinblick auf das Vermögensmanagement?

____

____

____

3.2.2 Anlagerichtlinie

»Das Wichtigste in einem Dokument zusammengefasst«

Eine Anlagerichtlinie soll die wichtigsten Grundsätze für die Vermögensanlage einer Stiftung in einem Dokument zusammenfassen. Die Anlagerichtlinie ist dabei ein lebendes Dokument, das heißt, sie kann laufend angepasst werden.

Checkliste: Mögliche Inhalte und Rahmen einer Anlagerichtlinie

- ❐ Rechtliche Vorgaben
  - ausdrücklicher oder mutmaßlicher Stifterwille
  - Stiftungssatzung
  - Landes- oder Bundesstiftungsgesetz
  - ...
- ❐ Wirtschaftsplanung
  - Anforderungen an den Werterhalt des Vermögens (Rendite)
  - Anforderungen an eine Ausschüttung für die Zweckerfüllung (Liquidität)
  - Anforderungen für eine Rücklagenbildung (Risiko)
  - ...
- ❐ Markterwartung
  - durchschnittliche historische/erwartete Wertentwicklung der angedachten Anlagekassen (Aktien, Renten, Immobilien, Rohstoffe ...)
  - Inflation und Kaufkraftverlust
  - ...

- ❒ Vermögenswerte (Assetklassen)
  - Vermögensumschichtungen zulässig?
  - Verwendung der Umschichtungsgewinne (Umschichtungsrücklagen)?
  - ...
- ❒ Nachhaltigkeit
  - stiftungseigene Definition von Nachhaltigkeit?
  - Anlehnung an einen Standard (Millenniums-Entwicklungsziele ...)
  - zweckkonträre Anlageformen (Gesundheit, Umwelt ...)
  - Mission Investing (= Erfüllung des Stiftungszwecks bereits mit der Vermögensanlage)
  - ...
- ❒ ...

Gedankenanstoß

Welche Inhalte könnte Ihre Anlagerichtlinie haben? Was ist Ihnen im Umgang mit Ihrem Vermögen besonders wichtig?

____

____

____

3.2.3 Vermögensmanagement in der Praxis

»Wie legen Stiftungen an?«

Auch im Bereich des Vermögensmanagements kann eine Stiftung sich an Best-Practice-Lösungen orientieren. Die konkrete Ausgestaltung des Vermögensmanagements ist jedoch vom Zweck abhängig. Entlang der Stiftungs-Balanced-Scorecard heißt das:

1. Stiftungszweck: Welche Zwecke sollen mit der Stiftung verfolgt werden?

2. Stiftungsstruktur: Welche Stiftungsstruktur wurde gewählt? Welchen Rahmen gibt diese Struktur vor? (Erhalt oder Verbrauch des Stiftungsvermögens, kann der Stiftungszweck aus Spenden verfolgt werden und so weiter.)

3. Operative Stiftungsarbeit: Welche Ressourcen (Sachmittel, Personalmittel) werden benötigt?

4. Stiftungsvermögen: Was für einen Einfluss haben die oben genannten Punkte 1 bis 3 auf die Anlage des Stiftungsvermögens? Wie kann eine Wirtschaftsplanung aussehen? Welche laufenden Ausschüttungen werden mindestens benötigt? Welches Risiko kann im Vermögensmanagement eingegangen werden?

Aus diesen Punkten leitet sich ein Vermögensmanagementkonzept zumeist mit zwei zentralen Vorgaben – Renditeerwartung und Risikobudget – ab.

In der Praxis können folgende Entscheidungen getroffen werden:

Checkliste: Mögliche Anlageentscheidungen

In welche Anlageklassen wird investiert?

- ❐ Bargeld
- ❐ Termin- und Festgelder
- ❐ Anleihen
- ❐ Aktien
- ❐ Immobilien
- ❐ Unternehmensbeteiligung

In welcher Investitionsform wird investiert?

- ❐ Direktinvestment
- ❐ indirekte Anlage über Investmentfonds

Wie wird das Management des Investments organisiert?

- ❐ aktives Management durch einen Assetmanager
- ❐ passives Management über einen Indexfonds (ETF)

Welchen Anteil haben die folgenden Assetklassen an der Vermögensanlage bei Stiftungen? Und in welche Anlageformen möchten Stiftungen im Rahmen ihrer langfristigen Anlagestrategie mehr investieren? (siehe folgende Abbildungen)

Abbildung 15: Assetklassenverteilung (Beispiel)[17]

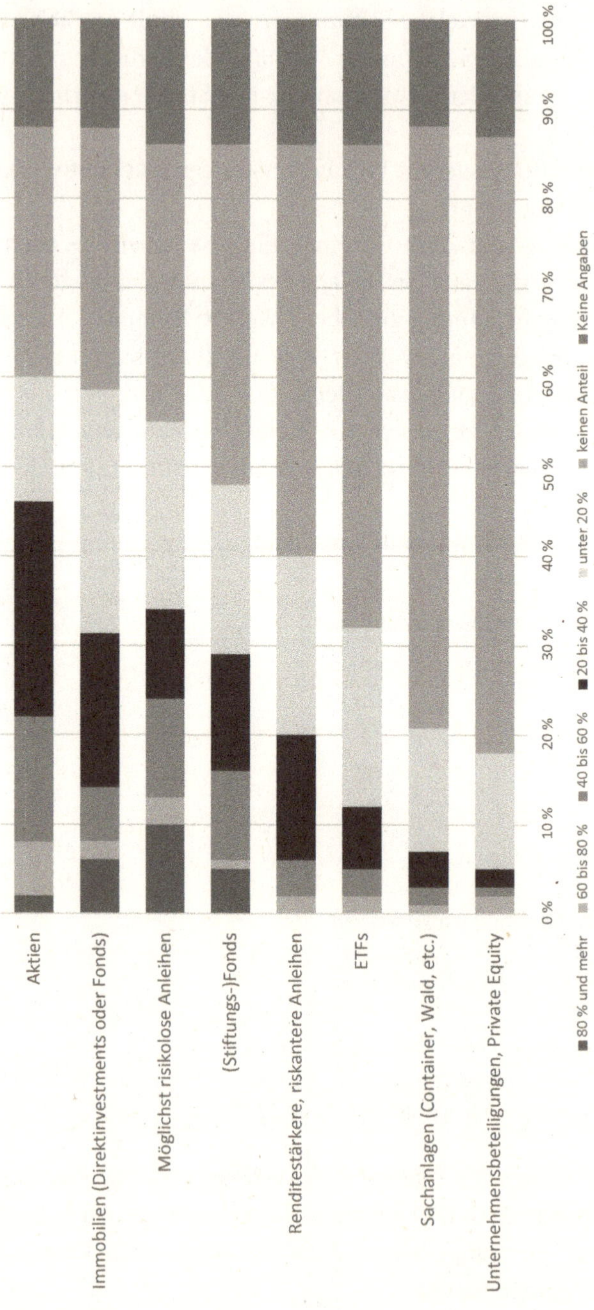

Tabelle 7: Zukünftige Anlageformen bei Stiftungen[18]

	80 % und mehr	60 bis 80 %	40 bis 60 %	20 bis 40 %	unter 20 %	keinen Anteil	Keine Angaben
Aktien	2 %	6 %	14 %	24 %	14 %	28 %	12 %
Immobilien (Direktinvestments oder Fonds)	6 %	2 %	6 %	17 %	27 %	29 %	12 %
Möglichst risikolose Anleihen	10 %	3 %	11 %	10 %	21 %	31 %	14 %
(Stiftungs-)Fonds	5 %	1 %	10 %	13 %	19 %	38 %	14 %
Renditestärkere, riskantere Anleihen		2 %	4 %	14 %	20 %	46 %	14 %
ETFs		2 %	3 %	7 %	20 %	54 %	14 %
Sachanlagen (Container, Wald, etc.)		1 %	2 %	4 %	14 %	68 %	12 %
Unternehmensbeteiligungen, Private Equity		2 %	1 %	2 %	13 %	69 %	13 %

3.3 CONTROLLING IM VERMÖGENSMANAGEMENT

3.3.1 Die wichtigsten Begriffe im Vermögenscontrolling

»Controlling = Planung, Kontrolle, Steuerung und Information«

Rendite und Performance geben beide den Zugewinn im Vermögensmanagement an.

Eine Stiftung lebt von Ausschüttungen einer Vermögensanlage, beispielsweise von Mieten aus einer Immobilie, Zinsen aus einer Anlage oder Dividenden aus Aktien. Genau diese Erfolgsgrößen (Mieten, Zinsen, Dividenden) sollten daher betrachtet werden.

Ob der Kursgewinn einer Aktie für eine Stiftung nutzbar ist, hängt von verschiedenen Faktoren ab. Der Kursgewinn einer einzeln beispielsweise in einem Depot gehaltenen Aktie ist für eine Stiftung zunächst ein Umschichtungsgewinn, der in aller Regel nach Gemeinnützigkeitsrecht in die Umschichtungsrücklage eingestellt werden muss. Die Umschichtungsrücklage kann der Stiftung als Risikokapital dienen. Etwaige zukünftige Verluste können mit dieser Rücklage – genauso wie zukünftige Gewinne – verrechnet werden. Ob die Umschichtungsrücklage auch für den Stiftungszweck eingesetzt werden kann, ist abhängig von den Regelungen in der Stiftungssatzung.

Risiko kann faktisch eintreten oder emotional ertragen werden müssen. Faktisch tritt Risiko ein, wenn auf Einzel- oder Gesamtsicht ein Vermögenswert (zum Beispiel Immobilie, Wertpapier) nicht mehr das wert ist, was er bereits wert war – das heißt, wenn ein Vermögensverlust eingetreten ist. Hier kann unterschieden werden zwischen reinen Buchverlusten (die Verluste wurden noch nicht durch einen Verkauf realisiert, können sich demnach wieder erholen) oder Realverlusten.

Außerdem ist auch der Betrachtungszeitpunkt entscheidend: Entstehen Verluste in der Betrachtung Kauf zu Verkauf, so wird von absoluten Verlusten gesprochen. Entstehen Verluste nur in einer gewissen Zeitspanne, liegt eine volatile (bewegliche) Anlage vor.

Das Grundstockvermögen (kaufmännisch das Stiftungskapital) darf nicht aufgebraucht beziehungsweise verzehrt werden. Aus einer Anlage darf kein realisierter Verlust größer als das Grundstockvermögen entstehen. Volatilität oder unrealisierte Buchverluste sind grundsätzlich noch kein Vermögensverzehr bei einer Stiftung.

Gedankenanstoß

Ein Controlling ist auch im Vermögensmanagement notwendig. Legen Sie ein Ziel fest (1. Planung), und versuchen Sie mit geeigneten Mitteln, Ihr Ziel laufend zu überwachen (2. Kontrolle). Wird vom Ziel abgewichen, müssen Gegenmaßnahmen getroffen werden (3. Steuerung) und ein Berichtswesen aufgebaut werden (4. Information). Gibt es Controlling-Bestandteile in Ihrer Stiftung?

___

___

___

3.3.2 Transparenzregister

Es wird ein Register zur Erfassung und Zugänglichmachung von Angaben über den wirtschaftlich Berechtigten (Transparenzregister) eingerichtet (§ 18 Abs. 1 GWG).

Das Transparenzregister ist – neben der Datenschutzgrundverordnung – eine weitere zentrale Regulatorik, die mit Anstrengungen für Stiftungen verbunden ist.

Checkliste: Transparenzregister

- ❐ **Warum gibt es ein Transparenzregister?** Zur Vermeidung von Geldwäsche (§ 18 GWG).
- ❐ **Wer ist »wirtschaftlich Berechtigter«?** In der Regel der Treugeber (Stifter), Verwalter (Treuhänder), Mitglieder der Stiftungsvorstände, Mittelempfänger (Destinatäre).

- ❐ **Welche Angaben erscheinen im Transparenzregister?** Vor- und Nachname, Geburtsdatum, Wohnort, Art und Umfang des wirtschaftlichen Interesses und Staatsangehörigkeit (§ 19 GWG).
- ❐ **Welche Pflicht haben Stiftungen?** »Juristische Personen des Privatrechts und eingetragene Personengesellschaften haben die in § 19 Absatz 1 aufgeführten Angaben zu den wirtschaftlich Berechtigten dieser Vereinigungen einzuholen, aufzubewahren, auf aktuellem Stand zu halten und der registerführenden Stelle unverzüglich zur Eintragung in das Transparenzregister mitzuteilen« (§ 20 Abs. 1 GWG).
- ❐ **Wer ist verpflichtet zu handeln?** In der Regel der Stiftungsvorstand, der die Stiftung nach außen vertritt.
- ❐ **Wie führe ich das Transparenzregister?** Über eine registerführende Stelle, beispielsweise den Bundesanzeiger-Verlag (www.transparenzregister.de).
- ❐ **Was passiert bei Pflichtverstößen?** Bußgeldverfahren bei »einfachen« Fällen von bis zu 100.000 Euro und bei »schwerwiegenden, wiederholten oder systematischen Verstößen« bis zu 1.000.000 Euro.

Gedankenanstoß

Sind Sie im Transparenzregister mit Ihrer Stiftung eingetragen? Ist die Eintragung aktuell?

4 OPERATIVE STIFTUNGSARBEIT (PROZESSE)

4.1 ORGANISATION DER STIFTUNGSARBEIT

4.1.1 Förderwesen: Ausschreibung von Stiftungsprojekten: Bewertungsunterlagen

Welches Projekt soll meine Stiftung unterstützen? Wie finde ich das richtige Projekt?

Eine Ausschreibung orientiert sich an der Zielsetzung einer Stiftung und kann folgende Informationen enthalten:

Checkliste: Bewerbungsunterlagen/Antragswesen
❒ Informationen zum Antragsteller – Rechtsform, Ansprechpartner – Führungskultur und Mitarbeiter – Jahresbericht des Vorjahres ❒ Informationen zum Projekt – Problem, Bedarf, Kontext – Ziele und Leistungen – Zeit- und Projektplan – Erfolgsfaktoren – Publikationen ❒ Informationen zum Budget – Projektbudget (Ertrag und Aufwand) – Eigenmittel/weitere Förderungen

Gedankenanstoß

Haben Sie die Bestandteile eines Bewerbungsbogens definiert?

4.1.2 Beschlussfassungen: Projektauswahl

»Die Qual der Wahl«

Im Anschluss an eine Projektausschreibung sind die einzelnen Anträge zu bewerten und der Ausschreibungssieger festzulegen. Welche Auswahlkriterien können hierbei eine Rolle spielen?

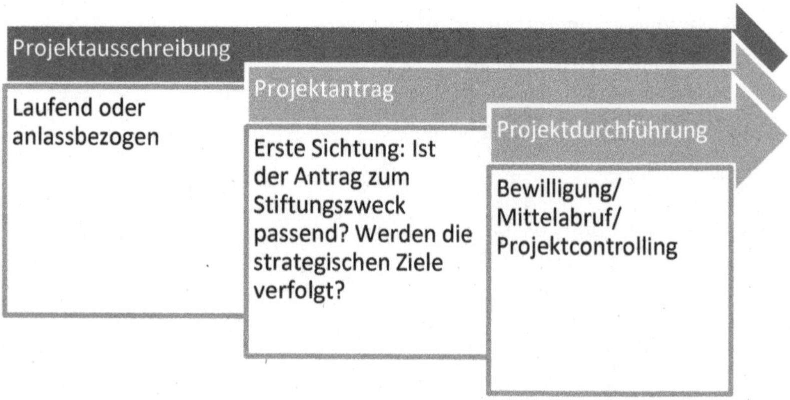

Abbildung 16: Grundlegender Prozess der Projektauswahl

Mögliche Auswahlkriterien

VERTRAUEN
in den Projektpartner

- Glaubwürdigkeit
  - Ist das Projekt plausibel und konsistent (»gesunder Menschenverstand«)?
  - Ist der Projektpartner zur Stiftung passend (Wertevorstellung, Vorprojekte etc.)?

- Machbarkeit
  - Plausibilitäts- und Konsistenzprüfung
  - angemessene Projektschritte
  - Projektbudget realistisch?

- Relevanz
  - Zielerreichungsgrad
  - Ist das Projekt »besser« als das Alternativprojekt?

- Fähigkeit
  - Ressourcenausstattung
  - Kompetenz
  - Vorprojekte

Gedankenanstoß

Haben Sie Kriterien für die Förderprojektauswahl definiert?

4.1.3 Förder- oder Kooperationsvereinbarung

»Wer schreibt, der bleibt«

Praxistipp:
»Weniger ist mehr« – ein Werkzeugkasten für moderne Förderstiftungen (https://www.weniger-ist-mehr.org)

Checkliste: Regelungsinhalte an eine Förder- oder Kooperationsvereinbarung

Beispiel: Forschungs- und Entwicklungsauftrag einer Universität mit einem Unternehmen

- ❐ § 1 Aufgabenstellung und Durchführung
- ❐ § 2 Vergütungsregelung
- ❐ § 3 Vertraulichkeit, Veröffentlichungen
- ❐ § 4 Altrechte und Schutzrechte Dritter
- ❐ § 5 Rechte an den Ergebnissen der Arbeiten
- ❐ § 6 Erfindungen, Schutzrechte
- ❐ § 7 Option des Auftraggebers
- ❐ § 8 Rechte der Universität
- ❐ § 9 Gewährleistung und Haftung
- ❐ § 10 Vorzeitige Beendigung
- ❐ § 11 Schriftformerfordernis, salvatorische Klausel
- ❐ § 12 Unteraufträge
- ❐ § 13 Inkrafttreten, Laufzeit
- ❐ § 14 Anwendbares Recht/Gerichtsstand

Gedankenanstoß

Gibt es einen Muster-Fördervertrag?

4.1.4 Mittelverwendung

»Lessons learned für das nächste Projekt«

Abschließend kann nach Projektdurchführung ein Abschlussbericht über die Mittelverwendung erstellt werden. Zielsetzung ist die Dokumentation des Projektverlaufs. Welche Inhalte kann ein Abschlussbericht haben?

Checkliste: Abschlussbericht

Finanzbericht
- ❒ Übersicht über die Erträge
- ❒ Übersicht über die Aufwendungen
- ❒ Plan-Ist-Abweichungen und Begründungen

Sachbericht
- ❒ Bericht über den Ablauf des Projektes
- ❒ Leistungen und Wirkungen
- ❒ Publikationen/Öffentlichkeitsarbeit
- ❒ ggf. Abweichungen von Plan/Projektantrag
- ❒ Lessons learned: Erfahrungen aus dem Projekt, Hinweise für Folgeprojekte

Gedankenanstoß

Wie soll die Mittelverwendung dokumentiert werden? Welche Angaben sind Ihnen besonders wichtig?

4.1.5 Verwaltungskosten

»Das Vermögen der Stiftung ist sicher und wirtschaftlich zu verwalten« (Art. 6 Abs. 1 Satz 1 BayStG)

Mit dem oben genannten Grundsatz geht das Sparsamkeitsgebot einher. Aus diesem Grund prüfen Stiftungsaufsicht und Finanzverwaltung den Einsatz der vorhandenen Stiftungsmittel mit Blick auf eine angemessene Verwaltungskostenquote.

Praxistipp: Faustformel für Verwaltungskostenquote

- Es gibt keine einheitliche Definition für Verwaltungskosten und für eine Verwaltungskostenquote.
- Allgemein fallen unter Verwaltungskosten die interne Administration (Projektadministration Fundraising, Buchhaltung etc.) sowie die Kosten der Vermögensverwaltung.
- Eine aktive Projektstiftung (Projekte werden durch die Stiftung selbst entwickelt und umgesetzt) hat einen höheren Verwaltungskostenblock als eine eher passiv agierende Förderstiftung (Stiftung gibt Fördermittel an einen Projektträger weiter).
- Allgemein und überschlägig wird eine Quote ab 30 Prozent als kritisch angesehen.
- Es sind jedoch die konkreten Umstände des Einzelfalls zu betrachten.

Gedankenanstoß

Haben Sie Ihre Verwaltungskosten einmal überprüft?

4.1.6 Vollmacht

»Eine Willenserklärung, die jemand innerhalb der ihm zustehenden Vertretungsmacht im Namen des Vertretenen abgibt, wirkt unmittelbar für und gegen den Vertretenen« (§ 164 Abs. 1 Satz 1 BGB).

Es heißt im Allgemeinen: »Der Stiftungsvorstand vertritt die Stiftung nach innen und nach außen.« Was bedeutet das aber?

Fragenbox: Vertretung und Vollmacht

- **Wer vertritt eine Stiftung?**
  Das kommt auf die jeweilige Satzungsregelung an. Die Stiftung muss mindestens eine Person bestimmen, welche die Stiftung nach innen und nach außen im Rechtsverkehr vertreten kann.

- **Somit der Gesamtvorstand, der Vorstandsvorsitzende oder ein Vorstandsmitglied?**
  In der Regel wird eine Stiftung immer durch jedes einzelne Vorstandsmitglied vertreten, das heißt, alle Mitglieder des Vorstands können jeder für sich allein ein Rechtsgeschäft zulasten oder zugunsten der Stiftung abschließen.

- **Wie wird die Vertretungsregelung nachgewiesen?**
  Aktuell wird die Vertretungsregelung bei einer rechtsfähigen Stiftung durch eine sogenannte Vertreterbescheinigung nachgewiesen. Die Vertreterbescheinigung wird von der zuständigen Stiftungsaufsicht erstellt und belegt auf Personenebene die jeweilige Vertretungsmacht.

- **Wie soll es zukünftig geregelt werden?**
  Über das Stiftungsregister soll ab Januar 2026 ein im Rechtsverkehr bindendes Register – vergleichbar einem Handelsregister – eingeführt werden, welches die Vertretungs- und Vollmachtverhältnisse einer Stiftung darstellt.

- **Gilt das Gleiche auch bei einer Stiftungs-GmbH, einem Stiftungsverein et cetera?**
  Ja, jede juristische Person muss in ihrer Satzung eine Regelung über die Vertretung (welche Person kann nach innen und nach außen die Stiftung vertreten?) enthalten. Bei Vereinen und Handelsgesellschaften besteht bereits ein mit Publizitätswirkung ausgestattetes Register. Über das Vereins- und das Handelsregister können Vertretungs- und Vollmachtverhältnisse für den Rechtsverkehr bindend eingetragen werden.

Gedankenanstoß

Gibt es ein Vollmachtverzeichnis? Haben Sie stiftungsintern ein Verzeichnis über alle ausgestellten beziehungsweise bereits widerrufenen Vollmachten und deren Umfang?

4.1.7 Personal bei Stiftungen: Vergütung

»Lohn für gute Arbeit«

Wird eine Leistung für eine Stiftung erbracht, so ist es gut und recht, diese Leistung auch zu vergüten. Im Wirtschaftsleben ergibt sich die Vergütung aus Angebot und Nachfrage sowie den Verkehrssitten. Bei steuerbegünstigten Einrichtungen sind jedoch Grenzen gesetzt.

Faktenblatt: Vergütung bei Stiftung

- Die steuerrechtliche Mustersatzung sieht ein sogenanntes Begünstigungsverbot vor: Es darf keine Person durch Ausgaben, die dem Zweck der Körperschaft fremd sind, oder durch unverhältnismäßig hohe Vergütungen begünstigt werden.
- Das heißt, es darf keine Person ohne Leistung und keine Person unangemessen hoch vergütet werden.

- Jedoch ist »Ehrenamtlichkeit« nicht gleichbedeutend mit »Unentgeltlichkeit«.
- Möglichkeiten:
  - Ersatz von Auslagen (Fahrtkosten etc.)
  - bis 840 Euro pro Jahr steuerfrei als Ehrenamtspauschale (§ 3 Nr. 26a EStG)
  - bis 3.000 Euro pro Jahr steuerfrei als Übungsleiterpausche (§ 3 Nr. 26 EStG)
  - bis 520 Euro pro Monat als Mini-Job
  - bis 2.000 Euro pro Monat als Midi-Job
  - Angemessene Vergütung heißt eine Vergütung, die einem Drittvergleich standhält. Wie wird eine vergleichbare Position in einem Wirtschaftsunternehmen vergütet? Welche Sonderleistungen und Sonderpflichten sind mit dieser Position verbunden?
  - Ein möglicher Drittvergleich: Prof. Dr. Berit Sandberg, »Ehre und Lohn – Vergütung von Führungskräften in Stiftungen (Vergütungsstudie)«, erschienen im Erich Schmidt Verlag[16]
    - »90 Prozent aller Führungskräfte, also Vorstände und Geschäftsführer in Stiftungen, sind zumindest überwiegend ehrenamtlich tätig.«
    - »Vorstände verdienen im Durchschnitt 81.000 Euro im Jahr.«
    - »Hauptamtliche Geschäftsführer erhalten eine Vergütung von durchschnittlich 59.000 Euro.«
    - »Zu den großen Ausnahmen zählen erfolgsabhängige Vergütungen.«
- Nicht-monetäre Entlohnungsmöglichkeiten:
  - Ehrenamtskarte mit speziellen Vergünstigungen im Alltag (Freizeit & Sport et cetera)
  - Danksagung

Gedankenanstoß

Welche Vorstellungen haben Sie im Hinblick auf die Entlohnung Ihrer Helferinnen und Helfer?

____

____

____

4.1.8 Nachfolge in der Stiftungsarbeit sichern

»Nach mir die Sintflut?«

Die Stiftung ist aufgebaut, die ersten Projekte erfolgreich durchgeführt. Aber wie können die Ehrenamtlichen, die für eine Stiftung tätig sind – der Stiftungsvorstand, die Projektverantwortlichen et cetera –, gesichert und gehalten werden?

Fragenbox: Mögliche Schritte im Nachfolgemanagement

Wie stellt sich die Ist-Situation dar?

- Ist die Amtszeit eines Ehrenamtlichen in der Satzung beschränkt?
- Gibt es eine Altersbeschränkung?
- Gibt es eine Limitierung der Berufungsperioden?
- Muss ein Rücktritt mit einer bestimmten Frist angekündigt werden?
- Gibt es ein- oder mehrköpfige Verantwortungsstrukturen?
- Gibt es Vertretungsregeln?

Gibt es eine strategische Zielsetzung?

- Gibt es eine Managementstrategie?
- Kandidatenprofil: Sind die Mindestanforderungen an den/die Kandidaten/in bekannt?
- Ist der Mindestpersonalbedarf bekannt?
- Gibt es eine Liste mit möglichen Kandidaten?
- Gibt es eine Möglichkeit für neue Kandidaten, die Stiftung zu »erproben«?

Gedankenanstoß

Haben Sie sich schon mit dem Thema Nachfolge auseinandergesetzt? Gibt es ein Strategiepapier?

4.2 RECHNUNGSLEGUNG UND WIRTSCHAFTSPLANUNG

4.2.1 Gemeinnützigkeitsbuchführung: Prozess in der Buchhaltung

»Buchhaltung ist die Basis für Transparenz«

Der Buchhaltungsprozess gliedert sich im Allgemeinen in vier Bereiche:

1. Kontierung
2. Buchhaltung
3. Zahlung
4. Ablage

Checkliste: Buchhaltung

- ❒ Jeder Prozess in der Buchhaltung beginnt mit einem Geschäftsvorfall, das heißt einem wirtschaftlichen Ereignis zugunsten oder zulasten einer steuerbegünstigten Einheit. Beispiel: Zahlungseingang einer Spende oder Erhalt einer Rechnung für die Anschaffung neuer Fördermaterialien.
- ❒ Im ersten Schritt der Kontierung wird der Geschäftsvorfall auf sachliche und rechnerische Richtigkeit geprüft. Ist die Abrechnung sachlich geboten, wurde alles abgerechnet wie vereinbart? Stimmt der Preis?
- ❒ Anschließend findet eine kaufmännische Kontierung statt: Soll an Haben; Kostenstelle.
- ❒ Die Buchhaltung verbucht dann den Geschäftsvorfall im Buchungssystem (z. B. DATEV-Rechnungswesen).
- ❒ Aus den eingehenden Rechnungen folgen Zahlungen, welche im Rahmen eines Zahlungslaufs an die kontoführende Bank übergeben werden.
- ❒ Abschließend erfolgt die Ablage des Buchungsbelegs. Grundsatz: »Keine Buchung ohne Beleg« sowie »Vom Beleg zur Buchung und von der Buchung zum Beleg«.

Gedankenanstoß

Wie wollen Sie die Buchhaltung organisieren? Wollen Sie die Buchhaltung extern beispielsweise über einen Steuerberater oder selbst intern durchführen? Wer übernimmt den Zahlungsverkehr als sensiblen Bereich?

____

____

4.2.2 Bilanzgliederung sowie Gliederung der Gewinn- und Verlustrechnung

»So verständlich wie möglich«

Aktivseite der Bilanz

A. Anlagevermögen
- I. Sachanlagevermögen
  1. Grundstücke und Gebäude
  2. Betriebs- und Geschäftsausstattung
- II. Finanzanlagen
  1. Beteiligungen
  2. Wertpapiere des Anlagevermögens

B. Umlaufvermögen
- I. Forderungen und sonstige Vermögensgegenstände
  1. Forderungen aus Lieferungen und Leistungen
  2. Sonstige Vermögensgegenstände
- II. Guthaben bei Kreditinstituten

C. Rechnungsabgrenzungsposten

D. Treuhandsondervermögen
- I. Anlagevermögen
- II. Umlaufvermögen
- III. Rechnungsabgrenzungsposten

Passivseite der Bilanz

A. Eigenkapital
- I. Stiftungskapital
  - 1. Errichtungskapital
  - 2. Zustiftungskapital
- II. Rücklagen
  - 1. Kapitalrücklagen
  - 2. Ergebnisrücklagen
- III. Umschichtungsergebnisse
- IV. Ergebnisvorträge

B. Rückstellungen

C. Verbindlichkeiten
- I. Verbindlichkeiten aus Lieferungen und Leistungen
- II. Sonstige Verbindlichkeiten

D. Rechnungsabgrenzungsposten

E. Treuhandsonderverpflichtungen
- I. Eigenkapital
- II. Rückstellungen
- III. Verbindlichkeiten
- IV. Rechnungsabgrenzungsposten

Gewinn- und Verlustrechnung

A. Ideeller Bereich
- I. Ertrag
  - 1. Spenden, Nachlässe und Zuwendungen
  - 2. Zuschüsse und Sonstiges
- II. Aufwand
  - 1. Abschreibung auf Sachanlagen
  - 2. Aufwand für die unmittelbare Zweckerfüllung
  - 3. Materialaufwand
    - a) Aufwand für Roh-, Hilfs- und Betriebsstoffe und für bezogene Waren
    - b) Aufwand für bezogene Leistungen
  - 4. Personalaufwand
    - a) Löhne und Gehälter

b) Soziale Abgaben und Aufwendungen für Unterstützung
5. Sonstiger zweckbezogener Aufwand

Ergebnis ideeller Bereich

B. Vermögensverwaltung

I. Ertrag
1. Miet- und Pachterträge
2. Erträge aus anderen Wertpapieren und Ausleihungen des Finanzanlagevermögens
3. Gewinne aus Anlagenabgängen
4. Sonstige Erträge

II. Aufwand
1. Aufwand für Finanzanlagen
2. Bewirtschaftungsaufwand der Immobilien
3. sonstiger Aufwand

Ergebnis Vermögensverwaltung

C. Zweckbetrieb

I. Ertrag
Umsatzerlöse

II. Aufwand
1. Materialaufwand
a) Aufwand für Roh-, Hilfs- und Betriebsstoffe und für bezogene Waren
b) Aufwand für bezogene Leistungen
2. Personalaufwand
a) Löhne und Gehälter
b) Soziale Abgaben und Aufwendungen für Unterstützung
3. Sonstiger (zweck-)betrieblicher Aufwand

Ergebnis Zweckbetrieb

D. Geschäftsbetrieb

I. Ertrag
Umsatzerlöse

II. Aufwand
1. Materialaufwand
a) Aufwand für Roh-, Hilfs- und Betriebsstoffe und für bezogene Waren

b) Aufwand für bezogene Leistungen
2. Personalaufwand
a) Löhne und Gehälter
b) Soziale Abgaben und Aufwendungen für Unterstützung
3. Sonstiger betrieblicher Aufwand

Ergebnis Geschäftsbetrieb

E. Jahresergebnis

F. Ergebnisverwendung

Einstellung (-)/Entnahmen (+)
a) aus dem/in den Ergebnisvortrag
b) aus der/in die freie Rücklage
c) aus der/in die zweckgebundene Rücklage
d) aus der/in die Umschichtungsrücklage
e) aus den/in die sonstigen Rücklagen

Bilanzergebnis

Gedankenanstoß

Ist Ihre Stiftungsbilanz wie oben gegliedert? Wo gibt es Abweichungen und warum?

4.2.3 Vier Sphären der Gemeinnützigkeit

»Transparenz über die Tätigkeiten einer Stiftung: Basis für die Steuergerechtigkeit«

Eine Steuerbegünstigung nach dem dritten Abschnitt der Abgabenordnung setzt eine Gemeinnützigkeitsbuchhaltung voraus. Zielsetzung dieser Buchhaltung ist es, Geschäftsvorfälle derart zu clustern, dass nur der tatsächlich steuerbegünstige Bereich (ideeller Bereich) von einer Steuer befreit ist, hieran notwendigerweise angrenzende Bereiche (Vermögensverwaltung und Zweckbetrieb) von etwaigen Steuern begünstigt werden und eine wirtschaftliche Tätigkeit (Geschäftsbetrieb) keine Steuervergünstigungen erhält. Ein faires Steuersystem soll geschaffen werden.

Notwendig hierfür ist die Zuordnung aller Geschäftsvorfälle einer steuerbegünstigten Einheit in die vier steuerrechtlichen Sphären:

1. ideeller Bereich
2. Vermögensverwaltung
3. Zweckbetrieb
4. Geschäftsbetrieb

Faktenblatt: Ideeller Bereich
• Alle Tätigkeiten und Geschäftsvorfälle, die der satzungsgemäßen Zweckerfüllung dienen. • Was sind die steuerrechtlichen Folgen (i.d.R.)? • Ertragsteuer: keine Körperschafts- oder Gewerbesteuer • Umsatzsteuer: keine Umsatzsteuer • Beispiele: – Mitgliedsbeiträge – Spenden – Zuschüsse der öffentlichen Hand oder Dritter – Aufwendungen für den Stiftungszweck (Zuschüsse, Preisgelder etc.)

Faktenblatt: Vermögensverwaltung

- Alle Tätigkeiten und Geschäftsvorfälle, die aus der Fruchtziehung von vorhandenem Vermögen (z. B. Kapital- oder Immobilienvermögen) entstehen.
- Was sind die steuerrechtlichen Folgen (i.d.R.)?
  - Ertragsteuer: keine Körperschafts- oder Gewerbesteuer
  - Umsatzsteuer: grundsätzlich steuerpflichtig, jedoch i.d.R. Steuerfreiheit (z. B. Mieten)
- Risiken: Strukturelle Verluste in der Vermögensverwaltung können zur Aberkennung der Gemeinnützigkeit führen.
- Beispiele:
  - Zinsen
  - Dividenden
  - Erlöse aus der langfristigen (länger als sechs Monate) Vermietung und Verpachtung von Grundbesitz
  - Aufwendungen wie Bankspesen, Vermögensverwaltungsentgelte, Finanzierungszinsen, Instandhaltungsaufwendungen und Abschreibungen

Faktenblatt: Zweckbetrieb

- Ein Zweckbetrieb (§ 65 AO) ist gegeben, wenn
  1. der wirtschaftliche Geschäftsbetrieb in seiner Gesamtrichtung dazu dient, die steuerbegünstigten satzungsmäßigen Zwecke der Körperschaft zu verwirklichen;
  2. die Zwecke nur durch einen solchen Geschäftsbetrieb erreicht werden können und
  3. der wirtschaftliche Geschäftsbetrieb zu nicht begünstigten Betrieben derselben oder ähnlicher Art nicht in größerem Umfang in Wettbewerb tritt, als es bei Erfüllung der steuerbegünstigten Zwecke unvermeidbar ist.
- Was sind die steuerrechtlichen Folgen (i.d.R.)?
  - Ertragsteuer: körperschafts- und gewerbesteuerpflichtig
  - Umsatzsteuer: grundsätzlich steuerpflichtig, jedoch i.d.R. ermäßigter Steuersatz (7 Prozent)
- Beispiele:
  - Alpenvereinshütten
  - Behindertenwerkstätten
  - Blutspendedienst
  - Druckschriften

Faktenblatt: Geschäftsbetrieb

- Ein wirtschaftlicher Geschäftsbetrieb (§ 14 AO) ist eine selbstständige nachhaltige Tätigkeit, durch die Einnahmen oder andere wirtschaftliche Vorteile erzielt werden und die über den Rahmen einer Vermögensverwaltung hinausgeht. Die Absicht, Gewinn zu erzielen, ist nicht erforderlich.
- Was sind die steuerrechtlichen Folgen (i.d.R.)?
  - Ertragsteuer: körperschaft- und gewerbesteuerpflichtig
  - Umsatzsteuer: umsatzsteuerpflichtig
- Beispiele:
  - Dritte-Welt-Läden
  - Carsharing
  - Anzeigengeschäft
  - Maskenbälle und Tanzveranstaltungen
  - Altkleidersammlungen

Gedankenanstoß

Halten Sie die vier Sphären der Gemeinnützigkeit ein? Werden alle Geschäftsvorfälle in die vier Sphären eingeteilt?

4.2.4 Wirtschaftsplanung (Budgetierung)

»Gemeinsames Verständnis für die Zukunft«

Auf der folgenden Seite finden Sie exemplarisch abgedruckt eine rollierende Wirtschaftsplanung mit den vier steuerrechtlichen Sphären und zwei Jahre mit Ist-Zahlen (Vergangenheit), ein laufendes Wirtschaftsjahr (heute), ein darauffolgendes Planungsjahr und zwei Ausblickjahre in der Zukunft.

Bestenfalls gleichen sich Rechnungslegung – der Blick zurück in die vergangenen Jahre – und Wirtschaftsplanung – der Blick in die Zukunft – im Aufbau an. Hierdurch wird eine bessere Vergleichbarkeit und Transparenz geschaffen.

Zielsetzung einer Wirtschaftsplanung ist ein mit allen Beteiligten in einem Dokument vereinigtes gemeinsames Verständnis über die vergangene und zukünftige Entwicklung einer Stiftung. Welche Vorhaben werden gefördert? Mit welchen Fördermitteln kann im Status quo gerechnet werden? Welche Veränderung müssen sich in der Vermögensverwaltung ergeben, um erhöhte Förderziele zu erreichen? Ist der Geschäftsbetrieb wirtschaftlich? Welche Rücklagen können gebildet werden? Kurz: Wie sieht die Finanzplanung aus?

Gedankenanstoß

Gibt es eine Wirtschafts- und Finanzplanung? Welche zukünftigen Ziele wollen Sie erreichen?

____

____

____

Tabelle 8: Beispiel einer idealtypischen Wirtschaftsplanung

Wirtschaftsplanung (schemenhaft)	Ist-Zahlen		Hochrechnung	Planzahlen		
	Vorjahr 2	**Vorjahr 1**	**laufendes Jahr**	**Planjahr**	**Ausblickjahr 1**	**Ausblickjahr 2**
A) Ideeller Bereich						
Ertrag						
Zuwendungen						
Spenden						
Aufwand						
Zweckerfüllung						
Personal						
Ergebnis ideeller Bereich						
B) Vermögensverwaltung						
Ertrag						
Zinsen						
Mieten						
Aufwand						
Abschreibung						
Bewirtschaftung						
Ergebnis Vermögensverwaltung						
C) Zweckbetrieb						
Ertrag						
Umsatzerlöse						
Aufwand						
Personal						
Ergebnis Zweckbetrieb						
D) Geschäftsbetrieb						
Ertrag						
Umsatzerlöse						
Aufwand						
Wareneinsatz						
Ergebnis Geschäftsbetrieb						
Jahresergebnis						
Ergebnisverwendung: Einstellung und Entnahmen						
aus/in Ergebnisvortrag						
aus/in gebundene Rücklagen						
aus/in freie Rücklagen						
aus/in Kapitalrücklagen						
aus/in ...						

4.3 EXKURS: ERBSCHAFTEN UND NACHLÄSSE

4.3.1 Die wichtigsten Begriffe

»Die Stiftung ist Erbin ... und das heißt nun?«

Glossar: Erbschaften und Nachlässe	
Erbschaft	Mit dem Tode einer Person (Erbfall) geht deren Vermögen (Erbschaft) als Ganzes auf eine oder mehrere andere Personen (Erben) über (§ 1922 Abs. 1 BGB). Muss eine Erbschaft angenommen werden? – Nein, nur wenn für die Erbin wirtschaftlich und zielführend! Eine Erbausschlagung ist möglich.
Vermächtnis	Der Erblasser kann durch Testament einem anderen, ohne ihn als Erben einzusetzen, einen Vermögensvorteil zuwenden (Vermächtnis; § 1939 BGB). Dieser Anspruch muss vom Vermächtnisnehmer geltend gemacht werden.
Testamentsvollstrecker	Der Testamentsvollstrecker hat die letztwilligen Verfügungen des Erblassers zur Ausführung zu bringen (§ 2203 BGB). Er wickelt den Nachlass ab und erfüllt die Vermächtnisse. Hierbei ist der Testamentsvollstrecker an die Grundsätze der ordnungsgemäßen Nachlassverwaltung (§ 2216 BGB) gebunden.
Nachlassverzeichnis	Verzeichnis über alle Nachlassgegenstände (Bargeld, Wertpapiere, Grundstücke etc.) und alle Nachlassverbindlichkeiten (Bankschulden etc.)
Erbschaftsteuer	Die Erbschaftsteuer richtet sich nach dem Erbschaftsteuer- und Schenkungsteuergesetz (ErbStG) und ist in jedem Einzelfall gesondert zu prüfen. In der Regel sind Zuwendungen an gemeinnützige Körperschaften erbschaftsteuerbefreit.
Gesetzliche Erbfolge	• erster Ordnung (§ 1924 BGB): Abkömmlinge des Erblassers (Kinder) • zweiter Ordnung (§ 1925 BGB): Eltern des Erblassers und deren Abkömmlinge (Geschwister mit Nichten und Neffen) • dritter Ordnung (§ 1926 BGB): Großeltern des Erblassers und deren Abkömmlinge (Tanten/Onkel mit Großnichten und -neffen)

Gedankenanstoß

Halten Sie diese Begriffe und Themen parat, wenn Sie in Ihrer Stiftung eine Erbschaft erwarten oder gegebenenfalls einen Spender ansprechen möchten.

____

____

4.3.2 Testamentsvollstrecker

»Der Testamentsvollstrecker hat die letztwilligen Verfügungen des Erblassers zur Ausführung zu bringen« (§ 2203 BGB).

Ein Testamentsvollstrecker hat ordnungsgemäß die letztwillige Verfügung eines Erblassers auszuführen. Was gehört jedoch konkret zu seinen Aufgaben?

Faktenblatt: Aufgaben eines Testamentsvollstreckers

- **Erstellung des Nachlassverzeichnisses:**
  § 2215 BGB Nachlassverzeichnis
  (1) Der Testamentsvollstrecker hat dem Erben unverzüglich nach der Annahme des Amts ein Verzeichnis der seiner Verwaltung unterliegenden Nachlassgegenstände und der bekannten Nachlassverbindlichkeiten mitzuteilen und ihm die zur Aufnahme des Inventars sonst erforderliche Beihilfe zu leisten.
  (2) Das Verzeichnis ist mit der Angabe des Tages der Aufnahme zu versehen und von dem Testamentsvollstrecker zu unterzeichnen; der Testamentsvollstrecker hat auf Verlangen die Unterzeichnung öffentlich beglaubigen zu lassen.
  (3) Der Erbe kann verlangen, dass er bei der Aufnahme des Verzeichnisses zugezogen wird.
  (4) Der Testamentsvollstrecker ist berechtigt und auf Verlangen des Erben verpflichtet, das Verzeichnis durch die zuständige Behörde oder durch einen zuständigen Beamten oder Notar aufnehmen zu lassen.
  (5) Die Kosten der Aufnahme und der Beglaubigung fallen dem Nachlass zur Last.

- **Zusammenarbeit mit den Erben:**
  § 2218 BGB Rechtsverhältnis zum Erben; Rechnungslegung
  (1) Auf das Rechtsverhältnis zwischen dem Testamentsvollstrecker und dem Erben finden die für den Auftrag geltenden Vorschriften der §§ 664, 666 bis 668, 670, des § 673 Satz 2 und des § 674 entsprechende Anwendung.
  (2) Bei einer länger dauernden Verwaltung kann der Erbe jährlich Rechnungslegung verlangen. § 666 BGB Auskunfts- und Rechenschaftspflicht. Der Beauftragte ist verpflichtet, dem Auftraggeber die erforderlichen Nachrichten zu geben, auf Verlangen über den Stand des Geschäfts Auskunft zu erteilen und nach der Ausführung des Auftrags Rechenschaft abzulegen.
- **Sorgfalt bei der Nachlassverwaltung:**
  § 2216 BGB Ordnungsmäßige Verwaltung des Nachlasses, Befolgung von Anordnungen
  (1) Der Testamentsvollstrecker ist zur ordnungsmäßigen Verwaltung des Nachlasses verpflichtet.
  (2) Anordnungen, die der Erblasser für die Verwaltung durch letztwillige Verfügung getroffen hat, sind von dem Testamentsvollstrecker zu befolgen. Sie können jedoch auf Antrag des Testamentsvollstreckers oder eines anderen Beteiligten von dem Nachlassgericht außer Kraft gesetzt werden, wenn ihre Befolgung den Nachlass erheblich gefährden würde. Das Gericht soll vor der Entscheidung, soweit tunlich, die Beteiligten hören.
- **Fertigung und Abgabe der Erbschaftsteuererklärung:**
  § 31 (5) ErbStG Steuererklärung
  Ist ein Testamentsvollstrecker oder Nachlassverwalter vorhanden, ist die Steuererklärung von diesem abzugeben. Das Finanzamt kann verlangen, dass die Steuererklärung auch von einem oder mehreren Erben mitunterschrieben wird.
- **Haftung:**
  § 2219 BGB Haftung des Testamentsvollstreckers
  (1) Verletzt der Testamentsvollstrecker die ihm obliegenden Verpflichtungen, so ist er, wenn ihm ein Verschulden zur Last fällt, für den daraus entstehenden Schaden dem Erben und, soweit ein Vermächtnis zu vollziehen ist, auch dem Vermächtnisnehmer verantwortlich.
  (2) Mehrere Testamentsvollstrecker, denen ein Verschulden zur Last fällt, haften als Gesamtschuldner.
- **Vergütung:**
  § 2221 Vergütung des Testamentsvollstreckers
  Der Testamentsvollstrecker kann für die Führung seines Amts eine angemessene Vergütung verlangen, sofern nicht der Erblasser ein anderes bestimmt hat.

Gedankenanstoß

Arbeiten Sie bereits mit Testamentsvollstreckern zusammen? Überwachen Sie deren Arbeiten? Werden die Aufgaben der Testamentsvollstreckung pflichtgemäß erfüllt?

4.3.3 Nachlassverzeichnis

»In dem Inventar sollen die bei dem Eintritt des Erbfalls vorhandenen Nachlassgegenstände und die Nachlassverbindlichkeiten vollständig angegeben werden« (§ 2001 BGB).

Das Nachlassverzeichnis dient als Übersicht über alle vorhandenen Nachlassvermögen und Schulden, kann den Abwicklungsprozess eines Nachlasses strukturieren und ist Basis für etwaige Gerichts- und Notariatskosten. Auf der folgenden Seite finden Sie ein Beispiel für ein Nachlassverzeichnis.

Gedankenanstoß

Erstellen Sie stets ein Nachlassverzeichnis – auch wenn dies in einigen Situationen nicht gesetzlich verpflichtend ist –, um einen Überblick und eine Dokumentation zu erhalten.

...elle 9: *Nachlassverzeichnis*[19]

Geschäftszeichen: ___ VI ___________

Vor- und Zuname d. Verstorbenen: ___________________________ Todestag: ___________

Nachlassverzeichnis zum Todestag

1. Nachlassvermögen	EUR
1.1 Bargeld (in- und ausländisches)	
1.2 In- und ausländische Guthaben bei Sparkassen, Banken, der Postbank und bei Bausparkassen	
1.3 Wertpapiere (Kurswert), Sparkassenbriefe	
1.4 Forderungen d. Verstorbenen gegen Dritte, z. B. Anspruch d. Verstorbenen auf Steuerrückvergütung, auf Schadensersatz, auf Rückzahlung einer Darlehenssumme	
1.5 Lebensversicherungen, private Sterbegelder und andere Versicherungen	
1.6 Kunstgegenstände, Schmuck, unverarbeitete Edelmetalle (z. B. Barrengold), Sammlungen (z. B. Münzen, Porzellan, Briefmarken, Waffen), Musikinstrumente - geschätzter Verkaufswert -	
1.7 Gebrauchsgegenstände (Beispiele: Kraftfahrzeuge, Fahrräder, Sportgeräte, Computeranlagen, Mobiltelefone, Film-/Videokameras, Werkzeuge, Maschinen), wertvolle Haustiere u. Viehbestand - geschätzter Verkaufswert -	
1.8 Mobiliar/Hausrat sowie wertvolle Kleidung (Beispiele: verwertbare Möbel und Antiquitäten, Teppiche, sonstige neu- und hochwertige Gegenstände) - geschätzter Verkaufswert -	
1.9 Erwerbsgeschäft, z. B. Firmenbezeichnung, Anschrift, Handelsregister (Amtsgericht, Geschäftszeichen) Beteiligungsverhältnis d. Verstorbenen, Gesamtreinvermögen (EUR), Anteil d. Verstorbenen	
1.10 Grundbesitz, z. B. Grundbesitz im Grundbuch (Amtsgericht, Gemarkung, Blatt), Art des Grundbesitzes, weitere Angaben zur Wertermittlung (z. B. Grundstücksgröße, Kaufpreis/Herstellungskosten, Wohn- bzw. Nutzfläche, Umbau, Anbau, Renovierung, Verkehrswert (= Verkaufswert), Brandversicherungssumme, Grundrechte (Erbbaurecht)	
1.11 Sonstige Rechte (z. B. Urheberrechte, Erfindungen, Patente)	
Summe über 1. Nachlassvermögen	

2. Nachlassschulden	EUR
2.1 Darlehensverbindlichkeiten (lediglich Anteil d. Verstorbenen und nur soweit noch geschuldet, einschl. rückständiger Zinsen, auch gesichert über Grundschulden und Hypotheken)	
2.2 Sonstige Schulden (z. B. Miet- und Steuerrückstände, offene Rechnungen, Krankheitskosten)	
Summe über 2. Nachlassschulden	

Gesamtnachlass (1. Nachlassvermögen ./. 2. Nachlassschulden)	

4.3.4 Vermächtnis

»Der Erblasser kann durch Testament einem anderen, ohne ihn als Erben einzusetzen, einen Vermögensvorteil zuwenden (Vermächtnis)« (§ 1939 BGB).

Faktenblatt: Vermächtnis in Abgrenzung zum Erbe

- Das Vermächtnis ist vom Erbe zu unterscheiden. Während das Erbe nach Ablauf der Ausschlagungsfrist auf den Erben übergeht, hat der Empfänger eines Vermächtnisses (Vermächtnisnehmer) »nur« einen Anspruch auf Erfüllung des Vermächtnisses gegenüber dem Erben.
- Diesen Anspruch muss der Vermächtnisnehmer i. d. R. gegenüber dem Erben geltend machen. Es gilt die reguläre Verjährungsfrist von drei Jahren (§ 195 BGB). Macht der Vermächtnisnehmer seinen Anspruch auf das Vermächtnis innerhalb dieser Frist nicht geltend, verjährt der Anspruch. Der Erbe hätte somit das Recht, die Leistung (= Erfüllung des Vermächtnisses) zu verweigern (§ 214 BGB). Sie fällt dann dem Erben zu.

Gedankenanstoß

Halten Sie diese Begriffe und Themen gegebenenfalls für eine Beratung bereit.

4.3.5 Prozess der Nachlassabwicklung

»Die Stiftung ist Erbin ... und dann?«

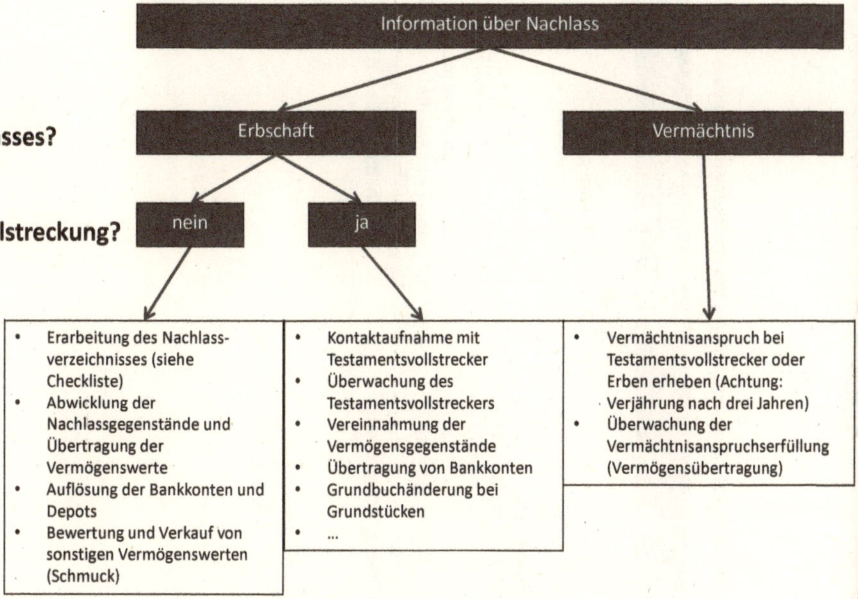

Abbildung 17: Beispielhafte Nachlassabwicklung

Gedankenanstoß

Nachlässe können viele Fragestellungen beinhalten. Bewahren Sie den Überblick: Erstellen Sie ein Nachlassverzeichnis, und arbeiten Sie den Nachlass sukzessive ab.

Tabelle 10: Checkliste Nachlassabwicklung (entlang eines Nachlassverzeichnisses)

Checkliste zur Abwicklung eines Nachlasses (ohne Testamentsvollstreckung) entlang des Nachlassverzeichnisses

✓	Nachlassvermögen/-schulden	Schritte der Nachlassabwicklung (verkürzt)
☐	**1.1 Bargeld (in- und ausländisches)** • Befindet sich Bargeld in der Wohnung? • Sind Sorten ggf. zu tauschen (bspw. über Wechsel- und Reisebanken)?	1. Erfassung 2. Vereinnahmen
☐	**1.2 In- und ausländische Guthaben bei Sparkassen, Banken etc.** • Mit welchen Banken hatte die Erblasserin Geschäftsbeziehungen (alte Kontoauszüge)? • Wie ist der aktuelle Kontostand? • Wie war der Kontostand am Todestag (für das Nachlassverzeichnis)? • Welche Kontobewegungen gab es nach dem Todestag? • Welche dauerhaften Geschäftsvorfälle bestehen (Miete, Versicherung, Zeitungsabo etc.) und sind ggf. zu kündigen?	1. Erfassung 2. Kontaktaufnahme mit Kreditinstitut 3. Abwicklung/Auflösung der Konten 4. Abwicklung/Kündigung der laufenden Geschäftsvorfälle
☐	**1.3 Wertpapiere (Kurswerte), Sparkassenbriefe** • Welche Wertpapiere bestehen bzw. bestanden am Todestag? • Sind in dem Nachlass sonstige Inhaberpapiere?	

☐	**1.4 Forderungen**
	• Gibt es Hinweise auf bestehende Forderungen?
	  • Steuerrückerstattungen
	  • gewährte Darlehen
	  • Vorerbschaften
	  • Schadensersatzansprüche
	  • sonstiges
		1. Erfassung
		2. Forderungseinzug/-überwachung

✓	Nachlassvermögen/-schulden	Schritte der Nachlassabwicklung (verkürzt)
☐	**1.5 Lebensversicherungen** • Hatte die Erblasserin Lebensversicherungen oder dergleichen?	1. Erfassung 2. Kontaktaufnahme mit Versicherung 3. Abwicklung der Versicherung
☐	**1.6 Kunstgegenstände, Schmuck, Edelmetalle, Sammlungen und Musikinstrumente** • Bestehen derartige Vermögensgegenstände? • Gibt es Gutachten/Zertifikate über diese Gegenstände? • Gibt es die Möglichkeit einer Erstbewertung bspw. über einen Goldankauf oder Juwelier?	1. Erfassung 2. Bewertung (Verkehrswert) 3. Verkaufs- oder Halteentscheidung (Wirtschaftlichkeit) 4. Veräußerung oder Integration
☐	**1.7 Gebrauchsgegenstände** • Bestehen im Haushalt verwertbare Gebrauchsgegenstände (Kraftfahrzeuge, Fahrräder, Sportgeräte etc.)?	
☐	**1.8 Mobiliar/Hausrat** • Bestehen verwertbare Möbel, Antiquitäten, Teppiche, Kleider etc.?	
☐	**1.9 Erwerbsgeschäfte** • Besteht durch die Erblasserin ein Erwerbsgeschäft (Gewerbe etc.)? • Wie ist das Erwerbsgeschäft wirtschaftlich zu betrachten? • Kann das Erwerbsgeschäft fortgeführt werden?	

✓	Nachlassvermögen/-schulden	Schritte der Nachlassabwicklung (verkürzt)
☐	**1.10 Grundbesitz** • Hatte die Erblasserin Grundbesitz? • Welche Eckdaten liegen vor? • Ist der Grundbesitz vermietet, verpachtet? • Wie ist der Grundbesitz wirtschaftlich zu betrachten?	1. Erfassung 2. Bewertung (Verkehrswert) 3. Verkaufs- oder Halteentscheidung (Wirtschaftlichkeit) 4. Veräußerung oder Integration
☐	**1.11 sonstige Rechte** • Bestehen sonstige Rechte wie Urheber-, Erfindungs- und Patentrechte? • Wie sind diese wirtschaftlich zu betrachten?	
☐	**2.1 Darlehensverbindlichkeiten** • Bestehen Darlehensverbindlichkeiten bspw. über den Grundbesitz (vgl. Punkt 1.10)? • Bestehen rückständige Zinsen aus diesen Verbindlichkeiten?	1. Erfassung 2. Kontaktaufnahme mit Gläubiger 3. Rückzahlung/Rückzahlungsplan
☐	**2.2 sonstige Schulden** • Bestehen sonstige Schuldverhältnisse (Steuer- und Mietschulden, offene Rechnungen, Krankenkassenbeiträge etc.)? • Wer ist der Gläubiger? • Wie hoch ist die Schuld?	
☐	**2.3 Vermächtnisse** • Wer ist Vermächtnisnehmer? • Welcher Vermögensvorteil/Vermögensgegenstand wurde vermacht?	1. Erfassung 2. Erfüllung/Übergabe des Vermächtnisgegenstands

4.3.6 Hilfe durch Aus- und Weiterbildungsmöglichkeiten zur Testamentsvollstreckung

»Weiterbilden?!«

Nachfolgend eine freie Auflistung von Aus- und Weiterbildungsangeboten zur Testamentsvollstreckung.

Checkliste: Weiterbildungsmöglichkeiten zur Testamentsvollstreckung (Auswahl)

- ☐ **Deutsche Vereinigung für Erbrecht und Vermögensnachfolge e. V.**
  (www.juristische-fachseminare.de)
  Testamentsvollstrecker-Lehrgänge in Kooperation mit der DVEV
- ☐ **Fachseminar von Fürstenberg**
  (www.fachseminare-von-fuerstenberg.de)
  Zertifizierter Testamentsvollstrecker (AGT)
- ☐ **EBS Universität**
  (www.ebs.edu)
  Testamentsvollstreckung
- ☐ **Gesellschaft für Wissensarbeit und Kommunikation mbH**
  (www.weinsberger-forum.de)
  Zertifikatskurs Testamentsvollstreckung
- ☐ **Institut Generationenberatung**
  (www.institut-generationenberatung.de)
  Testamentsvollstreckung (IHK) und Testamentsvollstrecker (IGB)

Gedankenanstoß

Haben Sie eine Möglichkeit gefunden, sich laufend über die Testamentsvollstreckung als eine Möglichkeit des Fundraisings zu informieren?

5 KURZ-ZUSAMMENFASSUNG: STIFTUNGS-BALANCED-SCORECARD

»Viele Themen, viele Fragestellungen«

Die Stiftungswelt wird von vielen Fragestellungen begleitet. In den »Gedankenanstößen« konnten Sie gegebenenfalls bereits einige Antworten finden. Dabei sind zwei Extreme möglich: von »für die Stiftung nicht interessant« bis »muss vertieft werden«.

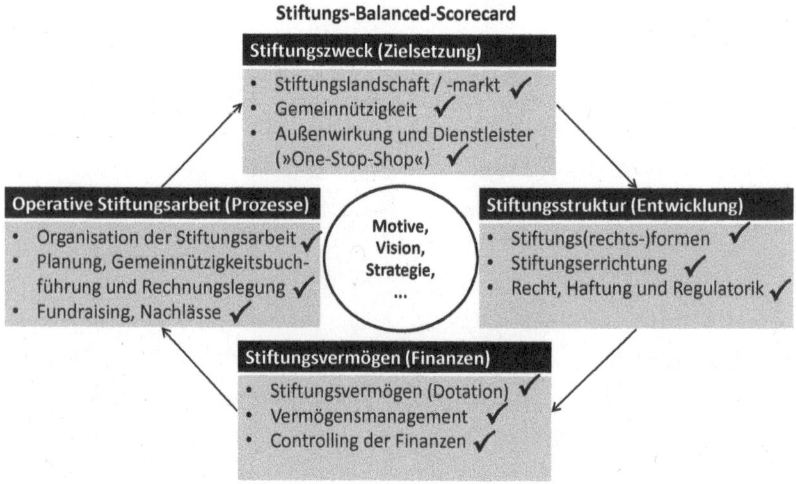

In beiden Fällen liegt ein klares Verständnis über den Zweck und die Stiftung vor.

Wie kann es weitergehen? Vertiefen Sie Ihr Wissen in den einzelnen Themenbereichen. Hier eine kleine Auswahl an Literatur:

Checkliste: Weiterführende Literatur (Auswahl)

- ❒ **Schauhoff, Stephan**
  Handbuch der Gemeinnützigkeit: Verein, Stiftung, GmbH: Recht, Steuern, Personal
- ❒ **Bertelsmann Stiftung**
  Handbuch Stiftungen: Ziele – Projekte – Management – Rechtliche Gestaltung
- ❒ **Götz, Hellmut/Pach-Hanssenheimb, Ferdinand**
  Handbuch der Stiftung. Zivilrecht, Steuerrecht, Rechnungslegung, ausgewählte ausländische Stiftungsregime
- ❒ **Köber, Johann C.**
  Das große Handbuch der Stiftungen. Wie Sie mit Stiftungen Ihr Vermögen gestalten und Ihr Erbe sichern

TEIL C

STIFTUNGS-TOOLS: ALLES, WAS SIE SONST ZUM THEMA STIFTUNGEN WISSEN SOLLTEN

1 STIFTUNGS-ABC

In der täglichen Stiftungsarbeit wird mit vielen Begrifflichkeiten umgegangen. Hier ein knapper Versuch eines Stiftungs-ABCs:

Anerkennung: Mit Anerkennung einer rechtlich selbstständigen Stiftung durch die zuständige Stiftungsaufsicht (in Bayern die Regierung in den einzelnen Regierungsbezirken) erhält eine Stiftung die eigene Rechtsperson – sie ist somit ab diesem Zeitpunkt unabhängig und sich selbst tragend und verwaltend.

Bürgerstiftung: Die Bürgerstiftung ist eine von vielen Stiftungsformen in Deutschland. Ihre Besonderheit ist, dass sie von Bürgerinnen und Bürgern gegründet wurde, um die Region zu fördern. Arbeitsfelder einer Bürgerstiftung sind beispielsweise Jugend und Senioren, Kultur, Toleranz und Integration oder Naturschutz.

Compliance: Unter Compliance wird ein regelkonformes Verhalten verstanden. Die Stiftungsarbeit ist in unterschiedlichen Gesetzen (Stiftungsgesetz, Steuergesetz) und Verordnungen (Verordnung zur Ausführung des Stiftungsgesetzes) geregelt. Auch intern unterliegt die Stiftungsarbeit Regeln: Welche Projekte werden gefördert? Was sind Mindestanforderungen an den Leistungsempfänger?

Destinatär: Der Destinatär ist der Leistungsempfänger einer Stiftung und damit die Person, die den Stiftungszweck erfüllt, dokumentiert und verantwortet.

Erbschaft: Mit einem Nachlass oder einem Vermächtnis kann eine Stiftung von Todes wegen errichtet oder eine bestehende Stiftung unterstützt werden. Im Rahmen der Nachlassabwicklung oder Testamentsvollstreckung werden alle anvertrauten Vermögenswerte bestmöglich dem Stiftungszweck zugeführt.

Freistellungsbescheid: Der Freistellungsbescheid, ausgestellt vom zuständigen Finanzamt, dokumentiert die ordnungsgemäße Geschäftsführung der Stiftung im Rahmen der Gemeinnützigkeit.

Gemeinnützigkeit: Eine Stiftung »verfolgt gemeinnützige Zwecke, wenn ihre Tätigkeit darauf gerichtet ist, die Allgemeinheit auf materiellem, geistigem oder sittlichem Gebiet selbstlos zu fördern« (§ 52 Abs. 1 Satz 1 AO).

Hybridstiftung: Die Hybridstiftung ist eine Mischung aus Ewigkeitsstiftung (das eingebrachte Kapital muss erhalten werden, und nur die Überschüsse kommen dem Stiftungszweck zugute) und Verbrauchsstiftung (das eingebrachte Kapital wird sukzessive zur Verwirklichung des Stiftungszwecks verbraucht). Damit versucht die Stiftung, die Vorteile beider Welten zu vereinen: eine auf Ewigkeit ausgerichtete Stiftung, die in Zeiten von Niedrigzinsen oder großen Fördervorhaben gegebenenfalls – unter konkret formulierten Bedingungen – auch das eigentlich zu erhaltende Vermögen für den Stiftungszweck verbrauchen kann.

Immobilie: Die Immobilie stellt einen möglichen Vermögensgegenstand einer Stiftung dar – weitere sind üblicherweise Wertpapiere wie Aktien und Anleihen, aber gegebenenfalls auch Schmuck, Gold und Kunstgegenstände –, aus dessen Überschüssen der Stiftungszweck verwirklicht werden kann. Es bedarf jedoch zur Administration der Immobilien (Mietverwaltung, Instandhaltung/Modernisierung et cetera) einer professionellen Stiftungsverwaltung.

Jahresabschluss: Der Jahresabschluss dokumentiert die Arbeit einer Stiftung im Hinblick auf die Vermögens-, Finanz- und Ertragslage.

Kapitalerhaltungsgebot: Eine Stiftung soll auf ewig wirken. Aus diesem Grund unterliegen Stiftungen – mit Ausnahme der Verbrauchsstiftung – dem Ewigkeitsgebot oder auch Kapitelerhaltungsgebot. Vermögenswerte, welche zum Zeitpunkt der Stiftungserrichtung bestanden, dürfen nicht für den Stiftungszweck verausgabt werden, sondern sind auf ewig zu erhalten. Auch mit Zweck- oder Satzungsänderungen sollte restriktiv verfahren werden.

Mitsprache: Die Interessenvertretung der Stiftungen in Deutschland bildet der Bundesverband Deutscher Stiftungen.

Neues Stiftungsrecht: Das Gesetz zur Vereinheitlichung des Stiftungsrechts hat der Bundestag am 24. Juni 2021 beschlossen, um Rechtssicherheit bei Haftungsfragen, die Umwandlung und Zu- und Zusammenlegung von Stiftungen und die Einführung eines Stiftungsregisters im Jahre 2026 zu erlangen.

Operative Stiftung: Eine operative Stiftung verfolgt ihren Zweck mit eigenem Personal und Ressourcen. Gegenpart wäre eine Förderstiftung, die Fördermittel an eine weitere gemeinnützige Organisation gibt, welche sodann den Stiftungszweck erfüllen.

Prüfung der tatsächlichen Geschäftsführung: In der Regel alle drei Jahre wird eine gemeinnützige Stiftung durch das zuständige Finanzamt auf ihre tatsächliche Geschäftsführung hin überprüft. Zentrale Fragestellung: Wurden alle Regelungen des Gemeinnützigkeitsrechts eingehalten?

Qualitätsmanagement: Eine Stiftung sollte laufend die Qualität ihrer Arbeit überprüfen. Dies kann beispielsweise über Gemeinnützigkeits-Reviews geschehen, um festzustellen, ob alle Regelungen der Gemeinnützigkeit bei der Zweckerfüllung eingehalten wurden.

Risiko: Eine Stiftung besitzt Vermögen, aus dessen Erträgen der Stiftungszweck verwirklicht werden soll. Das Erwirtschaften von Erträgen geht aber immer auch mit Risiken einher. Immobilien können leer stehen oder Wertpapiere an Wert verlieren. Daher ist ein professionelles Vermögensmanagement unabdingbar.

Satzung: Die Satzung ist das Herzstück einer Stiftung. In ihr sind alle Belange einer Stiftung geregelt: Welcher Zweck wird verfolgt, wer vertritt die Stiftung nach außen, welche Organe hat die Stiftung, wer wird gefördert und vieles mehr.

Treuhänderin: Neben der rechtsfähigen Stiftung gibt es die sogenannte Treuhandstiftung. Unter Treuhandstiftung versteht man eine Vermögensmasse, die wie eine Stiftung agiert, jedoch keine eigene Rechtsperson darstellt.

Unterstiftung: Unterstiftung ist ein anderer Begriff für »Zustiftung«: das Ausstatten einer Stiftung mit zusätzlichen Vermögenswerten, welche auf ewig erhalten werden.

Vermögensverwaltung: Die Vermögensverwaltung beschreibt die ordnungsgemäße Verwaltung der anvertrauten Vermögenswerte einer Stiftung (Anlage von Geldvermögen, Bewirtschaftung von Immobilien et cetera) und ist gleichzeitig eine von vier Sphären der Gemeinnützigkeit: ideeller Bereich (Spenden und Zweckerfüllung), Vermögensverwaltung (Fruchtziehung aus vorhandenem Vermögen), Zweckbetrieb (zweckwirtschaftliche Tätigkeit, beispielsweise Wohnheim), Geschäftsbetrieb (Betrieb gewerblicher Art).

Werte: Eine Stiftung ist zumeist gemeinnützig, mildtätig oder kirchlich. Das heißt, über eine Stiftung werden Werte wie die Förderung des Allgemeinwohls oder der Wunsch, der Gesellschaft etwas zurückzugeben, zum Ausdruck gebracht.

XY-Stiftungsfonds: Ein Stiftungsfonds ist eine Zuwendung (Spende, Erbschaft et cetera) mit Auflage. Eine Auflage kann ein bestimmter Zweck und/oder ein Name (XY-Stiftungsfonds) sein.

Zweck: Jede Stiftung verfolgt einen Zweck, der den wesentlichen Kern einer Stiftung bildet. Die sich um die Stiftung aufbauende Struktur (Stiftungsform, Stiftungsvermögen, Stiftungsgovernance) ist nur das Mittel und der Weg zur Zweckerfüllung.

2 LISTE DER DEUTSCHEN STIFTUNGSAUFSICHTEN

Baden-Württemberg

Oberste Stiftungsbehörde
Referat 21
Dorotheenstraße 6
70173 Stuttgart

Regierungspräsidium Karlsruhe
Referat 14 – Kommunales, Stiftungen und Sparkassenwesen
Schlossplatz 1–3
76131 Karlsruhe

Regierungspräsidium Freiburg
Referat 14 – Kommunales, Stiftungen und Sparkassenwesen
Kaiser-Joseph-Straße 167
79098 Freiburg i. Br.

Regierungspräsidium Stuttgart
Referat 14 – Kommunales, Stiftungen, Sparkassenwesen und Tariftreue
Ruppmannstraße 21
70565 Stuttgart

Regierungspräsidium Tübingen
Referat 14 – Kommunales, Stiftungen und Sparkassenwesen
Konrad-Adenauer-Straße 20
72072 Tübingen

Bayern

Bayerisches Staatsministerium des Innern und für Integration
Abteilung A – Sachgebiet A 6
Odeonsplatz 3
80524 München

Regierung von Mittelfranken
Sachgebiet 12 – Kommunale Angelegenheiten, Oberversicherungsamt Nordbayern
Promenade 27
91522 Ansbach

Regierung von Niederbayern
Sachgebiet 12 – Kommunales, Förderung, Stiftungen und Kultur
Regierungsplatz 540
84023 Landshut

Regierung von Oberbayern
Sachgebiet 12.1 – Kommunale Angelegenheiten; Stiftungen
Maximilianstraße 39
80538 München

Regierung von Oberfranken
Sachgebiet 12
Ludwigstraße 20
95444 Bayreuth

Regierung der Oberpfalz
Bereich 1 – Sicherheit, Kommunales, Soziales
Emmeramsplatz 8/9
93047 Regensburg

Regierung von Schwaben
Sachgebiet 12 – Sicherheit, Kommunales, Soziales – Bereich 1
Fronhof 10
86146 Augsburg

Regierung von Unterfranken
Schulorganisation, Schulrecht
Peterplatz 9
97070 Würzburg

Berlin

Senatsverwaltung für Justiz, Verbraucherschutz und Antidiskriminierung
Referat II D
Salzburger Straße 21–25
10825 Berlin

Brandenburg

Ministerium des Innern und für Kommunales
Stiftungsbehörde
Henning-v.-Tresckow-Straße 9–13
14467 Potsdam

Bremen

Der Senator für Inneres, Kultur und Sport
Referat 22
Contrescarpe 22/24
28203 Bremen

Hamburg

Behörde für Justiz und Verbraucherschutz
Stiftungsangelegenheiten
Drehbahn 36
20354 Hamburg

Hessen

Hessische Staatskanzlei
Abteilung P 7 – Stiftungswesen
Georg-August-Zinn-Straße 1
65183 Wiesbaden

Regierungspräsidium Darmstadt
Stiftungsaufsicht
Luisenplatz 2, Kollegiengebäude
64283 Darmstadt

Regierungspräsidium Gießen
Stiftungsaufsicht
Liebigstraße 14–16
35390 Gießen

Regierungspräsidium Kassel
Stiftungsaufsicht
Steinweg 6
34117 Kassel

Magistrat der Stadt Frankfurt am Main
Stiftungsaufsicht
Rechtsamt 30.2 – Stiftungsabteilung
Sandgasse 6
60275 Frankfurt am Main

Mecklenburg-Vorpommern
Justizministerium
Abteilung 3 – Verfassung, Recht, Kirchenangelegenheiten, Normprüfung und Stiftungswesen
Referat 390 – Stiftungswesen; Sonn- und Feiertagsrecht
Puschkinstraße 19–21
19055 Schwerin

Niedersachsen

Amt für regionale Landesentwicklung Braunschweig
Stiftungsangelegenheiten, Dezernat 2
Friedrich-Wilhelm-Straße 3
38100 Braunschweig

Amt für regionale Landesentwicklung Leine-Weser
Stiftungsaufsicht
Bahnhofsplatz 3–4
31134 Hildesheim

Amt für regionale Landesentwicklung Lüneburg
Stiftungsaufsicht
Auf der Hude 2
21339 Lüneburg

Amt für regionale Landesentwicklung Weser-Ems
Theodor-Tantzen-Platz 8
26106 Oldenburg

Nordrhein-Westfalen

Innenministerium des Landes Nordrhein-Westfalen
Referat 12 - Stiftungen
Haroldstraße 5
40213 Düsseldorf

Bezirksregierung Arnsberg
Stiftungen
Seibertzstraße 1
59817 Arnsberg

Bezirksregierung Detmold
Dezernat 21 - Stiftungsaufsicht
Leopoldstraße 13–15
32756 Detmold

Bezirksregierung Düsseldorf
Dezernat 21 - Stiftungsaufsicht
Cecilienallee 2
40474 Düsseldorf

Bezirksregierung Köln
Dezernat 21 - Stiftungsaufsicht
Zeughausstraße 2–10
50667 Köln

Bezirksregierung Münster
Dezernat 21 - Stiftungsaufsicht
Am Domplatz 1–3
48143 Münster

Rheinland-Pfalz

Ministerium des Innern des Landes Rheinland-Pfalz
Abteilung 1 – Referat 315, Stiftungen
Schillerplatz 3–5
55116 Mainz

Aufsichts- und Dienstleistungsdirektion Trier
Abteilung 2 – Stiftungen
Kurfürstliches Palais, Willy-Brandt-Platz 3
54290 Trier

Saarland

Ministerium für Inneres, Bauen und Sport
Stiftungsbehörde
Franz-Josef-Röder-Str. 21
66119 Saarbrücken

Sachsen

Landesdirektion Sachsen
Stiftungsbehörde
Altchemnitzer Straße 41
09120 Chemnitz

Sachsen-Anhalt

Landesverwaltungsamt
Referat Stiftungen
Ernst-Kamieth-Straße 2
06112 Halle (Saale)
Postfach 200256
06003 Halle (Saale)

Schleswig-Holstein

Innenministerium von Schleswig-Holstein
Referat Stiftungswesen
Düstenbrooker Weg 92
24105 Kiel

Thüringen

Thüringer Ministerium für Inneres und Kommunales
Referat 21 – Verwaltungs- und Verwaltungsverfahrensrecht
Steigerstraße 24
99104 Erfurt
Telefon (0361) 57 3313 -412

Thüringer Landesverwaltungsamt
Referat 200 – Stiftungsaufsicht
Weimarplatz 4
99423 Weimar

3 GLOSSAR ZUM STIFTUNGSVERMÖGEN

Grundstockvermögen
Das Vermögen, das der Stiftung zugewendet wurde, um aus seiner Nutzung den Stiftungszweck dauernd und nachhaltig zu erfüllen.

- siehe auch Stiftungskapital
- Gebot: Kapitalerhalt

Art. 6 Abs. 2 BayStG

Sonstiges Vermögen
Aus der Praxis heraus definierter Begriff, um die begriffliche Lücke zwischen Vermögen der Stiftung – als Gesamtheit aller Vermögenswerte einer Stiftung – und Grundstockvermögen – als zugewendetes Vermögen bei Stiftungserrichtung – zu schließen.

Vermögen der Stiftung
Gesamtheit aller Vermögenswerte einer Stiftung.

- Gebot: sichere und wirtschaftliche Verwaltung

unter anderem Art. 6 Abs. 1 BayStG

Stiftungskapital
Das Stiftungskapital (Errichtungs- und Zustiftungskapital) zeigt den Nominalwert des zu erhaltenden Kapitals der Stiftung.

- siehe auch Grundstockvermögen

Errichtungskapital
Das Errichtungskapital ist eine Unterposition des Stiftungskapitals und dient dem transparenten Ausweis des vom Stifter im Zeitpunkt der Stiftungserrichtung zugewendeten Vermögens.

- siehe Stiftungskapital, Grundstockvermögen

Zustiftungskapital

Das Zustiftungskapital ist eine Unterposition des Stiftungskapitals und dient dem transparenten Ausweis des vom Stifter im Zeitpunkt der Zustiftung zugewendeten Vermögens.

▶ siehe Stiftungskapital, Grundstockvermögen

Kapitalrücklage

Unter der Kapitalrücklage werden sonstige Zuwendungen erfasst, die der Stifter oder ein Dritter zur Stärkung des Kapitals (zum Beispiel zur Erfüllung des zugrunde liegenden Kapitalerhaltungskonzeptes) leistet und die weder dem Errichtungskapital noch den Zustiftungen zuzuordnen sind.

IDW

Ergebnisrücklagen

Bei den Ergebnisrücklagen handelt es sich um Eigenkapitalbestandteile, die in der Regel in Analogie zu den satzungsmäßigen Gewinnrücklagen nach § 272 Abs. 3 HGB aus dem Ergebnis gebildet werden.

▶ siehe auch
 - gebundene Rücklage
 - freie Rücklage
 - Rücklage für Wiederbeschaffung
 - Rücklage zum Erwerb von Gesellschaftsrechten IDW

Umschichtungsergebnis

Umschichtungsergebnisse können als separater Posten ausgewiesen werden. Dies dient unter anderem dem Nachweis über den Erhalt des Grundstockvermögens. In diesem Posten können Aufwendungen oder Erträge aus Umschichtungen des Grundstockvermögens erfasst werden. Unter die Aufwendungen und Erträge fallen auch (außer-)planmäßige Abschreibungen und daraus gegebenenfalls später resultierende Zuschreibungen des Grundstockvermögens. Insofern kann der Posten »Umschichtungsergebnisse« auch negativ werden.

- Beispiel: WP Kauf zu 100 GE und Verkauf zu 150 GE ergibt ein Umschichtungsergebnis von (150 GE – 100 GE) = 50 GE

IDW

Ergebnisvortrag
Die ins nächste Wirtschaftsjahr vorgetragenen, noch nicht verwendeten Stiftungsmittel.

- Gebot: zeitnahe Mittelverwendung

Freie Rücklage
Rücklage ohne besonderen Grund

- Höchstbeträge:
  - 33 Prozent aus Überschuss der Vermögensverwaltung
  - 10 Prozent aus Einnahmen des ideellen Bereichs

§ 62 Abs. 1 Nr. 3 AO

Gebundene Rücklage
Rücklage für Vorhaben, die erforderlich sind, um den steuerbegünstigten satzungsmäßigen Zweck nachhaltig zu erfüllen.

- Beispiele:
  - Projektrücklagen
  - Vorhaben in der Vermögensverwaltung (Immobiliensanierung)

§ 62 Abs. 1 Nr. 1 AO

Rücklage für Wiederbeschaffung
Rücklage für die beabsichtigte Wiederbeschaffung von Wirtschaftsgütern.

- Höhe: regulärer Abschreibungssatz

§ 62 Abs. 1 Nr. 2 AO

Rücklage zum Erwerb von Gesellschaftsrechten
Eine Rücklage zum Erwerb von Gesellschaftsrechten zur Erhaltung der prozentualen Beteiligung an Kapitalgesellschaften.

§ 62 Abs. 1 Nr. 4 AO

Tabelle 11: Konsolidierte Begriffsverwendung mit den drei wesentlichen Geboten aus Stiftungs- und Gemeinnützigkeitsrecht

A. Eigenkapital	↕ sichere und wirtschaftliche Verwaltung	↕ Kapitalerhalt	
I. Stiftungskapital (Grundstockvermögen) a. Errichtungskapital b. Zustiftungskapital			
I. Rücklagen a. Kapitalrücklagen b. Ergebnisrücklagen 1. gebundene Rücklage 2. Rücklage für Wiederbeschaffung 3. freie Rücklage 4. Rücklage zum Erwerb von Gesellschaftsrechten 5. …			
I. Umschichtungsergebnis			
I. Ergebnisvortrag			↕ Zeitnahe Mittelverwendung
A. Fremdkapital, Rechnungsabgrenzung			

4 AUSZUG: ABGABENORDNUNG (AO)

§ 52 Gemeinnützige Zwecke

(1) Eine Körperschaft verfolgt gemeinnützige Zwecke, wenn ihre Tätigkeit darauf gerichtet ist, die Allgemeinheit auf materiellem, geistigem oder sittlichem Gebiet selbstlos zu fördern. Eine Förderung der Allgemeinheit ist nicht gegeben, wenn der Kreis der Personen, dem die Förderung zugutekommt, fest abgeschlossen ist, zum Beispiel Zugehörigkeit zu einer Familie oder zur Belegschaft eines Unternehmens, oder infolge seiner Abgrenzung, insbesondere nach räumlichen oder beruflichen Merkmalen, dauernd nur klein sein kann. Eine Förderung der Allgemeinheit liegt nicht allein deswegen vor, weil eine Körperschaft ihre Mittel einer Körperschaft des öffentlichen Rechts zuführt.

(2) Unter den Voraussetzungen des Absatzes 1 sind als Förderung der Allgemeinheit anzuerkennen:

1. die Förderung von Wissenschaft und Forschung;
2. die Förderung der Religion;
3. die Förderung des öffentlichen Gesundheitswesens und der öffentlichen Gesundheitspflege, insbesondere die Verhütung und Bekämpfung von übertragbaren Krankheiten, auch durch Krankenhäuser im Sinne des § 67, und von Tierseuchen;
4. die Förderung der Jugend- und Altenhilfe;
5. die Förderung von Kunst und Kultur;
6. die Förderung des Denkmalschutzes und der Denkmalpflege;
7. die Förderung der Erziehung, Volks- und Berufsbildung einschließlich der Studentenhilfe;
8. die Förderung des Naturschutzes und der Landschaftspflege im Sinne des Bundesnaturschutzgesetzes und der Naturschutzgesetze der Länder, des Umweltschutzes, des Küstenschutzes und des Hochwasserschutzes;

9. die Förderung des Wohlfahrtswesens, insbesondere der Zwecke der amtlich anerkannten Verbände der freien Wohlfahrtspflege (§ 23 der Umsatzsteuer-Durchführungsverordnung), ihrer Unterverbände und ihrer angeschlossenen Einrichtungen und Anstalten;
10. die Förderung der Hilfe für politisch, rassisch oder religiös Verfolgte, für Flüchtlinge, Vertriebene, Aussiedler, Spätaussiedler, Kriegsopfer, Kriegshinterbliebene, Kriegsbeschädigte und Kriegsgefangene, Zivilbeschädigte und Behinderte sowie Hilfe für Opfer von Straftaten; Förderung des Andenkens an Verfolgte, Kriegs- und Katastrophenopfer; Förderung des Suchdienstes für Vermisste;
11. die Förderung der Rettung aus Lebensgefahr;
12. die Förderung des Feuer-, Arbeits-, Katastrophen- und Zivilschutzes sowie der Unfallverhütung;
13. die Förderung internationaler Gesinnung, der Toleranz auf allen Gebieten der Kultur und des Völkerverständigungsgedankens;
14. die Förderung des Tierschutzes;
15. die Förderung der Entwicklungszusammenarbeit;
16. die Förderung von Verbraucherberatung und Verbraucherschutz;
17. die Förderung der Fürsorge für Strafgefangene und ehemalige Strafgefangene;
18. die Förderung der Gleichberechtigung von Frauen und Männern;
19. die Förderung des Schutzes von Ehe und Familie;
20. die Förderung der Kriminalprävention;
21. die Förderung des Sports (Schach gilt als Sport);
22. die Förderung der Heimatpflege und Heimatkunde;
23. die Förderung der Tierzucht, der Pflanzenzucht, der Kleingärtnerei, des traditionellen Brauchtums einschließlich des Karnevals, der Fastnacht und des Faschings, der Soldaten- und Reservistenbetreuung, des Amateurfunkens, des Modellflugs und des Hundesports;
24. die allgemeine Förderung des demokratischen Staatswesens im Geltungsbereich dieses Gesetzes; hierzu gehören nicht Bestrebungen, die nur bestimmte Einzelinteressen staatsbürgerlicher Art verfolgen oder die auf den kommunalpolitischen Bereich beschränkt sind;
25. die Förderung des bürgerschaftlichen Engagements zugunsten gemeinnütziger, mildtätiger und kirchlicher Zwecke.

Sofern der von der Körperschaft verfolgte Zweck nicht unter Satz 1 fällt, aber die Allgemeinheit auf materiellem, geistigem oder sittlichem Gebiet entsprechend selbstlos gefördert wird, kann dieser Zweck für gemeinnützig erklärt werden. Die obersten Finanzbehörden der Länder haben jeweils eine Finanzbehörde im Sinne des Finanzverwaltungsgesetzes zu bestimmen, die für Entscheidungen nach Satz 2 zuständig ist.

§ 53 Mildtätige Zwecke

Eine Körperschaft verfolgt mildtätige Zwecke, wenn ihre Tätigkeit darauf gerichtet ist, Personen selbstlos zu unterstützen,

1. die infolge ihres körperlichen, geistigen oder seelischen Zustands auf die Hilfe anderer angewiesen sind oder
2. deren Bezüge nicht höher sind als das Vierfache des Regelsatzes der Sozialhilfe im Sinne des § 28 des Zwölften Buches Sozialgesetzbuch; beim Alleinstehenden oder Alleinerziehenden tritt an die Stelle des Vierfachen das Fünffache des Regelsatzes. Dies gilt nicht für Personen, deren Vermögen zur nachhaltigen Verbesserung ihres Unterhalts ausreicht und denen zugemutet werden kann, es dafür zu verwenden. Bei Personen, deren wirtschaftliche Lage aus besonderen Gründen zu einer Notlage geworden ist, dürfen die Bezüge oder das Vermögen die genannten Grenzen übersteigen. Bezüge im Sinne dieser Vorschrift sind

a) Einkünfte im Sinne des § 2 Abs. 1 des Einkommensteuergesetzes und
b) andere zur Bestreitung des Unterhalts bestimmte oder geeignete Bezüge aller Haushaltsangehörigen. Zu berücksichtigen sind auch gezahlte und empfangene Unterhaltsleistungen. Die wirtschaftliche Hilfebedürftigkeit im vorstehenden Sinne ist bei Empfängern von Leistungen nach dem Zweiten oder Zwölften Buch Sozialgesetzbuch, des Wohngeldgesetzes, bei Empfängern von Leistungen nach § 27a des Bundesversorgungsgesetzes oder nach § 6a des Bundeskindergeldgesetzes als nachgewiesen anzusehen. Die Körperschaft kann den Nachweis mithilfe des jeweiligen Leistungsbescheids, der für den Unterstützungszeitraum maßgeblich ist, oder mithilfe der Bestätigung des Sozialleistungsträgers führen. Auf Antrag der Körperschaft kann auf einen Nachweis der wirtschaftlichen Hilfebedürftigkeit verzichtet werden, wenn aufgrund der besonderen Art der gewährten Unterstützungsleis-

tung sichergestellt ist, dass nur wirtschaftlich hilfebedürftige Personen im vorstehenden Sinne unterstützt werden; für den Bescheid über den Nachweisverzicht gilt § 60a Absatz 3 bis 5 entsprechend.

§ 54 Kirchliche Zwecke

(1) Eine Körperschaft verfolgt kirchliche Zwecke, wenn ihre Tätigkeit darauf gerichtet ist, eine Religionsgemeinschaft, die Körperschaft des öffentlichen Rechts ist, selbstlos zu fördern.

(2) Zu diesen Zwecken gehören insbesondere die Errichtung, Ausschmückung und Unterhaltung von Gotteshäusern und kirchlichen Gemeindehäusern, die Abhaltung von Gottesdiensten, die Ausbildung von Geistlichen, die Erteilung von Religionsunterricht, die Beerdigung und die Pflege des Andenkens der Toten, ferner die Verwaltung des Kirchenvermögens, die Besoldung der Geistlichen, Kirchenbeamten und Kirchendiener, die Alters- und Behindertenversorgung für diese Personen und die Versorgung ihrer Witwen und Waisen.

§ 55 Selbstlosigkeit

(1) Eine Förderung oder Unterstützung geschieht selbstlos, wenn dadurch nicht in erster Linie eigenwirtschaftliche Zwecke - zum Beispiel gewerbliche Zwecke oder sonstige Erwerbszwecke - verfolgt werden und wenn die folgenden Voraussetzungen gegeben sind:

1. Mittel der Körperschaft dürfen nur für die satzungsmäßigen Zwecke verwendet werden. Die Mitglieder oder Gesellschafter (Mitglieder im Sinne dieser Vorschriften) dürfen keine Gewinnanteile und in ihrer Eigenschaft als Mitglieder auch keine sonstigen Zuwendungen aus Mitteln der Körperschaft erhalten. Die Körperschaft darf ihre Mittel weder für die unmittelbare noch für die mittelbare Unterstützung oder Förderung politischer Parteien verwenden.
2. Die Mitglieder dürfen bei ihrem Ausscheiden oder bei Auflösung oder Aufhebung der Körperschaft nicht mehr als ihre eingezahlten Kapitalanteile und den gemeinen Wert ihrer geleisteten Sacheinlagen zurückerhalten.

3. Die Körperschaft darf keine Person durch Ausgaben, die dem Zweck der Körperschaft fremd sind, oder durch unverhältnismäßig hohe Vergütungen begünstigen.
4. Bei Auflösung oder Aufhebung der Körperschaft oder bei Wegfall ihres bisherigen Zwecks darf das Vermögen der Körperschaft, soweit es die eingezahlten Kapitalanteile der Mitglieder und den gemeinen Wert der von den Mitgliedern geleisteten Sacheinlagen übersteigt, nur für steuerbegünstigte Zwecke verwendet werden (Grundsatz der Vermögensbindung). Diese Voraussetzung ist auch erfüllt, wenn das Vermögen einer anderen steuerbegünstigten Körperschaft oder einer juristischen Person des öffentlichen Rechts für steuerbegünstigte Zwecke übertragen werden soll.
5. Die Körperschaft muss ihre Mittel vorbehaltlich des § 62 grundsätzlich zeitnah für ihre steuerbegünstigten satzungsmäßigen Zwecke verwenden. Verwendung in diesem Sinne ist auch die Verwendung der Mittel für die Anschaffung oder Herstellung von Vermögensgegenständen, die satzungsmäßigen Zwecken dienen. Eine zeitnahe Mittelverwendung ist gegeben, wenn die Mittel spätestens in den auf den Zufluss folgenden zwei Kalender- oder Wirtschaftsjahren für die steuerbegünstigten satzungsmäßigen Zwecke verwendet werden.

(2) Bei der Ermittlung des gemeinen Werts (Absatz 1 Nr. 2 und 4) kommt es auf die Verhältnisse zu dem Zeitpunkt an, in dem die Sacheinlagen geleistet worden sind.

(3) Die Vorschriften, die die Mitglieder der Körperschaft betreffen (Absatz 1 Nr. 1, 2 und 4), gelten bei Stiftungen für die Stifter und ihre Erben, bei Betrieben gewerblicher Art von juristischen Personen des öffentlichen Rechts für die Körperschaft sinngemäß, jedoch mit der Maßgabe, dass bei Wirtschaftsgütern, die nach § 6 Absatz 1 Nummer 4 Satz 4 des Einkommensteuergesetzes aus einem Betriebsvermögen zum Buchwert entnommen worden sind, an die Stelle des gemeinen Werts der Buchwert der Entnahme tritt.

§ 56 Ausschließlichkeit

Ausschließlichkeit liegt vor, wenn eine Körperschaft nur ihre steuerbegünstigten satzungsmäßigen Zwecke verfolgt.

§ 57 Unmittelbarkeit

(1) Eine Körperschaft verfolgt unmittelbar ihre steuerbegünstigten satzungsmäßigen Zwecke, wenn sie selbst diese Zwecke verwirklicht. Das kann auch durch Hilfspersonen geschehen, wenn nach den Umständen des Falls, insbesondere nach den rechtlichen und tatsächlichen Beziehungen, die zwischen der Körperschaft und der Hilfsperson bestehen, das Wirken der Hilfsperson wie eigenes Wirken der Körperschaft anzusehen ist.

(2) Eine Körperschaft, in der steuerbegünstigte Körperschaften zusammengefasst sind, wird einer Körperschaft, die unmittelbar steuerbegünstigte Zwecke verfolgt, gleichgestellt.

§ 58 Steuerlich unschädliche Betätigungen

Die Steuervergünstigung wird nicht dadurch ausgeschlossen, dass

1. eine Körperschaft Mittel für die Verwirklichung der steuerbegünstigten Zwecke einer anderen Körperschaft oder für die Verwirklichung steuerbegünstigter Zwecke durch eine juristische Person des öffentlichen Rechts beschafft; die Beschaffung von Mitteln für eine unbeschränkt steuerpflichtige Körperschaft des privaten Rechts setzt voraus, dass diese selbst steuerbegünstigt ist;
2. eine Körperschaft ihre Mittel teilweise einer anderen, ebenfalls steuerbegünstigten Körperschaft oder einer juristischen Person des öffentlichen Rechts zur Verwendung zu steuerbegünstigten Zwecken zuwendet;
3. eine Körperschaft ihre Überschüsse der Einnahmen über die Ausgaben aus der Vermögensverwaltung, ihre Gewinne aus den wirtschaftlichen Geschäftsbetrieben ganz oder teilweise und darüber hinaus höchstens 15 Prozent ihrer sonstigen nach § 55 Absatz 1 Nummer 5 zeitnah zu verwendenden Mittel einer anderen steuerbegünstigten Körperschaft oder einer juristischen Person des öffentlichen Rechts zur Vermögensausstattung zuwendet. Die aus den Vermögenserträgen zu verwirklichenden steuerbegünstigten Zwecke müssen den steuerbegünstigten satzungsmäßigen Zwecken der zuwendenden Körperschaft entsprechen. Die nach dieser Nummer zugewandten Mittel und deren Erträge dürfen nicht für weitere Mittelweitergaben im Sinne des ersten Satzes verwendet werden;

4. eine Körperschaft ihre Arbeitskräfte anderen Personen, Unternehmen, Einrichtungen oder einer juristischen Person des öffentlichen Rechts für steuerbegünstigte Zwecke zur Verfügung stellt;
5. eine Körperschaft ihr gehörende Räume einer anderen, ebenfalls steuerbegünstigten Körperschaft oder einer juristischen Person des öffentlichen Rechts zur Nutzung zu steuerbegünstigten Zwecken überlässt;
6. eine Stiftung einen Teil, jedoch höchstens ein Drittel ihres Einkommens dazu verwendet, um in angemessener Weise den Stifter und seine nächsten Angehörigen zu unterhalten, ihre Gräber zu pflegen und ihr Andenken zu ehren;
7. eine Körperschaft gesellige Zusammenkünfte veranstaltet, die im Vergleich zu ihrer steuerbegünstigten Tätigkeit von untergeordneter Bedeutung sind;
8. ein Sportverein neben dem unbezahlten auch den bezahlten Sport fördert;
9. eine von einer Gebietskörperschaft errichtete Stiftung zur Erfüllung ihrer steuerbegünstigten Zwecke Zuschüsse an Wirtschaftsunternehmen vergibt;
10. eine Körperschaft Mittel zum Erwerb von Gesellschaftsrechten zur Erhaltung der prozentualen Beteiligung an Kapitalgesellschaften im Jahr des Zuflusses verwendet. Dieser Erwerb mindert die Höhe der Rücklage nach § 62 Absatz 1 Nummer 3.

§ 59 Voraussetzung der Steuervergünstigung

Die Steuervergünstigung wird gewährt, wenn sich aus der Satzung, dem Stiftungsgeschäft oder der sonstigen Verfassung (Satzung im Sinne dieser Vorschriften) ergibt, welchen Zweck die Körperschaft verfolgt, dass dieser Zweck den Anforderungen der §§ 52 bis 55 entspricht und dass er ausschließlich und unmittelbar verfolgt wird; die tatsächliche Geschäftsführung muss diesen Satzungsbestimmungen entsprechen.

§ 60 Anforderungen an die Satzung

(1) Die Satzungszwecke und die Art ihrer Verwirklichung müssen so genau bestimmt sein, dass aufgrund der Satzung geprüft werden kann,

ob die satzungsmäßigen Voraussetzungen für Steuervergünstigungen gegeben sind. Die Satzung muss die in der Anlage 1 bezeichneten Festlegungen enthalten.
(2) Die Satzung muss den vorgeschriebenen Erfordernissen bei der Körperschaftsteuer und bei der Gewerbesteuer während des ganzen Veranlagungs- oder Bemessungszeitraums, bei den anderen Steuern im Zeitpunkt der Entstehung der Steuer entsprechen.

§ 60a Feststellung der satzungsmäßigen Voraussetzungen

(1) Die Einhaltung der satzungsmäßigen Voraussetzungen nach den §§ 51, 59, 60 und 61 wird gesondert festgestellt. Die Feststellung der Satzungsmäßigkeit ist für die Besteuerung der Körperschaft und der Steuerpflichtigen, die Zuwendungen in Form von Spenden und Mitgliedsbeiträgen an die Körperschaft erbringen, bindend.
(2) Die Feststellung der Satzungsmäßigkeit erfolgt
1. auf Antrag der Körperschaft oder
2. von Amts wegen bei der Veranlagung zur Körperschaftsteuer, wenn bisher noch keine Feststellung erfolgt ist.
(3) Die Bindungswirkung der Feststellung entfällt ab dem Zeitpunkt, an dem die Rechtsvorschriften, auf denen die Feststellung beruht, aufgehoben oder geändert werden.
(4) Tritt bei den für die Feststellung erheblichen Verhältnissen eine Änderung ein, ist die Feststellung mit Wirkung vom Zeitpunkt der Änderung der Verhältnisse aufzuheben.
(5) Materielle Fehler im Feststellungsbescheid über die Satzungsmäßigkeit können mit Wirkung ab dem Kalenderjahr beseitigt werden, das auf die Bekanntgabe der Aufhebung der Feststellung folgt. § 176 gilt entsprechend, außer es sind Kalenderjahre zu ändern, die nach der Verkündung der maßgeblichen Entscheidung eines obersten Gerichtshofes des Bundes beginnen.

§ 61 Satzungsmäßige Vermögensbindung

(1) Eine steuerlich ausreichende Vermögensbindung (§ 55 Abs. 1 Nr. 4) liegt vor, wenn der Zweck, für den das Vermögen bei Auflösung oder Aufhebung der Körperschaft oder bei Wegfall ihres bisherigen Zwecks

verwendet werden soll, in der Satzung so genau bestimmt ist, dass aufgrund der Satzung geprüft werden kann, ob der Verwendungszweck steuerbegünstigt ist.

(2) (weggefallen)

(3) Wird die Bestimmung über die Vermögensbindung nachträglich so geändert, dass sie den Anforderungen des § 55 Abs. 1 Nr. 4 nicht mehr entspricht, so gilt sie von Anfang an als steuerlich nicht ausreichend. § 175 Abs. 1 Satz 1 Nr. 2 ist mit der Maßgabe anzuwenden, dass Steuerbescheide erlassen, aufgehoben oder geändert werden können, soweit sie Steuern betreffen, die innerhalb der letzten zehn Kalenderjahre vor der Änderung der Bestimmung über die Vermögensbindung entstanden sind.

§ 62 Rücklagen und Vermögensbildung

(1) Körperschaften können ihre Mittel ganz oder teilweise

1. einer Rücklage zuführen, soweit dies erforderlich ist, um ihre steuerbegünstigten satzungsmäßigen Zwecke nachhaltig zu erfüllen;

2. einer Rücklage für die beabsichtigte Wiederbeschaffung von Wirtschaftsgütern zuführen, die zur Verwirklichung der steuerbegünstigten satzungsmäßigen Zwecke erforderlich sind (Rücklage für Wiederbeschaffung). Die Höhe der Zuführung bemisst sich nach der Höhe der regulären Absetzungen für Abnutzung eines zu ersetzenden Wirtschaftsguts. Die Voraussetzungen für eine höhere Zuführung sind nachzuweisen;

3. der freien Rücklage zuführen, jedoch höchstens ein Drittel des Überschusses aus der Vermögensverwaltung und darüber hinaus höchstens 10 Prozent der sonstigen nach § 55 Absatz 1 Nummer 5 zeitnah zu verwendenden Mittel. Ist der Höchstbetrag für die Bildung der freien Rücklage in einem Jahr nicht ausgeschöpft, kann diese unterbliebene Zuführung in den folgenden zwei Jahren nachgeholt werden;

4. einer Rücklage zum Erwerb von Gesellschaftsrechten zur Erhaltung der prozentualen Beteiligung an Kapitalgesellschaften zuführen, wobei die Höhe dieser Rücklage die Höhe der Rücklage nach Nummer 3 mindert.

(2) Die Bildung von Rücklagen nach Absatz 1 hat innerhalb der Frist des § 55 Absatz 1 Nummer 5 Satz 3 zu erfolgen. Rücklagen nach Absatz 1 Nummer 1, 2 und 4 sind unverzüglich aufzulösen, sobald der Grund für die Rücklagenbildung entfallen ist. Die frei gewordenen Mittel sind innerhalb der Frist nach § 55 Absatz 1 Nummer 5 Satz 3 zu verwenden.

(3) Die folgenden Mittelzuführungen unterliegen nicht der zeitnahen Mittelverwendung nach § 55 Absatz 1 Nummer 5:

1. Zuwendungen von Todes wegen, wenn der Erblasser keine Verwendung für den laufenden Aufwand der Körperschaft vorgeschrieben hat;
2. Zuwendungen, bei denen der Zuwendende ausdrücklich erklärt, dass diese zur Ausstattung der Körperschaft mit Vermögen oder zur Erhöhung des Vermögens bestimmt sind;
3. Zuwendungen aufgrund eines Spendenaufrufs der Körperschaft, wenn aus dem Spendenaufruf ersichtlich ist, dass Beträge zur Aufstockung des Vermögens erbeten werden;
4. Sachzuwendungen, die ihrer Natur nach zum Vermögen gehören.

(4) Eine Stiftung kann im Jahr ihrer Errichtung und in den drei folgenden Kalenderjahren Überschüsse aus der Vermögensverwaltung und die Gewinne aus wirtschaftlichen Geschäftsbetrieben nach § 14 ganz oder teilweise ihrem Vermögen zuführen.

§ 63 Anforderungen an die tatsächliche Geschäftsführung

(1) Die tatsächliche Geschäftsführung der Körperschaft muss auf die ausschließliche und unmittelbare Erfüllung der steuerbegünstigten Zwecke gerichtet sein und den Bestimmungen entsprechen, die die Satzung über die Voraussetzungen für Steuervergünstigungen enthält.

(2) Für die tatsächliche Geschäftsführung gilt sinngemäß § 60 Abs. 2, für eine Verletzung der Vorschrift über die Vermögensbindung § 61 Abs. 3.

(3) Die Körperschaft hat den Nachweis, dass ihre tatsächliche Geschäftsführung den Erfordernissen des Absatzes 1 entspricht, durch ordnungsmäßige Aufzeichnungen über ihre Einnahmen und Ausgaben zu führen.

(4) Hat die Körperschaft ohne Vorliegen der Voraussetzungen Mittel angesammelt, kann das Finanzamt ihr eine angemessene Frist für die Verwendung der Mittel setzen. Die tatsächliche Geschäftsführung gilt als ordnungsgemäß im Sinne des Absatzes 1, wenn die Körperschaft die Mittel innerhalb der Frist für steuerbegünstigte Zwecke verwendet.
(5) Körperschaften im Sinne des § 10b Absatz 1 Satz 2 Nummer 2 des Einkommensteuergesetzes dürfen Zuwendungsbestätigungen im Sinne des § 50 Absatz 1 der Einkommensteuer-Durchführungsverordnung nur ausstellen, wenn
1. das Datum der Anlage zum Körperschaftsteuerbescheid oder des Freistellungsbescheids nicht länger als fünf Jahre zurückliegt oder
2. die Feststellung der Satzungsmäßigkeit nach § 60a Absatz 1 nicht länger als drei Kalenderjahre zurückliegt und bisher kein Freistellungsbescheid oder keine Anlage zum Körperschaftsteuerbescheid erteilt wurde.
Die Frist ist taggenau zu berechnen.

§ 64 Steuerpflichtige wirtschaftliche Geschäftsbetriebe

(1) Schließt das Gesetz die Steuervergünstigung insoweit aus, als ein wirtschaftlicher Geschäftsbetrieb (§ 14) unterhalten wird, so verliert die Körperschaft die Steuervergünstigung für die dem Geschäftsbetrieb zuzuordnenden Besteuerungsgrundlagen (Einkünfte, Umsätze, Vermögen), soweit der wirtschaftliche Geschäftsbetrieb kein Zweckbetrieb (§§ 65 bis 68) ist.
(2) Unterhält die Körperschaft mehrere wirtschaftliche Geschäftsbetriebe, die keine Zweckbetriebe (§§ 65 bis 68) sind, werden diese als ein wirtschaftlicher Geschäftsbetrieb behandelt.
(3) Übersteigen die Einnahmen einschließlich Umsatzsteuer aus wirtschaftlichen Geschäftsbetrieben, die keine Zweckbetriebe sind, insgesamt nicht 35.000 Euro im Jahr, so unterliegen die diesen Geschäftsbetrieben zuzuordnenden Besteuerungsgrundlagen nicht der Körperschaftsteuer und der Gewerbesteuer.
(4) Die Aufteilung einer Körperschaft in mehrere selbstständige Körperschaften zum Zweck der mehrfachen Inanspruchnahme der Steuer-

vergünstigung nach Absatz 3 gilt als Missbrauch von rechtlichen Gestaltungsmöglichkeiten im Sinne des § 42.

(5) Überschüsse aus der Verwertung unentgeltlich erworbenen Altmaterials außerhalb einer ständig dafür vorgehaltenen Verkaufsstelle, die der Körperschaftsteuer und der Gewerbesteuer unterliegen, können in Höhe des branchenüblichen Reingewinns geschätzt werden.

(6) Bei den folgenden steuerpflichtigen wirtschaftlichen Geschäftsbetrieben kann der Besteuerung ein Gewinn von 15 Prozent der Einnahmen zugrunde gelegt werden:

1. Werbung für Unternehmen, die im Zusammenhang mit der steuerbegünstigten Tätigkeit einschließlich Zweckbetrieben stattfindet;
2. Totalisatorbetriebe;
3. zweite Fraktionierungsstufe der Blutspendedienste.

§ 65 Zweckbetrieb

Ein Zweckbetrieb ist gegeben, wenn

1. der wirtschaftliche Geschäftsbetrieb in seiner Gesamtrichtung dazu dient, die steuerbegünstigten satzungsmäßigen Zwecke der Körperschaft zu verwirklichen;
2. die Zwecke nur durch einen solchen Geschäftsbetrieb erreicht werden können und
3. der wirtschaftliche Geschäftsbetrieb zu nicht begünstigten Betrieben derselben oder ähnlicher Art nicht in größerem Umfang in Wettbewerb tritt, als es bei Erfüllung der steuerbegünstigten Zwecke unvermeidbar ist.

§ 66 Wohlfahrtspflege

(1) Eine Einrichtung der Wohlfahrtspflege ist ein Zweckbetrieb, wenn sie in besonderem Maß den in § 53 genannten Personen dient.

(2) Wohlfahrtspflege ist die planmäßige, zum Wohle der Allgemeinheit und nicht des Erwerbs wegen ausgeübte Sorge für notleidende oder gefährdete Mitmenschen. Die Sorge kann sich auf das gesundheitliche, sittliche, erzieherische oder wirtschaftliche Wohl erstrecken und Vorbeugung oder Abhilfe bezwecken.

(3) Eine Einrichtung der Wohlfahrtspflege dient in besonderem Maße den in § 53 genannten Personen, wenn diesen mindestens zwei Drittel ihrer Leistungen zugutekommen. Für Krankenhäuser gilt § 67.

§ 67 Krankenhäuser

(1) Ein Krankenhaus, das in den Anwendungsbereich des Krankenhausentgeltgesetzes oder der Bundespflegesatzverordnung fällt, ist ein Zweckbetrieb, wenn mindestens 40 Prozent der jährlichen Belegungstage oder Berechnungstage auf Patienten entfallen, bei denen nur Entgelte für allgemeine Krankenhausleistungen (§ 7 des Krankenhausentgeltgesetzes, § 10 der Bundespflegesatzverordnung) berechnet werden.
(2) Ein Krankenhaus, das nicht in den Anwendungsbereich des Krankenhausentgeltgesetzes oder der Bundespflegesatzverordnung fällt, ist ein Zweckbetrieb, wenn mindestens 40 Prozent der jährlichen Belegungstage oder Berechnungstage auf Patienten entfallen, bei denen für die Krankenhausleistungen kein höheres Entgelt als nach Absatz 1 berechnet wird.

§ 67a Sportliche Veranstaltungen

(1) Sportliche Veranstaltungen eines Sportvereins sind ein Zweckbetrieb, wenn die Einnahmen einschließlich Umsatzsteuer insgesamt 45.000 Euro im Jahr nicht übersteigen. Der Verkauf von Speisen und Getränken sowie die Werbung gehören nicht zu den sportlichen Veranstaltungen.
(2) Der Sportverein kann dem Finanzamt bis zur Unanfechtbarkeit des Körperschaftsteuerbescheids erklären, dass er auf die Anwendung des Absatzes 1 Satz 1 verzichtet. Die Erklärung bindet den Sportverein für mindestens fünf Veranlagungszeiträume.
(3) Wird auf die Anwendung des Absatzes 1 Satz 1 verzichtet, sind sportliche Veranstaltungen eines Sportvereins ein Zweckbetrieb, wenn
1. kein Sportler des Vereins teilnimmt, der für seine sportliche Betätigung oder für die Benutzung seiner Person, seines Namens, seines Bildes oder seiner sportlichen Betätigung zu Werbezwecken von dem Verein oder einem Dritten über eine Aufwandsentschädigung hinaus Vergütungen oder andere Vorteile erhält, und

2. kein anderer Sportler teilnimmt, der für die Teilnahme an der Veranstaltung von dem Verein oder einem Dritten im Zusammenwirken mit dem Verein über eine Aufwandsentschädigung hinaus Vergütungen oder andere Vorteile erhält.

Andere sportliche Veranstaltungen sind ein steuerpflichtiger wirtschaftlicher Geschäftsbetrieb. Dieser schließt die Steuervergünstigung nicht aus, wenn die Vergütungen oder andere Vorteile ausschließlich aus wirtschaftlichen Geschäftsbetrieben, die nicht Zweckbetriebe sind, oder von Dritten geleistet werden.

§ 68 Einzelne Zweckbetriebe

Zweckbetriebe sind auch:

1.

a) Alten-, Altenwohn- und Pflegeheime, Erholungsheime, Mahlzeitendienste, wenn sie in besonderem Maß den in § 53 genannten Personen dienen (§ 66 Abs. 3);

b) Kindergärten, Kinder-, Jugend- und Studentenheime, Schullandheime und Jugendherbergen;

2.

a) landwirtschaftliche Betriebe und Gärtnereien, die der Selbstversorgung von Körperschaften dienen und dadurch die sachgemäße Ernährung und ausreichende Versorgung von Anstaltsangehörigen sichern;

b) andere Einrichtungen, die für die Selbstversorgung von Körperschaften erforderlich sind, wie Tischlereien, Schlossereien,

wenn die Lieferungen und sonstigen Leistungen dieser Einrichtungen an Außenstehende dem Wert nach 20 Prozent der gesamten Lieferungen und sonstigen Leistungen des Betriebs – einschließlich der an die Körperschaften selbst bewirkten – nicht übersteigen;

3.

a) Werkstätten für behinderte Menschen, die nach den Vorschriften des Dritten Buches Sozialgesetzbuch förderungsfähig sind und Personen Arbeitsplätze bieten, die wegen ihrer Behinderung nicht auf dem allgemeinen Arbeitsmarkt tätig sein können;

b) Einrichtungen für Beschäftigungs- und Arbeitstherapie, in denen behinderte Menschen aufgrund ärztlicher Indikationen außerhalb eines Beschäftigungsverhältnisses zum Träger der Therapieeinrichtung mit dem Ziel behandelt werden, körperliche oder psychische Grundfunktionen zum Zwecke der Wiedereingliederung in das Alltagsleben wiederherzustellen oder die besonderen Fähigkeiten und Fertigkeiten auszubilden, zu fördern und zu trainieren, die für eine Teilnahme am Arbeitsleben erforderlich sind, und

c) Inklusionsbetriebe im Sinne des § 215 Absatz 1 des Neunten Buches Sozialgesetzbuch, wenn mindestens 40 Prozent der Beschäftigten besonders betroffene schwerbehinderte Menschen im Sinne des § 215 Absatz 1 des Neunten Buches Sozialgesetzbuch sind; auf die Quote werden psychisch kranke Menschen im Sinne des § 215 Absatz 4 des Neunten Buches Sozialgesetzbuch angerechnet;

4. Einrichtungen, die zur Durchführung der Fürsorge für blinde Menschen und zur Durchführung der Fürsorge für körperbehinderte Menschen unterhalten werden;

5. Einrichtungen über Tag und Nacht (Heimerziehung) oder sonstige betreute Wohnformen;

6. von den zuständigen Behörden genehmigte Lotterien und Ausspielungen, wenn der Reinertrag unmittelbar und ausschließlich zur Förderung mildtätiger, kirchlicher oder gemeinnütziger Zwecke verwendet wird;

7. kulturelle Einrichtungen, wie Museen, Theater, und kulturelle Veranstaltungen, wie Konzerte, Kunstausstellungen; dazu gehört nicht der Verkauf von Speisen und Getränken;

8. Volkshochschulen und andere Einrichtungen, soweit sie selbst Vorträge, Kurse und andere Veranstaltungen wissenschaftlicher oder belehrender Art durchführen; dies gilt auch, soweit die Einrichtungen den Teilnehmern dieser Veranstaltungen selbst Beherbergung und Beköstigung gewähren;

9. Wissenschafts- und Forschungseinrichtungen, deren Träger sich überwiegend aus Zuwendungen der öffentlichen Hand oder Dritter oder aus der Vermögensverwaltung finanziert. Der Wissenschaft und Forschung dient auch die Auftragsforschung. Nicht zum Zweckbetrieb gehören Tätigkeiten, die sich auf die Anwendung gesicherter wissenschaftlicher Erkenntnisse beschränken, die Übernahme von Projektträgerschaften sowie wirtschaftliche Tätigkeiten ohne Forschungsbezug.

§ 51 Allgemeines

(1) Gewährt das Gesetz eine Steuervergünstigung, weil eine Körperschaft ausschließlich und unmittelbar gemeinnützige, mildtätige oder kirchliche Zwecke (steuerbegünstigte Zwecke) verfolgt, so gelten die folgenden Vorschriften. Unter Körperschaften sind die Körperschaften, Personenvereinigungen und Vermögensmassen im Sinne des Körperschaftsteuergesetzes zu verstehen. Funktionale Untergliederungen (Abteilungen) von Körperschaften gelten nicht als selbstständige Steuersubjekte.

(2) Werden die steuerbegünstigten Zwecke im Ausland verwirklicht, setzt die Steuervergünstigung voraus, dass natürliche Personen, die ihren Wohnsitz oder ihren gewöhnlichen Aufenthalt im Geltungsbereich dieses Gesetzes haben, gefördert werden oder die Tätigkeit der Körperschaft neben der Verwirklichung der steuerbegünstigten Zwecke auch zum Ansehen der Bundesrepublik Deutschland im Ausland beitragen kann.

(3) Eine Steuervergünstigung setzt zudem voraus, dass die Körperschaft nach ihrer Satzung und bei ihrer tatsächlichen Geschäftsführung keine Bestrebungen im Sinne des § 4 des Bundesverfassungsschutzgesetzes fördert und dem Gedanken der Völkerverständigung nicht zuwiderhandelt. Bei Körperschaften, die im Verfassungsschutzbericht des Bundes oder eines Landes als extremistische Organisation aufgeführt sind, ist widerlegbar davon auszugehen, dass die Voraussetzungen des Satzes 1 nicht erfüllt sind. Die Finanzbehörde teilt Tatsachen, die den Verdacht von Bestrebungen im Sinne des § 4 des Bundesverfassungsschutzgesetzes oder des Zuwiderhandelns gegen den Gedanken der Völkerverständigung begründen, der Verfassungsschutzbehörde mit.

§ 52 Gemeinnützige Zwecke

(1) Eine Körperschaft verfolgt gemeinnützige Zwecke, wenn ihre Tätigkeit darauf gerichtet ist, die Allgemeinheit auf materiellem, geistigem oder sittlichem Gebiet selbstlos zu fördern. Eine Förderung der Allgemeinheit ist nicht gegeben, wenn der Kreis der Personen, dem die Förderung zugute kommt, fest abgeschlossen ist, zum Beispiel Zugehörigkeit zu einer Familie oder zur Belegschaft eines Unternehmens, oder

infolge seiner Abgrenzung, insbesondere nach räumlichen oder beruflichen Merkmalen, dauernd nur klein sein kann. Eine Förderung der Allgemeinheit liegt nicht allein deswegen vor, weil eine Körperschaft ihre Mittel einer Körperschaft des öffentlichen Rechts zuführt.
(2) Unter den Voraussetzungen des Absatzes 1 sind als Förderung der Allgemeinheit anzuerkennen:
1. die Förderung von Wissenschaft und Forschung;
2. die Förderung der Religion;
3. die Förderung des öffentlichen Gesundheitswesens und der öffentlichen Gesundheitspflege, insbesondere die Verhütung und Bekämpfung von übertragbaren Krankheiten, auch durch Krankenhäuser im Sinne des § 67, und von Tierseuchen;
4. die Förderung der Jugend- und Altenhilfe;
5. die Förderung von Kunst und Kultur;
6. die Förderung des Denkmalschutzes und der Denkmalpflege;
7. die Förderung der Erziehung, Volks- und Berufsbildung einschließlich der Studentenhilfe;
8. die Förderung des Naturschutzes und der Landschaftspflege im Sinne des Bundesnaturschutzgesetzes und der Naturschutzgesetze der Länder, des Umweltschutzes, einschließlich des Klimaschutzes, des Küstenschutzes und des Hochwasserschutzes;
9. die Förderung des Wohlfahrtswesens, insbesondere der Zwecke der amtlich anerkannten Verbände der freien Wohlfahrtspflege (§ 23 der Umsatzsteuer-Durchführungsverordnung), ihrer Unterverbände und ihrer angeschlossenen Einrichtungen und Anstalten;
10. die Förderung der Hilfe für politisch, rassistisch oder religiös Verfolgte, für Flüchtlinge, Vertriebene, Aussiedler, Spätaussiedler, Kriegsopfer, Kriegshinterbliebene, Kriegsbeschädigte und Kriegsgefangene, Zivilbeschädigte und Behinderte sowie Hilfe für Opfer von Straftaten; Förderung des Andenkens an Verfolgte, Kriegs- und Katastrophenopfer; Förderung des Suchdienstes für Vermisste, Förderung der Hilfe für Menschen, die aufgrund ihrer geschlechtlichen Identität oder ihrer geschlechtlichen Orientierung diskriminiert werden;
11. die Förderung der Rettung aus Lebensgefahr;

12. die Förderung des Feuer-, Arbeits-, Katastrophen- und Zivilschutzes sowie der Unfallverhütung;
13. die Förderung internationaler Gesinnung, der Toleranz auf allen Gebieten der Kultur und des Völkerverständigungsgedankens;
14. die Förderung des Tierschutzes;
15. die Förderung der Entwicklungszusammenarbeit;
16. die Förderung von Verbraucherberatung und Verbraucherschutz;
17. die Förderung der Fürsorge für Strafgefangene und ehemalige Strafgefangene;
18. die Förderung der Gleichberechtigung von Frauen und Männern;
19. die Förderung des Schutzes von Ehe und Familie;
20. die Förderung der Kriminalprävention;
21. die Förderung des Sports (Schach gilt als Sport);
22. die Förderung der Heimatpflege, Heimatkunde und der Ortsverschönerung;
23. die Förderung der Tierzucht, der Pflanzenzucht, der Kleingärtnerei, des traditionellen Brauchtums einschließlich des Karnevals, der Fastnacht und des Faschings, der Soldaten- und Reservistenbetreuung, des Amateurfunkens, des Freifunks, des Modellflugs und des Hundesports;
24. die allgemeine Förderung des demokratischen Staatswesens im Geltungsbereich dieses Gesetzes; hierzu gehören nicht Bestrebungen, die nur bestimmte Einzelinteressen staatsbürgerlicher Art verfolgen oder die auf den kommunalpolitischen Bereich beschränkt sind;
25. die Förderung des bürgerschaftlichen Engagements zugunsten gemeinnütziger, mildtätiger und kirchlicher Zwecke;
26. die Förderung der Unterhaltung und Pflege von Friedhöfen und die Förderung der Unterhaltung von Gedenkstätten für nichtbestattungspflichtige Kinder und Föten.

Sofern der von der Körperschaft verfolgte Zweck nicht unter Satz 1 fällt, aber die Allgemeinheit auf materiellem, geistigem oder sittlichem Gebiet entsprechend selbstlos gefördert wird, kann dieser Zweck für gemeinnützig erklärt werden. Die obersten Finanzbehörden der Länder haben jeweils eine Finanzbehörde im Sinne des Finanzverwaltungsgesetzes zu bestimmen, die für Entscheidungen nach Satz 2 zuständig ist.

§ 53 Mildtätige Zwecke
Eine Körperschaft verfolgt mildtätige Zwecke, wenn ihre Tätigkeit darauf gerichtet ist, Personen selbstlos zu unterstützen,
1. die infolge ihres körperlichen, geistigen oder seelischen Zustands auf die Hilfe anderer angewiesen sind oder
2. deren Bezüge nicht höher sind als das Vierfache des Regelsatzes der Sozialhilfe im Sinne des § 28 des Zwölften Buches Sozialgesetzbuch; bei Alleinstehenden oder Alleinerziehenden tritt an die Stelle des Vierfachen das Fünffache des Regelsatzes. Dies gilt nicht für Personen, deren Vermögen zur nachhaltigen Verbesserung ihres Unterhalts ausreicht und denen zugemutet werden kann, es dafür zu verwenden. Bei Personen, deren wirtschaftliche Lage aus besonderen Gründen zu einer Notlage geworden ist, dürfen die Bezüge oder das Vermögen die genannten Grenzen übersteigen. Bezüge im Sinne dieser Vorschrift sind
a) Einkünfte im Sinne des § 2 Abs. 1 des Einkommensteuergesetzes und
b) andere zur Bestreitung des Unterhalts bestimmte oder geeignete Bezüge,
aller Haushaltsangehörigen. Zu berücksichtigen sind auch gezahlte und empfangene Unterhaltsleistungen. Die wirtschaftliche Hilfebedürftigkeit im vorstehenden Sinne ist bei Empfängern von Leistungen nach dem Zweiten oder Zwölften Buch Sozialgesetzbuch, des Wohngeldgesetzes, bei Empfängern von Leistungen nach § 27a des Bundesversorgungsgesetzes oder nach § 6a des Bundeskindergeldgesetzes als nachgewiesen anzusehen. Die Körperschaft kann den Nachweis mithilfe des jeweiligen Leistungsbescheids, der für den Unterstützungszeitraum maßgeblich ist, oder mithilfe der Bestätigung des Sozialleistungsträgers führen. Auf Antrag der Körperschaft kann auf einen Nachweis der wirtschaftlichen Hilfebedürftigkeit verzichtet werden, wenn aufgrund der besonderen Art der gewährten Unterstützungsleistung sichergestellt ist, dass nur wirtschaftlich hilfebedürftige Personen im vorstehenden Sinne unterstützt werden; für den Bescheid über den Nachweisverzicht gilt § 60a Absatz 3 bis 5 entsprechend.

§ 54 Kirchliche Zwecke

(1) Eine Körperschaft verfolgt kirchliche Zwecke, wenn ihre Tätigkeit darauf gerichtet ist, eine Religionsgemeinschaft, die Körperschaft des öffentlichen Rechts ist, selbstlos zu fördern.

(2) Zu diesen Zwecken gehören insbesondere die Errichtung, Ausschmückung und Unterhaltung von Gotteshäusern und kirchlichen Gemeindehäusern, die Abhaltung von Gottesdiensten, die Ausbildung von Geistlichen, die Erteilung von Religionsunterricht, die Beerdigung und die Pflege des Andenkens der Toten, ferner die Verwaltung des Kirchenvermögens, die Besoldung der Geistlichen, Kirchenbeamten und Kirchendiener, die Alters- und Behindertenversorgung für diese Personen und die Versorgung ihrer Witwen und Waisen.

§ 55 Selbstlosigkeit

(1) Eine Förderung oder Unterstützung geschieht selbstlos, wenn dadurch nicht in erster Linie eigenwirtschaftliche Zwecke – zum Beispiel gewerbliche Zwecke oder sonstige Erwerbszwecke – verfolgt werden und wenn die folgenden Voraussetzungen gegeben sind:

1. Mittel der Körperschaft dürfen nur für die satzungsmäßigen Zwecke verwendet werden. Die Mitglieder oder Gesellschafter (Mitglieder im Sinne dieser Vorschriften) dürfen keine Gewinnanteile und in ihrer Eigenschaft als Mitglieder auch keine sonstigen Zuwendungen aus Mitteln der Körperschaft erhalten. Die Körperschaft darf ihre Mittel weder für die unmittelbare noch für die mittelbare Unterstützung oder Förderung politischer Parteien verwenden.
2. Die Mitglieder dürfen bei ihrem Ausscheiden oder bei Auflösung oder Aufhebung der Körperschaft nicht mehr als ihre eingezahlten Kapitalanteile und den gemeinen Wert ihrer geleisteten Sacheinlagen zurückerhalten.
3. Die Körperschaft darf keine Person durch Ausgaben, die dem Zweck der Körperschaft fremd sind, oder durch unverhältnismäßig hohe Vergütungen begünstigen.
4. Bei Auflösung oder Aufhebung der Körperschaft oder bei Wegfall ihres bisherigen Zwecks darf das Vermögen der Körperschaft, soweit es die eingezahlten Kapitalanteile der Mitglieder und den gemeinen

Wert der von den Mitgliedern geleisteten Sacheinlagen übersteigt, nur für steuerbegünstigte Zwecke verwendet werden (Grundsatz der Vermögensbindung). Diese Voraussetzung ist auch erfüllt, wenn das Vermögen einer anderen steuerbegünstigten Körperschaft oder einer juristischen Person des öffentlichen Rechts für steuerbegünstigte Zwecke übertragen werden soll.

5. Die Körperschaft muss ihre Mittel vorbehaltlich des § 62 grundsätzlich zeitnah für ihre steuerbegünstigten satzungsmäßigen Zwecke verwenden. Verwendung in diesem Sinne ist auch die Verwendung der Mittel für die Anschaffung oder Herstellung von Vermögensgegenständen, die satzungsmäßigen Zwecken dienen. Eine zeitnahe Mittelverwendung ist gegeben, wenn die Mittel spätestens in den auf den Zufluss folgenden zwei Kalender- oder Wirtschaftsjahren für die steuerbegünstigten satzungsmäßigen Zwecke verwendet werden. Satz 1 gilt nicht für Körperschaften mit jährlichen Einnahmen von nicht mehr als 45.000 Euro.

(2) Bei der Ermittlung des gemeinen Werts (Absatz 1 Nr. 2 und 4) kommt es auf die Verhältnisse zu dem Zeitpunkt an, in dem die Sacheinlagen geleistet worden sind.

(3) Die Vorschriften, die die Mitglieder der Körperschaft betreffen (Absatz 1 Nr. 1, 2 und 4), gelten bei Stiftungen für die Stifter und ihre Erben, bei Betrieben gewerblicher Art von juristischen Personen des öffentlichen Rechts für die Körperschaft sinngemäß, jedoch mit der Maßgabe, dass bei Wirtschaftsgütern, die nach § 6 Absatz 1 Nummer 4 Satz 4 des Einkommensteuergesetzes aus einem Betriebsvermögen zum Buchwert entnommen worden sind, an die Stelle des gemeinen Werts der Buchwert der Entnahme tritt.

§ 56 Ausschließlichkeit

Ausschließlichkeit liegt vor, wenn eine Körperschaft nur ihre steuerbegünstigten satzungsmäßigen Zwecke verfolgt.

§ 57 Unmittelbarkeit

(1) Eine Körperschaft verfolgt unmittelbar ihre steuerbegünstigten satzungsmäßigen Zwecke, wenn sie selbst diese Zwecke verwirklicht. Das

kann auch durch Hilfspersonen geschehen, wenn nach den Umständen des Falls, insbesondere nach den rechtlichen und tatsächlichen Beziehungen, die zwischen der Körperschaft und der Hilfsperson bestehen, das Wirken der Hilfsperson wie eigenes Wirken der Körperschaft anzusehen ist.
(2) Eine Körperschaft, in der steuerbegünstigte Körperschaften zusammengefasst sind, wird einer Körperschaft, die unmittelbar steuerbegünstigte Zwecke verfolgt, gleichgestellt.
(3) Eine Körperschaft verfolgt ihre steuerbegünstigten Zwecke auch dann unmittelbar im Sinne des Absatzes 1 Satz 1, wenn sie satzungsgemäß durch planmäßiges Zusammenwirken mit mindestens einer weiteren Körperschaft, die im Übrigen die Voraussetzungen der §§ 51 bis 68 erfüllt, einen steuerbegünstigten Zweck verwirklicht. Die §§ 14 sowie 65 bis 68 sind mit der Maßgabe anzuwenden, dass für das Vorliegen der Eigenschaft als Zweckbetrieb bei der jeweiligen Körperschaft die Tätigkeiten der nach Satz 1 zusammenwirkenden Körperschaften zusammenzufassen sind.
(4) Eine Körperschaft verfolgt ihre steuerbegünstigten Zwecke auch dann unmittelbar im Sinne des Absatzes 1 Satz 1, wenn sie ausschließlich Anteile an steuerbegünstigten Kapitalgesellschaften hält und verwaltet.

§ 58 Steuerlich unschädliche Betätigungen
Die Steuervergünstigung wird nicht dadurch ausgeschlossen, dass
1. eine Körperschaft einer anderen Körperschaft oder einer juristischen Person des öffentlichen Rechts Mittel für die Verwirklichung steuerbegünstigter Zwecke zuwendet. Mittel sind sämtliche Vermögenswerte der Körperschaft. Die Zuwendung von Mitteln an eine beschränkt oder unbeschränkt steuerpflichtige Körperschaft des privaten Rechts setzt voraus, dass diese selbst steuerbegünstigt ist. Beabsichtigt die Körperschaft, als einzige Art der Zweckverwirklichung Mittel anderen Körperschaften oder juristischen Personen des öffentlichen Rechts zuzuwenden, ist die Mittelweitergabe als Art der Zweckverwirklichung in der Satzung zu benennen,
2. (weggefallen)

3. eine Körperschaft ihre Überschüsse der Einnahmen über die Ausgaben aus der Vermögensverwaltung, ihre Gewinne aus den wirtschaftlichen Geschäftsbetrieben ganz oder teilweise und darüber hinaus höchstens 15 Prozent ihrer sonstigen nach § 55 Absatz 1 Nummer 5 zeitnah zu verwendenden Mittel einer anderen steuerbegünstigten Körperschaft oder einer juristischen Person des öffentlichen Rechts zur Vermögensausstattung zuwendet. Die aus den Vermögenserträgen zu verwirklichenden steuerbegünstigten Zwecke müssen den steuerbegünstigten satzungsmäßigen Zwecken der zuwendenden Körperschaft entsprechen. Die nach dieser Nummer zugewandten Mittel und deren Erträge dürfen nicht für weitere Mittelweitergaben im Sinne des ersten Satzes verwendet werden,
4. eine Körperschaft ihre Arbeitskräfte anderen Personen, Unternehmen, Einrichtungen oder einer juristischen Person des öffentlichen Rechts für steuerbegünstigte Zwecke zur Verfügung stellt,
5. eine Körperschaft ihr gehörende Räume einer anderen, ebenfalls steuerbegünstigten Körperschaft oder einer juristischen Person des öffentlichen Rechts zur Nutzung zu steuerbegünstigten Zwecken überlässt,
6. eine Stiftung einen Teil, jedoch höchstens ein Drittel ihres Einkommens dazu verwendet, um in angemessener Weise den Stifter und seine nächsten Angehörigen zu unterhalten, ihre Gräber zu pflegen und ihr Andenken zu ehren,
7. eine Körperschaft gesellige Zusammenkünfte veranstaltet, die im Vergleich zu ihrer steuerbegünstigten Tätigkeit von untergeordneter Bedeutung sind,
8. ein Sportverein neben dem unbezahlten auch den bezahlten Sport fördert,
9. eine von einer Gebietskörperschaft errichtete Stiftung zur Erfüllung ihrer steuerbegünstigten Zwecke Zuschüsse an Wirtschaftsunternehmen vergibt,
10. eine Körperschaft Mittel zum Erwerb von Gesellschaftsrechten zur Erhaltung der prozentualen Beteiligung an Kapitalgesellschaften im Jahr des Zuflusses verwendet. Dieser Erwerb mindert die Höhe der Rücklage nach § 62 Absatz 1 Nummer 3.

§ 58a Vertrauensschutz bei Mittelweitergaben

(1) Wendet eine steuerbegünstigte Körperschaft Mittel einer anderen Körperschaft zu, darf sie unter den Voraussetzungen des Absatzes 2 darauf vertrauen, dass die empfangende Körperschaft

1. nach § 5 Absatz 1 Nummer 9 des Körperschaftsteuergesetzes im Zeitpunkt der Zuwendung steuerbegünstigt ist und
2. die Zuwendung für steuerbegünstigte Zwecke verwendet.

(2) Das Vertrauen der zuwendenden Körperschaft nach Absatz 1 ist nur schutzwürdig, wenn sich die zuwendende Körperschaft zum Zeitpunkt der Zuwendung die Steuerbegünstigung der empfangenden Körperschaft nach § 5 Absatz 1 Nummer 9 des Körperschaftsteuergesetzes hat nachweisen lassen durch eine Ausfertigung

1. der Anlage zum Körperschaftsteuerbescheid, deren Datum nicht länger als fünf Jahre zurückliegt, oder
2. des Freistellungsbescheids, dessen Datum nicht länger als fünf Jahre zurückliegt, oder
3. des Bescheids über die Feststellung der Einhaltung der satzungsmäßigen Voraussetzungen nach § 60a Absatz 1, dessen Datum nicht länger als drei Jahre zurückliegt, wenn der empfangenden Körperschaft bisher kein Freistellungsbescheid oder keine Anlage zum Körperschaftsteuerbescheid erteilt wurde.

(3) Absatz 1 ist nicht anzuwenden, wenn

1. der zuwendenden Körperschaft die Unrichtigkeit eines Verwaltungsakts nach Absatz 2 bekannt ist oder infolge grober Fahrlässigkeit nicht bekannt war oder
2. die zuwendende Körperschaft eine Verwendung für nicht steuerbegünstigte Zwecke durch die empfangende Körperschaft veranlasst hat.

§ 59 Voraussetzung der Steuervergünstigung

Die Steuervergünstigung wird gewährt, wenn sich aus der Satzung, dem Stiftungsgeschäft oder der sonstigen Verfassung (Satzung im Sinne dieser Vorschriften) ergibt, welchen Zweck die Körperschaft verfolgt, dass dieser Zweck den Anforderungen der §§ 52 bis 55 entspricht und dass er ausschließlich und unmittelbar verfolgt wird; die tatsächliche Geschäftsführung muss diesen Satzungsbestimmungen entsprechen.

§ 60 Anforderungen an die Satzung

(1) Die Satzungszwecke und die Art ihrer Verwirklichung müssen so genau bestimmt sein, dass aufgrund der Satzung geprüft werden kann, ob die satzungsmäßigen Voraussetzungen für Steuervergünstigungen gegeben sind. Die Satzung muss die in der Anlage 1 bezeichneten Festlegungen enthalten.

(2) Die Satzung muss den vorgeschriebenen Erfordernissen bei der Körperschaftsteuer und bei der Gewerbesteuer während des ganzen Veranlagungs- oder Bemessungszeitraums, bei den anderen Steuern im Zeitpunkt der Entstehung der Steuer entsprechen.

§ 60a Feststellung der satzungsmäßigen Voraussetzungen

(1) Die Einhaltung der satzungsmäßigen Voraussetzungen nach den §§ 51, 59, 60 und 61 wird gesondert festgestellt. Die Feststellung der Satzungsmäßigkeit ist für die Besteuerung der Körperschaft und der Steuerpflichtigen, die Zuwendungen in Form von Spenden und Mitgliedsbeiträgen an die Körperschaft erbringen, bindend.

(2) Die Feststellung der Satzungsmäßigkeit erfolgt

1. auf Antrag der Körperschaft oder
2. von Amts wegen bei der Veranlagung zur Körperschaftsteuer, wenn bisher noch keine Feststellung erfolgt ist.

(3) Die Bindungswirkung der Feststellung entfällt ab dem Zeitpunkt, in dem die Rechtsvorschriften, auf denen die Feststellung beruht, aufgehoben oder geändert werden.

(4) Tritt bei den für die Feststellung erheblichen Verhältnissen eine Änderung ein, ist die Feststellung mit Wirkung vom Zeitpunkt der Änderung der Verhältnisse aufzuheben.

(5) Materielle Fehler im Feststellungsbescheid über die Satzungsmäßigkeit können mit Wirkung ab dem Kalenderjahr beseitigt werden, das auf die Bekanntgabe der Aufhebung der Feststellung folgt. § 176 gilt entsprechend, außer es sind Kalenderjahre zu ändern, die nach der Verkündung der maßgeblichen Entscheidung eines obersten Gerichtshofes des Bundes beginnen.

(6) Liegen bis zum Zeitpunkt des Erlasses des erstmaligen Körperschaftsteuerbescheids oder Freistellungsbescheids bereits Erkenntnis-

se vor, dass die tatsächliche Geschäftsführung gegen die satzungsmäßigen Voraussetzungen verstößt, ist die Feststellung der Einhaltung der satzungsmäßigen Voraussetzungen nach Absatz 1 Satz 1 abzulehnen. Satz 1 gilt entsprechend für die Aufhebung bestehender Feststellungen nach § 60a.

(7) Auf Anfrage der registerführenden Stelle nach § 18 Absatz 2 des Geldwäschegesetzes kann das für die Feststellung nach Absatz 1 zuständige Finanzamt der registerführenden Stelle bestätigen, dass eine Vereinigung, die einen Antrag nach § 24 Absatz 1 Satz 2 des Geldwäschegesetzes gestellt hat, die nach den §§ 52 bis 54 der Abgabenordnung steuerbegünstigten Zwecke verfolgt. Hierzu hat die registerführende Stelle dem zuständigen Finanzamt zu bestätigen, dass das Einverständnis der Vereinigung auf Auskunftserteilung nach § 24 Absatz 1 Satz 3 des Geldwäschegesetzes vorliegt.

§ 61 Satzungsmäßige Vermögensbindung

(1) Eine steuerlich ausreichende Vermögensbindung (§ 55 Abs. 1 Nr. 4) liegt vor, wenn der Zweck, für den das Vermögen bei Auflösung oder Aufhebung der Körperschaft oder bei Wegfall ihres bisherigen Zwecks verwendet werden soll, in der Satzung so genau bestimmt ist, dass aufgrund der Satzung geprüft werden kann, ob der Verwendungszweck steuerbegünstigt ist.

(2) (weggefallen)

(3) Wird die Bestimmung über die Vermögensbindung nachträglich so geändert, dass sie den Anforderungen des § 55 Abs. 1 Nr. 4 nicht mehr entspricht, so gilt sie von Anfang an als steuerlich nicht ausreichend. § 175 Abs. 1 Satz 1 Nr. 2 ist mit der Maßgabe anzuwenden, dass Steuerbescheide erlassen, aufgehoben oder geändert werden können, soweit sie Steuern betreffen, die innerhalb der letzten zehn Kalenderjahre vor der Änderung der Bestimmung über die Vermögensbindung entstanden sind.

§ 62 Rücklagen und Vermögensbildung

(1) Körperschaften können ihre Mittel ganz oder teilweise

1. einer Rücklage zuführen, soweit dies erforderlich ist, um ihre steuerbegünstigten satzungsmäßigen Zwecke nachhaltig zu erfüllen;

2. einer Rücklage für die beabsichtigte Wiederbeschaffung von Wirtschaftsgütern zuführen, die zur Verwirklichung der steuerbegünstigten satzungsmäßigen Zwecke erforderlich sind (Rücklage für Wiederbeschaffung). Die Höhe der Zuführung bemisst sich nach der Höhe der regulären Absetzungen für Abnutzung eines zu ersetzenden Wirtschaftsguts. Die Voraussetzungen für eine höhere Zuführung sind nachzuweisen;
3. der freien Rücklage zuführen, jedoch höchstens ein Drittel des Überschusses aus der Vermögensverwaltung und darüber hinaus höchstens 10 Prozent der sonstigen nach § 55 Absatz 1 Nummer 5 zeitnah zu verwendenden Mittel. Ist der Höchstbetrag für die Bildung der freien Rücklage in einem Jahr nicht ausgeschöpft, kann diese unterbliebene Zuführung in den folgenden zwei Jahren nachgeholt werden;
4. einer Rücklage zum Erwerb von Gesellschaftsrechten zur Erhaltung der prozentualen Beteiligung an Kapitalgesellschaften zuführen, wobei die Höhe dieser Rücklage die Höhe der Rücklage nach Nummer 3 mindert.
(2) Die Bildung von Rücklagen nach Absatz 1 hat innerhalb der Frist des § 55 Absatz 1 Nummer 5 Satz 3 zu erfolgen. Rücklagen nach Absatz 1 Nummer 1, 2 und 4 sind unverzüglich aufzulösen, sobald der Grund für die Rücklagenbildung entfallen ist. Die frei gewordenen Mittel sind innerhalb der Frist nach § 55 Absatz 1 Nummer 5 Satz 3 zu verwenden.
(3) Die folgenden Mittelzuführungen unterliegen nicht der zeitnahen Mittelverwendung nach § 55 Absatz 1 Nummer 5:
1. Zuwendungen von Todes wegen, wenn der Erblasser keine Verwendung für den laufenden Aufwand der Körperschaft vorgeschrieben hat;
2. Zuwendungen, bei denen der Zuwendende ausdrücklich erklärt, dass diese zur Ausstattung der Körperschaft mit Vermögen oder zur Erhöhung des Vermögens bestimmt sind;
3. Zuwendungen aufgrund eines Spendenaufrufs der Körperschaft, wenn aus dem Spendenaufruf ersichtlich ist, dass Beträge zur Aufstockung des Vermögens erbeten werden;
4. Sachzuwendungen, die ihrer Natur nach zum Vermögen gehören.
(4) Eine Stiftung kann im Jahr ihrer Errichtung und in den drei folgenden Kalenderjahren Überschüsse aus der Vermögensverwaltung und

die Gewinne aus wirtschaftlichen Geschäftsbetrieben nach § 14 ganz oder teilweise ihrem Vermögen zuführen.

§ 63 Anforderungen an die tatsächliche Geschäftsführung

(1) Die tatsächliche Geschäftsführung der Körperschaft muss auf die ausschließliche und unmittelbare Erfüllung der steuerbegünstigten Zwecke gerichtet sein und den Bestimmungen entsprechen, die die Satzung über die Voraussetzungen für Steuervergünstigungen enthält.

(2) Für die tatsächliche Geschäftsführung gilt sinngemäß § 60 Abs. 2, für eine Verletzung der Vorschrift über die Vermögensbindung § 61 Abs. 3.

(3) Die Körperschaft hat den Nachweis, dass ihre tatsächliche Geschäftsführung den Erfordernissen des Absatzes 1 entspricht, durch ordnungsmäßige Aufzeichnungen über ihre Einnahmen und Ausgaben zu führen.

(4) Hat die Körperschaft ohne Vorliegen der Voraussetzungen Mittel angesammelt, kann das Finanzamt ihr eine angemessene Frist für die Verwendung der Mittel setzen. Die tatsächliche Geschäftsführung gilt als ordnungsgemäß im Sinne des Absatzes 1, wenn die Körperschaft die Mittel innerhalb der Frist für steuerbegünstigte Zwecke verwendet.

(5) Körperschaften im Sinne des § 10b Absatz 1 Satz 2 Nummer 2 des Einkommensteuergesetzes dürfen Zuwendungsbestätigungen im Sinne des § 50 Absatz 1 der Einkommensteuer-Durchführungsverordnung nur ausstellen, wenn

1. das Datum der Anlage zum Körperschaftsteuerbescheid oder des Freistellungsbescheids nicht länger als fünf Jahre zurückliegt oder
2. die Feststellung der Satzungsmäßigkeit nach § 60a Absatz 1 nicht länger als drei Kalenderjahre zurückliegt und bisher kein Freistellungsbescheid oder keine Anlage zum Körperschaftsteuerbescheid erteilt wurde.

Die Frist ist taggenau zu berechnen.

§ 64 Steuerpflichtige wirtschaftliche Geschäftsbetriebe

(1) Schließt das Gesetz die Steuervergünstigung insoweit aus, als ein wirtschaftlicher Geschäftsbetrieb (§ 14) unterhalten wird, so verliert

die Körperschaft die Steuervergünstigung für die dem Geschäftsbetrieb zuzuordnenden Besteuerungsgrundlagen (Einkünfte, Umsätze, Vermögen), soweit der wirtschaftliche Geschäftsbetrieb kein Zweckbetrieb (§§ 65 bis 68) ist.

(2) Unterhält die Körperschaft mehrere wirtschaftliche Geschäftsbetriebe, die keine Zweckbetriebe (§§ 65 bis 68) sind, werden diese als ein wirtschaftlicher Geschäftsbetrieb behandelt.

(3) Übersteigen die Einnahmen einschließlich Umsatzsteuer aus wirtschaftlichen Geschäftsbetrieben, die keine Zweckbetriebe sind, insgesamt nicht 45.000 Euro im Jahr, so unterliegen die diesen Geschäftsbetrieben zuzuordnenden Besteuerungsgrundlagen nicht der Körperschaftsteuer und der Gewerbesteuer.

(4) Die Aufteilung einer Körperschaft in mehrere selbstständige Körperschaften zum Zweck der mehrfachen Inanspruchnahme der Steuervergünstigung nach Absatz 3 gilt als Missbrauch von rechtlichen Gestaltungsmöglichkeiten im Sinne des § 42.

(5) Überschüsse aus der Verwertung unentgeltlich erworbenen Altmaterials außerhalb einer ständig dafür vorgehaltenen Verkaufsstelle, die der Körperschaftsteuer und der Gewerbesteuer unterliegen, können in Höhe des branchenüblichen Reingewinns geschätzt werden.

(6) Bei den folgenden steuerpflichtigen wirtschaftlichen Geschäftsbetrieben kann der Besteuerung ein Gewinn von 15 Prozent der Einnahmen zugrunde gelegt werden:

1. Werbung für Unternehmen, die im Zusammenhang mit der steuerbegünstigten Tätigkeit einschließlich Zweckbetrieben stattfindet;
2. Totalisatorbetriebe;
3. Zweite Fraktionierungsstufe der Blutspendedienste.

§ 65 Zweckbetrieb

Ein Zweckbetrieb ist gegeben, wenn

1. der wirtschaftliche Geschäftsbetrieb in seiner Gesamtrichtung dazu dient, die steuerbegünstigten satzungsmäßigen Zwecke der Körperschaft zu verwirklichen;
2. die Zwecke nur durch einen solchen Geschäftsbetrieb erreicht werden können und

3. der wirtschaftliche Geschäftsbetrieb zu nicht begünstigten Betrieben derselben oder ähnlicher Art nicht in größerem Umfang in Wettbewerb tritt, als es bei Erfüllung der steuerbegünstigten Zwecke unvermeidbar ist.

§ 66 Wohlfahrtspflege

(1) Eine Einrichtung der Wohlfahrtspflege ist ein Zweckbetrieb, wenn sie in besonderem Maß den in § 53 genannten Personen dient.

(2) Wohlfahrtspflege ist die planmäßige, zum Wohle der Allgemeinheit und nicht des Erwerbs wegen ausgeübte Sorge für notleidende oder gefährdete Mitmenschen. Die Sorge kann sich auf das gesundheitliche, sittliche, erzieherische oder wirtschaftliche Wohl erstrecken und Vorbeugung oder Abhilfe bezwecken.

(3) Eine Einrichtung der Wohlfahrtspflege dient in besonderem Maße den in § 53 genannten Personen, wenn diesen mindestens zwei Drittel ihrer Leistungen zugute kommen. Für Krankenhäuser gilt § 67.

§ 67 Krankenhäuser

(1) Ein Krankenhaus, das in den Anwendungsbereich des Krankenhausentgeltgesetzes oder der Bundespflegesatzverordnung fällt, ist ein Zweckbetrieb, wenn mindestens 40 Prozent der jährlichen Belegungstage oder Berechnungstage auf Patienten entfallen, bei denen nur Entgelte für allgemeine Krankenhausleistungen (§ 7 des Krankenhausentgeltgesetzes, § 10 der Bundespflegesatzverordnung) berechnet werden.

(2) Ein Krankenhaus, das nicht in den Anwendungsbereich des Krankenhausentgeltgesetzes oder der Bundespflegesatzverordnung fällt, ist ein Zweckbetrieb, wenn mindestens 40 Prozent der jährlichen Belegungstage oder Berechnungstage auf Patienten entfallen, bei denen für die Krankenhausleistungen kein höheres Entgelt als nach Absatz 1 berechnet wird.

§ 67a Sportliche Veranstaltungen

(1) Sportliche Veranstaltungen eines Sportvereins sind ein Zweckbetrieb, wenn die Einnahmen einschließlich Umsatzsteuer insgesamt 45.000 Euro im Jahr nicht übersteigen. Der Verkauf von Speisen und

Getränken sowie die Werbung gehören nicht zu den sportlichen Veranstaltungen.

(2) Der Sportverein kann dem Finanzamt bis zur Unanfechtbarkeit des Körperschaftsteuerbescheids erklären, dass er auf die Anwendung des Absatzes 1 Satz 1 verzichtet. Die Erklärung bindet den Sportverein für mindestens fünf Veranlagungszeiträume.

(3) Wird auf die Anwendung des Absatzes 1 Satz 1 verzichtet, sind sportliche Veranstaltungen eines Sportvereins ein Zweckbetrieb, wenn

1. kein Sportler des Vereins teilnimmt, der für seine sportliche Betätigung oder für die Benutzung seiner Person, seines Namens, seines Bildes oder seiner sportlichen Betätigung zu Werbezwecken von dem Verein oder einem Dritten über eine Aufwandsentschädigung hinaus Vergütungen oder andere Vorteile erhält und

2. kein anderer Sportler teilnimmt, der für die Teilnahme an der Veranstaltung von dem Verein oder einem Dritten im Zusammenwirken mit dem Verein über eine Aufwandsentschädigung hinaus Vergütungen oder andere Vorteile erhält.

Andere sportliche Veranstaltungen sind ein steuerpflichtiger wirtschaftlicher Geschäftsbetrieb. Dieser schließt die Steuervergünstigung nicht aus, wenn die Vergütungen oder andere Vorteile ausschließlich aus wirtschaftlichen Geschäftsbetrieben, die nicht Zweckbetriebe sind, oder von Dritten geleistet werden.

(4) Organisatorische Leistungen eines Sportdachverbandes zur Durchführung von sportlichen Veranstaltungen sind ein Zweckbetrieb, wenn an der sportlichen Veranstaltung überwiegend Sportler teilnehmen, die keine Lizenzsportler sind. Alle sportlichen Veranstaltungen einer Saison einer Liga gelten als eine sportliche Veranstaltung im Sinne des Satzes 1. Absatz 1 Satz 2 gilt entsprechend.

§ 68 Einzelne Zweckbetriebe

Zweckbetriebe sind auch:

1.

a) Alten-, Altenwohn- und Pflegeheime, Erholungsheime, Mahlzeitendienste, wenn sie in besonderem Maß den in § 53 genannten Personen dienen (§ 66 Abs. 3);

b) Kindergärten, Kinder-, Jugend- und Studentenheime, Schullandheime und Jugendherbergen;
c) Einrichtungen zur Versorgung, Verpflegung und Betreuung von Flüchtlingen. Die Voraussetzungen des § 66 Absatz 2 sind zu berücksichtigen;
2.
a) landwirtschaftliche Betriebe und Gärtnereien, die der Selbstversorgung von Körperschaften dienen und dadurch die sachgemäße Ernährung und ausreichende Versorgung von Anstaltsangehörigen sichern;
b) andere Einrichtungen, die für die Selbstversorgung von Körperschaften erforderlich sind, wie Tischlereien, Schlossereien,
wenn die Lieferungen und sonstigen Leistungen dieser Einrichtungen an Außenstehende dem Wert nach 20 Prozent der gesamten Lieferungen und sonstigen Leistungen des Betriebs – einschließlich der an die Körperschaften selbst bewirkten – nicht übersteigen;
3.
a) Werkstätten für behinderte Menschen, die nach den Vorschriften des Dritten Buches Sozialgesetzbuch förderungsfähig sind und Personen Arbeitsplätze bieten, die wegen ihrer Behinderung nicht auf dem allgemeinen Arbeitsmarkt tätig sein können;
b) Einrichtungen für Beschäftigungs- und Arbeitstherapie, in denen behinderte Menschen aufgrund ärztlicher Indikationen außerhalb eines Beschäftigungsverhältnisses zum Träger der Therapieeinrichtung mit dem Ziel behandelt werden, körperliche oder psychische Grundfunktionen zum Zwecke der Wiedereingliederung in das Alltagsleben wiederherzustellen oder die besonderen Fähigkeiten und Fertigkeiten auszubilden, zu fördern und zu trainieren, die für eine Teilnahme am Arbeitsleben erforderlich sind, und
c) Inklusionsbetriebe im Sinne des § 215 Absatz 1 des Neunten Buches Sozialgesetzbuch, wenn mindestens 40 Prozent der Beschäftigten besonders betroffene schwerbehinderte Menschen im Sinne des § 215 Absatz 1 des Neunten Buches Sozialgesetzbuch sind; auf die Quote werden psychisch kranke Menschen im Sinne des § 215 Absatz 4 des Neunten Buches Sozialgesetzbuch angerechnet;

4. Einrichtungen, die zur Durchführung der Fürsorge für blinde Menschen, zur Durchführung der Fürsorge für körperbehinderte Menschen und zur Durchführung der Fürsorge für psychische und seelische Erkrankungen beziehungsweise Behinderungen unterhalten werden;
5. Einrichtungen über Tag und Nacht (Heimerziehung) oder sonstige betreute Wohnformen;
6. von den zuständigen Behörden genehmigte Lotterien und Ausspielungen, wenn der Reinertrag unmittelbar und ausschließlich zur Förderung mildtätiger, kirchlicher oder gemeinnütziger Zwecke verwendet wird;
7. kulturelle Einrichtungen, wie Museen, Theater, und kulturelle Veranstaltungen, wie Konzerte, Kunstausstellungen; dazu gehört nicht der Verkauf von Speisen und Getränken;
8. Volkshochschulen und andere Einrichtungen, soweit sie selbst Vorträge, Kurse und andere Veranstaltungen wissenschaftlicher oder belehrender Art durchführen; dies gilt auch, soweit die Einrichtungen den Teilnehmern dieser Veranstaltungen selbst Beherbergung und Beköstigung gewähren;
9. Wissenschafts- und Forschungseinrichtungen, deren Träger sich überwiegend aus Zuwendungen der öffentlichen Hand oder Dritter oder aus der Vermögensverwaltung finanziert. Der Wissenschaft und Forschung dient auch die Auftragsforschung. Nicht zum Zweckbetrieb gehören Tätigkeiten, die sich auf die Anwendung gesicherter wissenschaftlicher Erkenntnisse beschränken, die Übernahme von Projektträgerschaften sowie wirtschaftliche Tätigkeiten ohne Forschungsbezug.

5 STEUERRECHTLICHE MUSTERSATZUNG

Abgabenordnung (AO)
Anlage 1 (zu § 60)

Mustersatzung für Vereine, Stiftungen, Betriebe gewerblicher Art von juristischen Personen des öffentlichen Rechts, geistliche Genossenschaften und Kapitalgesellschaften (nur aus steuerlichen Gründen notwendige Bestimmungen)

§ 1

Der - Die - ... (Körperschaft) mit Sitz in ... verfolgt ausschließlich und unmittelbar gemeinnützige - mildtätige - kirchliche - Zwecke (nicht verfolgte Zwecke streichen) im Sinne des Abschnitts »Steuerbegünstigte Zwecke« der Abgabenordnung.

Zweck der Körperschaft ist ... (zum Beispiel die Förderung von Wissenschaft und Forschung, Jugend- und Altenhilfe, Erziehung, Volks- und Berufsbildung, Kunst und Kultur, Landschaftspflege, Umweltschutz, Förderung des öffentlichen Gesundheitswesens, des Sports, Unterstützung hilfsbedürftiger Personen).

Der Satzungszweck wird verwirklicht insbesondere durch ... (zum Beispiel Durchführung wissenschaftlicher Veranstaltungen und Forschungsvorhaben, Vergabe von Forschungsaufträgen, Unterhaltung einer Schule, einer Erziehungsberatungsstelle, Pflege von Kunstsammlungen, Pflege des Liedgutes und des Chorgesanges, Errichtung von Naturschutzgebieten, Unterhaltung eines Kindergartens, Kinder-, Jugendheimes, Unterhaltung eines Altenheimes, eines Erholungsheimes, Bekämpfung des Drogenmissbrauchs, des Lärms, Förderung sportlicher Übungen und Leistungen).

§ 2

Die Körperschaft ist selbstlos tätig; sie verfolgt nicht in erster Linie eigenwirtschaftliche Zwecke.

§ 3

Mittel der Körperschaft dürfen nur für die satzungsmäßigen Zwecke verwendet werden. Die Mitglieder erhalten keine Zuwendungen aus Mitteln der Körperschaft.

§ 4

Es darf keine Person durch Ausgaben, die dem Zweck der Körperschaft fremd sind, oder durch unverhältnismäßig hohe Vergütungen begünstigt werden.

§ 5

Bei Auflösung oder Aufhebung der Körperschaft oder bei Wegfall steuerbegünstigter Zwecke fällt das Vermögen der Körperschaft

1.

an den – die – das – ... (Bezeichnung einer juristischen Person des öffentlichen Rechts oder einer anderen steuerbegünstigten Körperschaft), der – die – das – es unmittelbar und ausschließlich für gemeinnützige, mildtätige oder kirchliche Zwecke zu verwenden hat,

oder

2.

an eine juristische Person des öffentlichen Rechts oder eine andere steuerbegünstigte Körperschaft zwecks Verwendung für ... (Angabe eines bestimmten gemeinnützigen, mildtätigen oder kirchlichen Zwecks, zum Beispiel Förderung von Wissenschaft und Forschung, Erziehung, Volks- und Berufsbildung, der Unterstützung von Personen, die im Sinne von § 53 der Abgabenordnung wegen ... bedürftig sind, Unterhaltung des Gotteshauses in ...).

Weitere Hinweise
Bei Betrieben gewerblicher Art von juristischen Personen des öffentlichen Rechts, bei den von einer juristischen Person des öffentlichen Rechts verwalteten unselbstständigen Stiftungen und bei geistlichen Genossenschaften (Orden, Kongregationen) ist folgende Bestimmung aufzunehmen:

§ 3 Abs. 2:
»Der – die – das ... erhält bei Auflösung oder Aufhebung der Körperschaft oder bei Wegfall steuerbegünstigter Zwecke nicht mehr als seine – ihre – eingezahlten Kapitalanteile und den gemeinen Wert seiner – ihrer – geleisteten Sacheinlagen zurück.«

Bei Stiftungen ist diese Bestimmung nur erforderlich, wenn die Satzung dem Stifter einen Anspruch auf Rückgewähr von Vermögen einräumt. Fehlt die Regelung, wird das eingebrachte Vermögen wie das übrige Vermögen behandelt.

Bei Kapitalgesellschaften sind folgende ergänzende Bestimmungen in die Satzung aufzunehmen:

1.
§ 3 Abs. 1 Satz 2: »Die Gesellschafter dürfen keine Gewinnanteile und auch keine sonstigen Zuwendungen aus Mitteln der Körperschaft erhalten.«

2.
§ 3 Abs. 2: »Sie erhalten bei ihrem Ausscheiden oder bei Auflösung der Körperschaft oder bei Wegfall steuerbegünstigter Zwecke nicht mehr als ihre eingezahlten Kapitalanteile und den gemeinen Wert ihrer geleisteten Sacheinlagen zurück.«

3.
§ 5: »Bei Auflösung der Körperschaft oder bei Wegfall steuerbegünstigter Zwecke fällt das Vermögen der Körperschaft, soweit es die eingezahlten Kapitalanteile der Gesellschafter und den gemeinen Wert der von den Gesellschaftern geleisteten Sacheinlagen übersteigt, ...«

§ 3 Abs. 2 und der Satzteil »soweit es die eingezahlten Kapitalanteile der Gesellschafter und den gemeinen Wert der von den Gesellschaftern geleisteten Sacheinlagen übersteigt« in § 5 sind nur erforderlich, wenn die Satzung einen Anspruch auf Rückgewähr von Vermögen einräumt.

6 PRAXISORIENTIERTE MUSTERSATZUNG

Muster

Stiftungsgeschäft und Stiftungssatzung
der
...[1]

Präambel[2]

...

Diese Einleitung vorweg, werden nachfolgend das Stiftungsgeschäft (Teil A) und eine Stiftungssatzung (Teil B) geschlossen.

Teil A: Stiftungsgeschäft

Hiermit errichte(n) ich/wir

...[3]

die

...[4]

Die Stiftung soll ihren Sitz in ...[5] haben und als ...[6] Rechtsfähigkeit erlangen.

Zweck der Stiftung ist die Förderung ...[7]

Die Stiftung wird zu Lebzeiten/von Todes wegen mit ...[8] ausgestattet. Hiervon sollen ...[9] dem zu erhaltenden Errichtungskapital zugeführt und ... zur anfänglichen Verwirklichung des Stiftungszwecks eingesetzt werden. Vorweg sind folgende Vermächtnisse auszuzahlen und von den Stiftungserträgen folgende laufende Aufwendungen zu tätigen: ...[10] Der Stiftung soll ein Stiftungsvorstand mit bis zu ... natürlichen Personen vorstehen und ein Stiftungskuratorium mit bis zu ... natürlichen Personen beistehen. Als erster Vorstand wird bestellt: ... Als erstes Kuratorium wird bestellt: ...[11]

Die weiteren Einzelheiten über die Organisation der Stiftung und die Verwirklichung des Zwecks sind in der Stiftungssatzung (Teil B) geregelt, die Bestandteil dieses Stiftungsgeschäfts ist.

Teil B: Stiftungssatzung

§ 1 Name, Sitz, Rechtsform und Geschäftsjahr

(1) Die Stiftung trägt den Namen

...[12]

und hat ihren Sitz in ...[13]

(2) Sie ist eine ...[14]

(3) Geschäftsjahr der Stiftung ist das Kalenderjahr.

§ 2 Stiftungszweck

(1) Zweck der Stiftung ist die Förderung ...[15]

(2) Der Stiftungszweck wird insbesondere verwirklicht durch

- ...
- ...[16]

(3) Die Stiftung erfüllt ihre Aufgaben selbst oder tritt als Förderstiftung auf. Im Rahmen des steuerrechtlich Zulässigen kann die Stiftung Mittel einer anderen steuerbegünstigten Körperschaft oder einer juristischen Person des öffentlichen Rechts zur Vermögensausstattung zuwenden.

(4) Ein Rechtsanspruch Dritter auf Gewährung der jederzeit widerruflichen Förderleistungen aus der Stiftung besteht aufgrund dieser Satzung nicht.

§ 3 Gemeinnützigkeit

(1) Die Stiftung ist selbstlos tätig und verfolgt ausschließlich und unmittelbar gemeinnützige Zwecke im Sinne des Abschnitts »Steuerbegünstigte Zwecke« der Abgabenordnung. Sie verfolgt nicht in erster Linie eigenwirtschaftliche Zwecke. Die Mittel der Stiftung dürfen nur für die satzungsgemäßen Zwecke verwendet werden. Die Stifter und ihre Erben erhalten keine Zuwendungen aus Mitteln der Stiftung.

(2) Es darf keine Person durch Ausgaben, die dem Zweck der Stiftung fremd sind, oder durch unverhältnismäßig hohe Vergütungen begünstigt werden.

§ 4 Stiftungsvermögen[17]

(1) Das Stiftungsvermögen ergibt sich insbesondere aus dem Stiftungsgeschäft.

(2) Das Stiftungskapital, bestehend aus Errichtungs- und Zustiftungskapital, ist in seinem Bestand dauernd und ungeschmälert zu erhalten und sicher und ertragreich anzulegen. Teilverbräuche aus dem Errichtungs- und Zustiftungskapital sind ...[18] zulässig.

(3) Dem Stiftungsvermögen wachsen die Zuwendungen zu, die dazu bestimmt sind (Zustiftungen).[19]

(4) Die Stiftung kann ihre Mittel ganz oder teilweise einer Rücklage zuführen, soweit dies im Rahmen der steuerlichen Gemeinnützigkeit zulässig ist.[20]

(5) Vermögensumschichtungen sind zulässig.[21] Umschichtungsgewinne dürfen ganz oder teilweise zur Erfüllung des Stiftungszwecks verwendet werden.

(6) Die Stiftung erfüllt ihre Aufgaben aus den Erträgen des Stiftungsvermögens und sonstigen Vermögensbestandteilen, welche für die Aufgaben der Stiftungen eingesetzt werden können.

(7) Für die Organisation des Stiftungsvermögens kann sich die Stiftung eine Nebenrichtlinie (sogenannte Anlagerichtlinie) geben.

§ 5 Organe der Stiftung

(1) Organe der Stiftung sind der Stiftungsvorstand und das Stiftungskuratorium.[22]

(2) Die Mitglieder der Stiftungsorgane sind ehrenamtlich tätig. Sie haben Anspruch auf Ersatz der ihnen entstandenen Auslagen und Aufwendungen. Für den Zeitaufwand und Arbeitseinsatz der Mitglieder des Vorstandes kann das Kuratorium eine in ihrer Höhe angemessene Pauschale beschließen.

(3) Ein Mitglied eines Organs kann nicht zugleich einem anderen Organ angehören.

§ 6 Stiftungsvorstand

(1) Der Stiftungsvorstand besteht aus bis zu ... natürlichen Personen.[23]

(2) Der erste Stiftungsvorstand ist im Stiftungsgeschäft berufen.

(3) Die Amtszeit der Vorstandsmitglieder beträgt ...[24] Jahre.

(4) Das Amt eines Vorstandsmitgliedes endet

a. nach Ablauf der Amtszeit. Das Vorstandsmitglied bleibt in diesen Fällen so lange im Amt, bis ein Nachfolger bestellt ist.

b. durch Tod oder durch Niederlegung, die jederzeit zulässig ist. In diesen Fällen bildet das verbleibende Vorstandsmitglied den Vorstand. Bis zum Amtsantritt des Nachfolgers/der Nachfolgerin führt dieser die unaufschiebbaren Aufgaben der laufenden Stiftungsverwaltung allein weiter.

c. mit Abberufung aus wichtigem Grund durch das Kuratorium. Das abberufene Mitglied kann die Berechtigung der Abberufung binnen einer Frist von einem Monat seit Kenntnis gerichtlich prüfen lassen. Im Falle eines Rechtsstreits ruhen die Rechte des abberufenen Mitglieds bis zur rechtskräftigen oder einstweiligen Entscheidung des Gerichts. Erst danach kann ein Rechtsnachfolger bestimmt werden.

(5) Ein ausgeschiedenes Vorstandmitglied ist unverzüglich vom Kuratorium zu ersetzen.

§ 7 Aufgaben des Stiftungsvorstandes

(1) Der Stiftungsvorstand entscheidet in allen grundsätzlichen Angelegenheiten nach Maßgabe der Satzung in eigener Verantwortung und führt die laufenden Geschäfte der Stiftung. Er hat die Stellung eines gesetzlichen Vertreters und vertritt die Stiftung gerichtlich und außergerichtlich. Die Mitglieder des Stiftungsvorstandes sind einzelvertretungsberechtigt.

(2) Der Stiftungsvorstand hat im Rahmen des Stiftungsgesetzes und dieser Stiftungssatzung den Willen der Stiftereheleute so wirksam wie möglich zu erfüllen. Seine Aufgaben sind insbesondere:

- die Verwaltung des Stiftungsvermögens,
- die Verwendung der Stiftungsmittel,

- die Aufstellung eines Wirtschaftsplans,[25] der Jahresrechnung und des Tätigkeitsberichtes.

(3) Die Beschlussfassung und interne Organisation des Stiftungsvorstands kann durch eine Geschäftsordnung geregelt werden.

§ 8 Stiftungsadministration

(1) Zur Vorbereitung seiner Beschlüsse, der Erledigung seiner Aufgaben und insbesondere der Wahrnehmung der laufenden Geschäfte kann der Stiftungsvorstand einen Geschäftsführer bestellen und Sachverständige hinzuziehen.

(2) Die ... unterstützt den Stiftungsvorstand im Rahmen ihrer Möglichkeiten bei allen Belangen der Stiftungsverwaltung, insbesondere in den Tätigkeitsbereichen Vermögensverwaltung und Rechnungslegung. Ein Verwaltungskostenbeitrag kann erhoben werden.[26]

§ 9 Stiftungskuratorium

(1) Das Stiftungskuratorium besteht aus bis zu ... natürlichen Personen.

(2) Die Mitglieder des ersten Stiftungskuratoriums wurden im Stiftungsgeschäft berufen. Sie gehören dem Stiftungskuratorium auf Lebenszeit an.

(3) Die Amtszeit der Kuratoriumsmitglieder beträgt ...[27] Jahre.

(4) Das Amt eines Kuratoriumsmitgliedes endet

a. mit Ablauf der Amtszeit. Das Kuratoriumsmitglied bleibt in diesen Fällen so lange im Amt, bis ein Nachfolger bestellt ist.

b. mit Tod oder durch Niederlegung, die jederzeit zulässig ist. In diesen Fällen bilden die verbleibenden Kuratoriumsmitglieder das Kuratorium. Bis zum Amtsantritt des Nachfolgers führen sie die unaufschiebbaren Aufgaben allein weiter.

c. aus wichtigem Grund durch Abberufung im Rahmen einer gemeinsamen Sitzung zwischen Stiftungskuratorium und -vorstand. Der Beschluss bedarf der einfachen Mehrheit der Mitglieder von Stiftungsvorstand und -kuratorium. Das betroffene Mitglied ist bei dieser Abstimmung von der Stimmabgabe ausgeschlossen. Ihm ist zuvor Gelegenheit zur Stellungnahme zu geben.

(5) Scheidet ein Kuratoriumsmitglied aus, so wählt das Stiftungskuratorium auf Vorschlag des Stiftungsvorstands einen Nachfolger. Wiederwahlen sind zulässig. Im Falle, dass das Stiftungskuratorium nicht besetzt ist, wählt der Stiftungsvorstand die Nachfolger.

§ 10 Aufgaben des Stiftungskuratoriums

(1) Das Kuratorium berät, unterstützt und überwacht den Vorstand im Rahmen des Stiftungsgesetzes und dieser Stiftungssatzung, um den Willen der Stifter so wirksam wie möglich zu erfüllen. Seine Aufgaben sind insbesondere:
- Empfehlungen für die Verwaltung des Stiftungsvermögens,
- Empfehlungen für die Verwendung der Stiftungsmittel,
- Genehmigung des Wirtschaftsplans, der Jahresrechnung und des Tätigkeitsberichtes,
- Entlastung des Stiftungsvorstandes,
- Bestellung von Mitgliedern des Stiftungsvorstandes.

(2) Zur Vorbereitung seiner Beschlüsse kann das Stiftungskuratorium Sachverständige hinzuziehen.

(3) Das Stiftungskuratorium soll mindestens einmal im Jahr zu einer ordentlichen Sitzung zusammenkommen. Eine außerordentliche Sitzung ist einzuberufen, wenn mindestens ... Mitglieder oder der Vorstand dies verlangen. Die Mitglieder des Vorstandes, die Stiftungsadministration und Sachverständige können an den Sitzungen des Kuratoriums beratend teilnehmen.

(4) Das Stiftungskuratorium bestellt aus seiner Mitte einen Sprecher, weitere Einzelheiten der Organisation des Stiftungskuratoriums kann eine Geschäftsordnung regeln.

§ 11 Satzungsänderung

(1) Die Organe der Stiftung können Änderungen der Satzung beschließen, wenn sie den Stiftungszweck nicht berühren und die ursprüngliche Gestaltung der Stiftung nicht wesentlich verändern oder die Erfüllung des Stiftungszwecks erleichtern.

(2) Beschlüsse über Änderungen der Satzung können nur auf gemeinsamen Sitzungen von Stiftungsvorstand und Stiftungskuratorium gefasst werden. Der Änderungsbeschluss bedarf einer Mehrheit von zwei Dritteln der Mitglieder des Stiftungsvorstandes und des Stiftungskuratoriums und zu Lebzeiten der Stiftereheleute deren Einvernehmen.

(3) Beschlüsse über Änderungen der Satzung bedürfen der Genehmigung der Stiftungsaufsichtsbehörde. Sie sind mit einer Stellungnahme der zuständigen Finanzbehörde anzuzeigen.

§ 12 Zweckerweiterung, Zweckänderung, Zusammenlegung, Auflösung

(1) Die Organe der Stiftung können der Stiftung einen weiteren Zweck geben, der dem ursprünglichen Zweck verwandt ist und dessen dauernde und nachhaltige Verwirklichung ohne Gefährdung des ursprünglichen Zwecks gewährleistet erscheint, wenn das Vermögen oder der Ertrag der Stiftung nur teilweise für die Verwirklichung des Stiftungszwecks benötigt wird.

(2) Die Organe der Stiftung können die Änderung des Stiftungszwecks, die Zusammenlegung mit einer anderen Stiftung oder die Auflösung der Stiftung beschließen, wenn der Stiftungszweck unmöglich wird oder sich die Verhältnisse derart ändern, dass die dauernde und nachhaltige Erfüllung des Stiftungszwecks nicht mehr sinnvoll erscheint. Die Beschlüsse dürfen die Steuerbegünstigung der Stiftung nicht beeinträchtigen.

(3) Beschlüsse über Zweckerweiterung, Zweckänderung, Zusammenlegung oder Auflösung können nur auf gemeinsamen Sitzungen von Vorstand und Kuratorium gefasst werden. Der Änderungsbeschluss bedarf einer Mehrheit von drei Vierteln der Mitglieder des Vorstandes und des Kuratoriums und zu Lebzeiten der Stifter deren Einvernehmen.

(4) Beschlüsse über Zweckerweiterung, Zweckänderung, Zusammenlegung oder Auflösung werden erst nach Genehmigung der Stiftungsaufsichtsbehörde wirksam. Sie sind mit einer Stellungnahme der zuständigen Finanzbehörde anzuzeigen.

§ 13 Vermögensanfall

Bei Auflösung oder Aufhebung der Stiftung oder bei Wegfall steuerbegünstigter Zwecke fällt das Vermögen der Stiftung an die ..., Körperschaft des öffentlichen Rechts, welche es unmittelbar und ausschließlich für gemeinnützige, mildtätige oder kirchliche Zwecke zu verwenden hat.

§ 14 Stiftungsaufsicht

Die Stiftung unterliegt der staatlichen Aufsicht nach Maßgabe des jeweils geltenden Stiftungsrechts. Stiftungsaufsichtsbehörde ist die ... in ...[28]

[Ort], den [Datum]

für die Stifter, für den ersten Stiftungsvorstand, für das erste Stiftungskuratorium, für die Stiftungsadministration, für ...

Hinweise zur Mustersatzung

1 Der **Name der Stiftung** ist das wesentliche Kennzeichen ihrer Identität und insofern unverzichtbares und schutzwürdiges Merkmal ihrer Eigenschaft als Rechtsperson. Er sollte deshalb möglichst in kurzer, einprägsamer Form den Stifter, die Stiftungsart oder den Stiftungszweck erkennen lassen. Evtl. bestehende Namensrechte sind zu beachten; von anderen Stiftungen am selben Ort soll sich der Name der Stiftung unterscheiden.

2 Eine **Präambel** (Vorspruch) ist nicht notwendig; sie kann aber mit dazu dienen, später bei Bedarf den (mutmaßlichen) Stifterwillen festzustellen. In einer Präambel könnte insbesondere das Motiv bzw. der Anlass zur Errichtung der Stiftung dargestellt werden.

3 Vorname/n, Name/n, evtl. Anschriften Stifter

4 Name der Stiftung, vgl. 1

5 Den *Sitz der Stiftung* (Gemeinde, Stadt) bestimmt der Stifter nach dem Ort der Verwaltung, dem Wirkungsbereich, ggf. den zum Vermögen der Stiftung gehörenden Liegenschaften oder anderen (subjektiven oder objektiven) Bezugspunkten. Nach dem Sitz der Stiftung bestimmt sich die örtliche Zuständigkeit der Stiftungsaufsichts- und Anerkennungsbehörde.

6 Rechtsform der Stiftung: Bspw. Rechtsfähige Stiftung des bürgerlichen Rechts, Treuhandstiftung etc.

7 z. B. von *Wissenschaft und Forschung* (§ 52 Abs. 2 Satz 1 Nr. 1 AO), des öffentlichen Gesundheitswesens und der öffentlichen Gesundheitspflege (§ 52 Abs. 2 Satz 1 Nr. 3 AO), der Erziehung, Volks- und Berufsbildung einschließlich der Studentenhilfe (§ 52 Abs. 2 Satz 1 Nr. 7 AO)

8 *Dotation* der Stiftung: Geldvermögen, Grundstücke, Beteiligungen, Darlehen etc.

9 Sog. Hybridstiftung (optional): Die Hybridstiftung vereint beide Vorteile (Kapitalerhalt und Kapitaleinsatz für den Zweck), indem bei Stiftungsgründung ein zu erhaltendes und ein im Bedarfsfall für den Stiftungszweck verbrauchsfähiges Vermögen (sog. Verbrauchsvermögen) festgelegt wird.

10 Bspw. *Grabpflege*, vermächtnisweise Rentenzahlungen etc.

11 *Stiftungsvorstand* und *Kuratorium*: Der Stiftungsvorstand ist das operativ und strategisch verantwortliche Organ einer Stiftung. Das Kuratorium überwacht die Tätigkeiten des Stiftungsvorstands. Es können je nach Ausgestaltungen mehrere Personen in den Vorstand und das Kuratorium entsandt werden, ggf. auch die Stifter selbst.

12 Vgl. 1 (Name)

13 Vgl. 6 (Rechtsform)

14 Vgl. 5 (Sitz)

15 Vgl. 7 (Stiftungszweck)

16 Beispielweise Aufzählung der Stiftungszwecke (»insbesondere«)

17 Die Verwaltung des Stiftungsvermögens muss einen dauerhaften Bestand der Stiftung (Ewigkeitsgebot) und eine Sicherung des Stiftungszwecks gewährleisten. Hierfür insbesondere folgende Hinweise: Grundbesitz sollte belastet und umgeschichtet werden können. Liquide Vermögensanlagen ohne Risiko sind im heutigen Marktumfeld nicht mehr zu halten. ...

18 Sog. *Hybridstiftung*: Bspw. ... bis zu 50 Prozent möglich. Hinweis: Durch den Verbrauch von Stiftungskapital wird eine laufende Zweckerfüllung bspw. im Niedrigzinsumfeld sichergestellt.

19 **Fundraising-Konzept:** Einwerben von Zustiftungen (zum Erhalt) oder von Spenden (zum Verbrauch) um den Stiftungszweck auf Dauer sicherzustellen.

20 **Rücklagen:** Das Gemeinnützigkeitsrecht sieht insbesondere die freie Rücklage (bis zu 33 % des Überschusses aus der Vermögensverwaltung und 10 % der Bruttoeinnahmen im Ideellen Bereich) sowie eine zweckgebundene Rücklage zur dauerhaften Sicherung des Stiftungszwecks (bspw. Förder- oder Projektrücklagen) vor.

21 **Vermögensumschichtungen:** Bspw. Verkauf eines Wertpapierdepots und Kauf einer Immobilie. Zielsetzung: Realisierung von Gewinnen aus der Anlage, ordnungsgemäße Bewirtschaftung etc.

22 **Organschaft:** Eine rechtsfähige Stiftung dbR muss als selbstverwaltete juristische Person durch ein Organ vertreten werden, sodass mindestens ein Stiftungsvorstand bestellt sein muss. Ein Stiftungskuratorium (auch Stiftungsrat genannt) ist hingegen optional.

23 Hinweise zum **Stiftungsvorstand:** Die Organisation einer Stiftung über einen eigenen Stiftungsvorstand führt zu Kosten der Administration (bspw. Stiftungsvorstand, Rechts- und Steuerberatung, Rechnungslegung etc.). Aus diesem Grunde sollte die Ausgestaltung der Organschaft einer Stiftung auch mit Blick auf die Wirtschaftsplanung (vgl. 25) bedacht werden.

24 *Amtszeit* des Stiftungsvorstands, bspw. 4 Jahre

[25] **Wirtschaftsplanung**: Alle Aufwendungen und Erträge können im Rahmen einer Wirtschaftsplanung bei Stiftungsgründung bzw. im laufenden Stiftungsgeschäft dargestellt werden, sodass die Vermögens-, Finanz- und Ertragslage transparent dargestellt wird.

[26] Optional bei einer externen Stiftungsadministration, die über eine Satzungsregelung fester Bestandteil der Stiftung (bspw. bei einer Nähe zum Stiftungszweck) sein soll.

[27] Amtszeit des Stiftungskuratoriums

[28] Stiftungsaufsicht (bspw. Regierung von Oberbayern in München)

HINWEISE ZU DEN QUELLEN

1 Quelle: https://www.private-banking-magazin.de/top-10-das-sind-die-weltweit-groessten-stiftungen/?page=6#pagebrowser-bildstrecke (Stand: 05. April 2023, 9:08 Uhr)

2 Quelle: https://www.stiftungen.org/fileadmin/stiftungen_org/Verband/Was_wir_tun/Publikationen/Engagiert-fuer-Gott-und-die-Welt.pdf

3 Quelle: https://www.lmu.de/de/die-lmu/foerdern-und-unterstuetzen/stiftungen-lmu/bietet/vererben/index.html

4 Quelle: https://www.stiftungen.org/fileadmin/stiftungen_org/Presse/Faktenblaetter/Faktenblatt-Stiftungen-in-Deutschland.pdf

5 Quelle: Anwendungserlass zur Abgabenordnung, AEAO

6 Quelle: Hüttemann et al. [Hrsg.]: Landesstiftungsrecht. Köln [Verlag Dr. Otto Schmid] 2011

7 Quelle: Lassmann, Tom: *Stiftungsuntreue*, 2008, Seite 112.

8 Quelle: Schönke, Adolf: *Strafrecht*, 2014, § 266 Rn. 35a und Dölling, Dieter: Gesamtes Strafrecht, 2017, § 266 Rn. 33.

9 Quelle: Arzt, Gunter: *Strafrecht*, 2015, Seite 754, § 22 Rn.41.

10 Quelle: Lassmann, Tom: *Stiftungsuntreue*, 2008, Seite 111.

11 Quelle: BGH, Urteil vom 26. April 2011, Az. 4 StR 264/00, in: HRRS-Datenbank, Rn. 5.

12 Quelle: BGH, Urteil vom 28. Januar 1983, Az. 1 StR 820/81, in: JurionRS 1983, 11258, Rn. 169.

13 Quelle: LG Hamburg, Urteil vom 10. November 2008, Az. 628 KLs 10/08.

14 Quelle: FG Münster, Urteil vom 11. März 2005, Az. 9 K 1220/00 G, 9, in: openJur 2011,35978 Rn. 86.

15 Quelle: BGH, Urteil vom 14. Dezember 1994, Az. IV ZR 184/93, in: JurionRS 1994, 17412, Rn. 10.

16 Quelle: https://www.stiftungsrecht-plus.de/portrait/dr-christoph-mecking/ (Stand: 27. Januar 2023, 7:19 Uhr)

17 Quelle: Deutsches Stiftungsbarometer, »Die Stiftung«, Stand Mai 2022, Studie mit 242 Stiftungen unterschiedlichster Größenklassen

18 Quelle: Deutsches Stiftungsbarometer, »Die Stiftung«, Stand Mai 2022, Studie mit 242 Stiftungen unterschiedlichster Größenklassen

19 Quelle: in Anlehnung an ein Musterformular der bayerischen Justiz

ÜBER DIE AUTOREN

Ernst G. Wittmann ist langjähriger Stiftungsmanager und ausgebildeter Finanzanalyst. Seit 2015 ist er Leiter des Stiftungsmanagements an der LMU München. Er blickt auf eine langjährige Erfahrung in leitender Funktion in den Bereichen Stiftungsberatung, Management, Asset-Management und Corporate Finance im In- und Ausland zurück. Zudem ist er Lehrbeauftragter an einer Hochschule in München sowie ehrenamtlicher Handelsrichter am Landgericht I, 3. Handelskammer in München.

Carsten Seip ist studierter Betriebswirt und Wirtschaftsjurist. Aktuell ist er stellvertretender Leiter des Stiftungswesens der Ludwig-Maximilians-Universität München. Als freiberuflicher Dozent lehrt Carsten Seip Themen des kommunalen Finanzmanagements wie beispielsweise Vergaberecht, Gemeinnützigkeitsrechnungslegung und kommunale Stiftungen. Hierbei ist insbesondere die Verbindung von Betriebswirtschaft und Jura, gepaart mit dem öffentlichen Sektor, Schwerpunkt seiner Lehre. Ehrenamtlich engagiert sich Carsten Seip in einer Bürgerstiftung und im Vereinswesen.

Das große Handbuch der Stiftungen

Johann C. Köber

Vielleicht haben Sie sich auch schon einmal Fragen gestellt wie diese: Wie lässt sich mein Eigentum sinnvoll strukturieren? Wie sehen steuerlich günstige Strukturen dafür aus? Können die von mir geschaffenen Werte auch nach dem Tod in guten Händen bleiben? Und: wie lässt sich Streit bei der Erbschaft vermeiden? Johann C. Köber, Bestsellerautor von Steuern steuern, liefert in diesem Buch die passenden Antworten und zeigt anhand der ältesten und bewährtesten Gesellschaftsformen überhaupt – der Stiftung – wie sich Werte über Generationen hinweg absichern lassen. Denn im Rahmen einer persönlichen Steuer-Strategie können Stiftungen wichtige Funktionen übernehmen. Ob über die Familienstiftung oder per gemeinnütziger Konstruktion – die umfassenden Möglichkeiten dieser Rechtsform bieten den passenden Rahmen für fast jede Absicht und für alle denkbaren Vermögenswerte. Eine umfassende Einführung um Vermögenswerte zu strukturieren und das eigene Erbe zu sichern.

320 Seiten | Hardcover | 49,99 € (D) | ISBN 978-3-95972-135-6